colonialidade
da sexualidade
implicações sobre violências em
relações lésbicas na América Latina

Cláudia Macedo

colonialidade da **sexualidade**
implicações sobre violências em
relações lésbicas na América Latina

Cláudia Macedo

Copyright © 2024 by Editora Letramento
Copyright © 2024 by Cláudia Macedo

Diretor Editorial Gustavo Abreu
Diretor Administrativo Júnior Gaudereto
Diretor Financeiro Cláudio Macedo
Logística Daniel Abreu e Vinícius Santiago
Comunicação e Marketing Carol Pires
Assistente Editorial Matteos Moreno e Maria Eduarda Paixão
Designer Editorial Gustavo Zeferino e Luís Otávio Ferreira
Capa Sérgio Ricardo
Diagramação Renata Oliveira
Revisão Ana Isabel Vaz

Todos os direitos reservados. Não é permitida a reprodução desta obra sem aprovação do Grupo Editorial Letramento.

Dados Internacionais de Catalogação na Publicação (CIP)
Bibliotecária Juliana da Silva Mauro - CRB6/3684

M141c	Macedo, Cláudia
	Colonialidade da sexualidade : implicações sobre violências em relações lésbicas na América Latina / Cláudia Macedo. - Belo Horizonte : Letramento, 2024.
	256 p. : il. ; 23 cm. - (Temporada)
	Inclui bibliografia
	ISBN 978-65-5932-517-7
	1. Colonialidade. 2. Feminismo. 3. Lésbicas. 4. Descolonização dos afetos. 5. Direitos humanos - América Latina. 6. Ciências Sociais. 7. Estudos de gênero. I. Título. II. Série.
	CDU: 305-055.1
	CDD: 305.4

Índices para catálogo sistemático:
1. Mulheres - Estudos de gênero 305-055.1
2. Mulheres - Questões morais e sociais 305.4

LETRAMENTO EDITORA E LIVRARIA
Caixa Postal 3242 — CEP 30.130-972
r. José Maria Rosemburg, n. 75, b. Ouro Preto
CEP 31.340-080 — Belo Horizonte / MG
Telefone 31 3327-5771

É O SELO DE NOVOS AUTORES
DO GRUPO EDITORIAL LETRAMENTO

AGRADECIMENTOS

A todas as sapatonas que vieram antes de mim. Agradeço por elas terem sido e serem tão diferentes umas das outras. Agradeço pelos caminhos trilhados e por todos os aprendizados que deixaram como legado. Por indicarem os caminhos para descolonizar a sexualidade.

A cada sapatona que tive oportunidade de conhecer. A cada uma das integrantes, e ex- integrantes, da Coturno de Vênus, Equipe Femm, Closet de Sor Juana e Musas de Metal. Que, em nossas diferentes perspectivas na luta, nunca nos falte respeito e reconhecimento.

A cada uma das parceiras desta jornada de pesquisa, por compartilharem suas histórias, por sermos espelhos, por terem tocado e terem se permitido tocar em pensamento e alma, por seus caminhos traçados para descolonizar os afetos.

A Eide Paiva, Elaine Moreira, Elizabeth Ruano, Ochy Curiel e Tania Rocha. Agradeço pela leitura, pelas críticas, pelas sugestões na banca de doutorado e por toda a luta. A Cecília Souza, por fazer acreditar na qualidade do serviço público, na educação pública, gratuita e de qualidade. Por sorrir nos momentos mais críticos e dizer: vai dar certo! Raíla e Manu, Lili, Maycom e Luisa, obrigada pelas trocas que possibilitaram seguir ao longo dos quatro anos. Délia Dutra, não haveria palavras para descrever a gratidão que sinto pelas orientações recebidas, pela sabedoria compartilhada e pelo acolhimento ao longo desses anos.

A Carolina Albuquerque, a Aria Rita, a Cecília Bizerra, a Ronald Neri, que tão generosamente contribuíram com traduções, com revisão e com ajustes na capa, agradeço muito por todo apoio.

A Mari Velasco, que me apresentou o mundo sapatônico e que segue até hoje sendo minha família. Obrigada por tanto, inclusive, pelas traduções nesta pesquisa. A Fê, que acompanhou, no dia-a-dia, essa caminhada. Obrigada pelos mapas, figuras, outras contribuições neste trabalho e, especialmente, obrigada por me ajudar a acreditar que é possível a descolonização do amor. A Verena, agradeço pela beleza do (re)encontro, pelas águas e pelo azul e amarelo que colorem essa jornada e pelos caminhos por vir.

A todos amores e desamores lésbicos que tive e que terei. Agradeço pelo compartilhado, pelos momentos bons e ruins que tecem a minha colcha da vida.

A todas as mulheres da minha família, que há gerações desbravam os interiores do Nordeste, com suas roças, costuras, preces e afetos.

A minha mãe e meu pai que me proporcionaram muitas oportunidades para eu poder chegar até este momento.

A Bia, João, Pipe, Remo, Biel, Buh e Bela. Obrigada por alimentarem o esperançar de novos mundos.

A minha família do encontro, família escolhida: minhas amigas, minhas irmãs, a vocês que me apoiam e por mim são apoiadas. A vocês, minhas queridas, que se comunicam também com meus silêncios. Bel, Xandó, Ari, Tininha, Juventude, Teta, Dudu, Carol, Lu, Carlota, Marina, Mika, Moema e MeninasEco, Marilac, Marco, BBlino, Lili, Nai, Aninha, Dani, Liliam, Laura, Thays, Carol, Jose, Sina, Cris, Minduca, Fê, Camis, Tatu, Cecis, Leonor, Keka, Guá, Elaine, Danda, Little, Taia, Lulu, Claudião, obrigada por me darem a oportunidade de sentir e saber de amor.

Ao bando do caos e do amor, obrigada por cada batucada que aquece o peito e anima a seguir caminho.

A cada cachoeira, rio, igarapé em que pude me banhar. Agradeço às matas da Amazônia, Mata Atlântica e Cerrado em que pude caminhar. A todos arco-íris que surgiram na esperança de transformação. A Audre e a Gal, obrigada por cada ronronar.

E a ti, que estás lendo estas linhas, te agradeço enormemente e te convido pra embarcar nesta jornada de descolonização das nossas sexualidades, pois na luta é que a gente se encontra:

História pra Ninar Gente Grande
(Samba Enredo da Mangueira, 2019)

Brasil, meu nego
Deixa eu te contar
A história que a história não conta
O avesso do mesmo lugar
Na luta é que a gente se encontra

Brasil, meu dengo
A Mangueira chegou
Com versos que o livro apagou
Desde 1500 tem mais invasão do que descobrimento
Tem sangue retinto pisado
Atrás do herói emoldurado
Mulheres, tamoios, mulatos
Eu quero um país que não está no retrato

Brasil, o teu nome é Dandara
E a tua cara é de cariri
Não veio do céu
Nem das mãos de Isabel
A liberdade é um dragão no mar de Aracati

Salve os caboclos de julho
Quem foi de aço nos anos de chumbo
Brasil, chegou a vez
De ouvir as Marias, Mahins, Marielles, malês

LISTA DE FIGURAS

Figura 1 - Caminhos da Pesquisa: Epistemologia, Paradigmas e Metodologia — 19
Figura 2 - Material de divulgação do Conversatorio Ecos de la Violencia — 36
Figura 3 - Conversatorio Relaciones entre Mujeres — 37
Figura 4 - Colonialidade da Sexualidade — 59
Figura 5 - Mapa dos Países latino-americanos e caribenhos onde a não heterossexualidade é crime atualmente — 71
Figura 6 - Mapa dos Países latino-americanos e caribenhos onde a não heterossexualidade é crime atualmente (foco 01) — 72
Figura 7 - Mapa dos Países latino-americanos e caribenhos onde a não heterossexualidade é crime atualmente (foco 02) — 73
Figura 8 - Autopercepção racial no México — 96
Figura 9 - Educação e tom de pele no México — 97
Figura 10 - Trabalho e Tom de Pele no México — 97
Figura 11 - Expressões de Gênero e Lesbofeminício no Brasil — 109
Figura 12 - Tipos de Relacionamento Lésbico na Cidade do México — 123
Figura 13 - Tipos de Relacionamentos Lésbicos em Brasília — 124
Figura 14 - Estado civil de lésbicas na Cidade do México — 139
Figura 15 - Estado civil das lésbicas na Cidade do México (02) — 139
Figura 16 - Estado civil das lésbicas em Brasília — 140
Figura 17 - Estado civil das lésbicas em Brasília — 140
Figura 18 - Processos críticos em vivências lésbicas — 162
Figura 19 - Tensões acumuladas sobre as relações lésbicas — 163
Figura 20 - Feminicídio: ranking internacional — 165
Figura 21 - Trajetória histórica da promulgação de leis de enfrentamento à violência contra as mulheres na América Latina e Caribe — 168
Figura 22 - Trajetória histórica da promulgação de leis de enfrentamento à violência contra as mulheres na América Latina e Caribe (foco) — 169
Figura 23 - Palavras-chave das pesquisas latino-americanas e caribenhas sobre violência intragênero — 176
Figura 24 - Violentômetro — 188
Figura 25 - Engrenagens da Violência — 189
Figura 26 - A linguagem da violência — 194

LISTA DE QUADROS

Quadro 1 - Organizações colaboradoras na pesquisa — 46
Quadro 2 - Perfil das interessadas em participar da pesquisa — 50
Quadro 3 - Motivações para participar da pesquisa — 54
Quadro 4 - Relatos de cronistas sobre relações entre mulheres no Brasil, Colômbia e México no século XVI — 64
Quadro 5 - Relatos de cronistas sobre relações entre mulheres em outros países de Abya Yala no século XVI — 67
Quadro 6 - Países latino-americanos e caribenhos onde a não heterossexualidade é crime atualmente — 69
Quadro 7 - Estruturas da constituições do Brasil, Colômbia e México — 125
Quadro 8 - Conceito de família nas constituições do Brasil, Colômbia e México — 127
Quadro 9 - Casamento "igualitário" no Brasil, na Colômbia e no México — 131
Quadro 10 - Marcos legislativos para o enfrentamento à violência contra as mulheres na América Latina e Caribe — 166
Quadro 11 - Conceitos de violência contra as mulheres no Brasil, Colômbia e México — 170
Quadro 12 - Conceituando uma vida livre de violências no Brasil, Colômbia e México — 172
Quadro 13 - "Violência" + "lésbicas" nas ferramentas de busca — 174
Quadro 14 - Pesquisas Latino-Americanas e Caribenhas sobre violência em relações lésbicas — 176
Quadro 15 - Tipos de violência contra as mulheres previstas nas leis brasileira, colombiana e mexicana — 186
Quadro 16 - Definições e manifestações de violência psicológica — 195
Quadro 17 - Definições e manifestações de violência econômica e patrimonial — 206
Quadro 18 - Definições e manifestações de violência física — 209
Quadro 19 - Definições e manifestações de violência sexual — 214

SUMÁRIO

13		**INTRODUÇÃO**
17	**1.**	**PESQUISA DE ENCONTRO: TESSITURAS E REDES LESBOFEMINISTAS**
27	1.1.	CAMINHOS PARA A PROPOSIÇÃO DE UM MÉTODO
39	1.2.	SUBSÍDIOS PARA ANÁLISE DE ENCONTROS COM GRUPOS LESBOFEMINISTA
39	1.2.1.	PARA INÍCIO DE PROSA: TEORIAS DOS MOVIMENTOS SOCIAIS – CONTRIBUIÇÕES E LACUNAS
44	1.2.2.	MOVIMENTO LÉSBICO: ENCONTROS EM BOGOTÁ, BRASÍLIA E CIDADE DO MÉXICO
48	1.3.	ENTREVISTAS: ENCONTROS E ESPELHOS – EXPECTATIVAS E COLABORAÇÕES
57	**2.**	**COLONIALIDADE DA SEXUALIDADE**
60	2.1.	COLONIALIDADE DO PODER: VIVÊNCIAS NÃO HETEROSSEXUAIS COMO CRIME
73	2.2.	COLONIALIDADE DO SER: VIVÊNCIAS NÃO HETEROSSEXUAIS COMO PECADO
79	2.3.	COLONIALIDADE DO SABER: VIVÊNCIAS NÃO HETEROSSEXUAIS COMO DOENÇA
86	**3.**	**LESBIANIDADES E INTERSECCIONALIDADES: RAÇA, GÊNERO E CLASSE**
91	3.1.	LESBIANIDADES: IDENTIDADES INTERSECCIONADAS
93	3.2.	COLONIALIDADE: SEXUALIDADE E RAÇA
101	3.3.	COLONIALIDADE: SEXUALIDADE E GÊNERO
113	3.4.	COLONIALIDADE: SEXUALIDADE E CLASSE
116	**4.**	**MODELOS AMATÓRIOS E RELAÇÕES LÉSBICAS**
125	4.1.	A FAMÍLIA NORMATIZADA: O QUE REGULAMENTAM AS CONSTITUIÇÕES DO BRASIL, DA COLÔMBIA E DO MÉXICO
130	4.2.	O PARADOXO POLÍTICO-CRÍTICO OU A ARMADILHA DO CASAMENTO "IGUALITÁRIO"

142	**5.**	**IDEAL DE AMOR ROMÂNTICO E LESBOFOBIA**
142	5.1.	HETEROSSEXUALIDADE COMPULSÓRIA E LESBOFOBIA SOCIAL
152	5.2.	IDEAL DE AMOR ROMÂNTICO
156	5.3.	PENSAMENTO HÉTERO E LESBOFOBIA INTERNALIZADA
164	**6.**	**CONCEITOS, TIPOS E MANIFESTAÇÕES DAS VIOLÊNCIAS**
181	6.1.	DEBATES SOBRE CONCEITOS, TIPOS E MENSURAÇÃO DA VIOLÊNCIA
189	6.2.	MITOS SOBRE RELACIONAMENTOS LÉSBICOS
195	6.3.	VIOLÊNCIA MORAL E PSICOLÓGICA
206	6.4.	VIOLÊNCIA ECONÔMICA E PATRIMONIAL
209	6.5.	VIOLÊNCIA FÍSICA
214	6.6.	VIOLÊNCIA SEXUAL
220	**7.**	**DESCOLONIZAR AMORES, DESCOLONIZAR A SEXUALIDADE**
220	7.1.	ROMPER O SILÊNCIO
222	7.2.	IDENTIFICAR E NOMEAR A VIOLÊNCIA
223	7.3.	REDE DE APOIO
225	7.4.	RESPONSABILIZAR E NÃO ESTIGMATIZAR
228	7.5.	PAPEL DO ESTADO
231	7.6.	PAPEL DO MOVIMENTO SOCIAL
235	7.7.	POSSIBILIDADES DE DESCOLONIZAR AMORES, DE DESCOLONIZAR A SEXUALIDADE
244		**CONSIDERAÇÕES FINAIS**
247		**REFERÊNCIAS**

INTRODUÇÃO

Coberta pelo silêncio ensurdecedor, a violência nos relacionamentos lésbicos carrega em si as marcas da colonialidade da sexualidade, as marcas da lesbofobia social e interiorizada. E o silêncio, como nos ensina Audre Lorde, há de ser transformado em linguagem e ação.

Esta é uma jornada político-pessoal-coletiva em busca de contribuir para a compreensão do fenômeno da violência em relacionamentos lésbicos. Não é uma pesquisa realizada dentro dos muros da universidade. Tampouco é uma abordagem desde a perspectiva de movimentos sociais. Não é também um olhar desde as repartições do serviço público. É uma proposta-ponte. Do ir e vir entre esses lugares sociais. É o não reconhecer essa divisão de conhecimentos forjada na conformação do sistema mundo colonial.

Foram muitos os encontros para que essas palavras alcançassem o papel. Foram muitos os diálogos, as partilhas, as linhas, retalhos para tecer esta rede em anos de colaboração, projetos e sonhos compartilhados. Te convido a dialogar conosco, com essas narrativas, essas tentativas de compreensão. Te convido a se abrir para histórias lésbicas em todas as suas semelhanças e diferenças. Te convido a viajar conosco para Bogotá, Brasília e Cidade do México, na tentativa de compreender um fenômeno tão complexo.

Neste percurso, busquei analisar, desde a perspectiva da colonialidade da sexualidade, de modo colaborativo e comparado, as vivências de violência em relacionamentos lésbicos em Bogotá, Brasília e Cidade do México, com enfoque nas imbricações de opressões que permeiam esses relacionamentos, em busca de elementos para identificar as especificidades desse fenômeno e as possíveis formas de resolução de conflito adotadas por essas lésbicas. Veja a seguir como está estruturada essa narrativa.

No primeiro capítulo, faço uma exposição das motivações, da estrutura e dos caminhos percorridos para realização desta pesquisa. Desde uma perspectiva de que não há uma separação entre teoria e prática, o método colaborativo se deu por meio da proposta de pesquisa de encontro. Conto como a aproximação da temática se deu por múltiplos caminhos do meu lugar de saber situado como pesquisadora, servidora pública e atuante no movimento social lesbofeminista de Brasília.

Descrevem-se, ademais, as possibilidades e limites do método comparativo para explorar esta temática. Após um breve debate sobre as teorias dos movimentos sociais e caracterização do movimento lésbico feminista latino americano, são apresentadas as quatro organizações de movimentos sociais que colaboraram com este estudo em Bogotá (Corporación Femm), Brasília (Coturno de Vênus) e Cidade do México (El Clóset de Sor Juana e Musas de Metal). Também é feita uma descrição do processo de aproximação, as expectativas e o perfil das entrevistadas, cujas narrativas e reflexões permeiam os capítulos seguintes. Por fim, apresentam-se as perguntas norteadoras e os objetivos desta pesquisa.

A seguir, no segundo capítulo, apresento a proposta do conceito de colonialidade da sexualidade, um dos eixos estruturantes do sistema-mundo capitalista moderno colonial do Norte global. Trata-se de um pensar-agir-sentir da heterossexualidade que a desloca do contexto de sua construção histórica, social e política e a configura enquanto uma vivência natural e normativa.

Com o processo de intrusão das Américas, as vivências não heterossexuais existentes na região foram, por meio das colonialidades do poder, ser e saber consideradas crime, pecado e doença, respectivamente. Com processos de reinvenção das formas de colonialidade, esse sistema se perpetua até os tempos atuais e pelas instituições da nação heterossexual.

No terceiro capítulo, realiza-se uma análise da colonialidade da sexualidade em suas interseccionalidades com raça, gênero e classe e suas implicações nas diferentes vivências da lesbianidade mediante a comparação dos contextos nas três cidades, por meio das narrativas das participantes desta pesquisa. Inicia-se o debate sobre como essas desigualdades estruturais geram pressões sobre as vivências lésbicas de acordo com outras identidades, para além da sexual.

Por meio de uma breve revisão das perspectivas do materialismo histórico e da antropologia estruturalista sobre as origens da família e das estruturas de parentesco, no quarto capítulo faz-se uma correlação entre a colonialidade do ser, que classificou a não heterossexualidade como pecado, e sua reinvenção por meio do modelo amatório familiar monogâmico. Nesse contexto, são apresentados os dados disponíveis sobre os tipos de relacionamentos lésbicos.

De modo comparativo, é feita uma reflexão sobre como esse modelo amatório foi regulamentado nas constituições brasileira, colombiana e mexicana e sobre o paradoxo político- crítico ou a armadilha do casamento "igualitário" e suas possíveis implicações para o acesso a direito de casais lésbicos.

No quinto capítulo, busca-se compreender como a não heterossexualidade como crime (colonialidade do poder), como pecado (colonialidade do ser) e como doença (colonialidade do saber) se atualiza por meio da consolidação da heterossexualidade compulsória na lesbofobia social; do modelo amatório baseado no ideal de amor romântico em relações lésbicas; e do pensamento hétero na lesbofobia internalizada. As narrativas das participantes desta pesquisa sobre suas experiências lançam luz sobre como esses processos ocorrem simultaneamente, de forma contínua, e têm implicações uns sobre os outros e sobre as situações de violência vivenciadas nos relacionamentos afetivo-sexuais.

No sexto e mais longo capítulo, é apresentada a trajetória histórica das legislações de enfrentamento à violência contra as mulheres na América Latina e Caribe e realizada uma análise comparativa das normativas brasileira, colombiana e mexicana. Predomina a colonialidade da sexualidade, e a maioria das leis prevê, para efeito de prevenção e combate à violência, apenas relacionamentos heterossexuais. Faz-se, em seguida, uma revisão bibliográfica das produções acadêmicas latino-americanas e caribenhas sobre violência em relações não heterossexuais, com especial atenção àquelas voltadas para compreender o fenômeno nos relacionamentos lésbicos.

Além das produções acadêmicas, apresentam-se as publicações das organizações lesbofeministas brasileira, colombiana e mexicana sobre a temática. São essas bases, legislativa, acadêmica e de movimento social, utilizadas para analisar as narrativas das participantes desta pesquisa sobre suas vivências de violência, seja exercendo seja sofrendo, no âmbito de suas relações afetivo-sexuais. São essas narrativas que possibilitam compreender como a colonialidade da sexualidade, em suas interseccionalidades de raça, gênero e classe, têm implicações nas manifestações de violência e no silenciamento e invisibilização desse fenômeno social.

Por fim, no sétimo capítulo, foram apresentadas as estratégias encontradas pelas interlocutoras para buscar uma vida livre de violência. Foi destacada a importância de quebrar o silêncio sobre essas violências, de modo que possam ser identificadas e nomeadas e buscar uma rede de apoio. Assim como as participantes desta pesquisa, buscou-se não corroborar com a cristalização de papéis binários "agressora" e "vítima", mas compreender como se dão os processos em que se pratica e se sofre violência, desde uma perspectiva de que estigmatizar ou isolar quem pratica violência não contribui para a transformação dessa realidade.

Debatem-se também quais os papéis possíveis a serem desempenhados pelo Estado e pelo movimento social para a prevenção e enfrentamento dessa violência. Desde uma compreensão de que é necessário descolonizar os amores, como um dos processos essenciais para a descolonização da sexualidade, apresentam-se modelos alternativos ao ideal do amor romântico.

O convite está feito. Venha!

1. PESQUISA DE ENCONTRO: TESSITURAS E REDES LESBOFEMINISTAS

A violência em relacionamentos lésbicos é um fenômeno social sobre o qual pouco se discute, se analisa, se escreve – seja em espaços de convivência lésbica, seja em espaços de movimento social, seja em instituições nas quais se formulam e se executam políticas públicas, seja em espaços de produção de conhecimento científico. É escasso o material produzido sobre o tema, tanto em termos quantitativos quanto qualitativos. Trata-se de um fenômeno complexo e, geralmente, invisibilizado, em que, na maioria das vezes, as envolvidas acabam por aprofundar processos de isolamento e silenciamento.

São experiências vividas por mim. Experiências vividas em diversos outros relacionamentos lésbicos dos grupos nos quais convivo. Experiências também relatadas por agentes do Estado em Brasília, em reiteradas falas de não saber "lidar com a situação". Desde meu saber situado de militante sapatão-feminista branca, deparar-me constantemente com distintas formas de conflitos, abusos e violências em relações lésbicas, despertou angústia, interesse e compromisso político em compreender, interpretar e colaborar na produção de conhecimento sobre o fenômeno.

> Cheguei à teoria porque estava machucada – a dor dentro de mim era tão intensa que eu não conseguiria continuar vivendo. Cheguei à teoria desesperada, querendo compreender – apreender o que estava acontecendo ao redor e dentro de mim. Mais importante, queria fazer a dor ir embora. Vi na teoria, na época, um local de cura. (hooks, 2017, p. 83)

A produção de conhecimento sistematizada por meio de referências e produções teóricas a partir de um lugar de dor, fundamentada pela teórica feminista estadunidense negra bell hooks (1952-)[1], vinculada ao "compromisso com um movimento feminista politizado e revolucionário que tem como objetivo central a transformação da sociedade" (hooks, 2017, p 98), deu subsídios para a formulação desta pesquisa.

---

[1] A grafia de seu nome, em homenagem à avó, é com letras minúsculas, pois, segundo a autora, "o mais importante em meus livros é a substância e não quem sou eu". Informação disponível em: https://www.geledes.org.br/a-pedagogia-negra-e-feminista-de-bell-hooks/

Algumas perguntas fundamentaram e orientaram a estruturação deste trabalho; parte delas surgiu a partir de diálogos com outras lésbicas e pessoas não lésbicas em eventos promovidos por movimentos sociais, em conversas informais, em atividades profissionais quando atuava como servidora pública na Secretaria de Políticas Públicas para as Mulheres (SPM/PR). Outra parte, a partir de reflexões relacionadas às leituras de textos acadêmicos.

Propor essa temática gerou de pronto receio e desconforto e um questionamento ético: pesquisar e escrever, e consequentemente divulgar, sobre violências entre nós seria expor o grupo a um grau maior de vulnerabilidade? Como seria possível abordar o assunto, de forma responsável e a partir de uma ética do cuidado[2], de modo a sistematizar conhecimentos e possivelmente contribuir para um processo transformador entre lésbicas? O contexto de avanço de conservadorismos fundamentalistas com ataques ao processo em construção de democracia no Brasil seria um momento adequado para esta pesquisa em uma instituição acadêmica?

Nos anos em que a pesquisa foi realizada[3], a política de extermínio de existências lésbicas era legitimada no Brasil nos contextos institucionais, indagava se seria possível pesquisar sobre como modelos coloniais se perpetuam em processos de violências entre nós e sobre quais caminhos vêm sendo trilhados para a construção de relações horizontais livres de violência, de modo a contribuir com uma reflexão

---

[2] Uma das abordagens feministas sobre a ética do cuidado foi elaborada pela filósofa e psicóloga estadunidense branca heterossexual Carol Gulligan (1936-), a partir de duas distintas perspectivas de compreensão moral, a primeira associada às decisões morais baseadas no respeito a direitos individuais e normas universais; a segunda, à "voz diferente" da moralidade baseada na experiência da conexão com o/a outro/a e na manutenção de relacionamentos de cuidado. De acordo com a autora, a primeira perspectiva foi historicamente associada ao "masculino", sendo mais valorizada em relação à segunda, associada ao "feminino". Essa perspectiva surge em diálogo com as primeiras abordagens registradas do conceito de cuidado, pelo filósofo existencialista dinamarquês branco Søren Kierkegaard (1813-1855) e o filósofo alemão branco heterossexual Martin Heidegger (1889-1976). Este último distinguia duas possibilidades de cuidado conflitantes entre si: o "cuidado angústia" (*sorge*), vinculado à luta pela sobrevivência e pela busca de uma posição mais favorável em relação aos outros seres humanos; e o "cuidado solicitude" (*fürgsorge*), vinculado à conexão com o interesse e dedicação ao planeta e à humanidade. Para uma leitura sobre as origens do debate acadêmico sobre o cuidado, ver ZOBOLI (2004) e KUHNEN (2014). Adiante, será apresentada a abordagem da ética do cuidado desde a perspectiva do feminismo negro de Patricia Hill Collins.

[3] Mais adiante neste capítulo, abordo as mudanças na conjuntura política brasileira e suas possíveis implicações para esta pesquisa.

crítica sobre a necessidade e possibilidade de transformação – e não apenas adequação – de nossas vivências.

Pesquisas de violência de gênero em relações entre indígenas (CABNAL, 2010) ou entre pessoas negras (PEREIRA, 2016) realizadas por pessoas desses grupos étnico-raciais sinalizavam que era possível e importante produzir uma análise responsável sobre violência intragrupo. Do mesmo modo, contudo, que esses estudos tinham enfoque nas violências heterossexuais – desconsiderando vivências não heterocentradas – como poderia um estudo desenvolvido por uma sapatão branca, de classe média e feminista não emitir olhares silenciadores ou preconceituosos em termos de raça, classe e gênero para os casos de violências em relações lésbicas? Estes questionamentos fundamentam esta pesquisa.

Para basear a estrutura desta pesquisa, utilizamos o referencial e conceitualização apresentada pela socióloga estadunidense negra heterossexual Patricia Hill Collins (1948-), conforme sistematização a seguir:

Figura 1 - Caminhos da Pesquisa: Epistemologia, Paradigmas e Metodologia

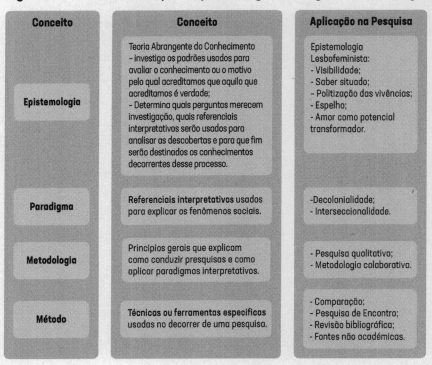

Fonte: Elaboração própria para a pesquisa.

A epistemologia lesbofeminista será discutida nos capítulos 3 e 4 e os paradigmas utilizados serão apresentados no capítulo 2. Neste capítulo, nos ateremos à apresentação das metodologias e dos métodos utilizados nesta pesquisa.

De acordo com a antropóloga estadunidense branca heterossexual Carolyn Fleuhr- Lobban (1945-), a partir das pesquisas por ela realizadas, entende-se por metodologia colaborativa:

> Metodologia não hierárquica que tende a ter uma visão dos/as "informantes" – que muitas vezes eram mulheres como a pesquisadora – mais como "participantes" com quem o/a pesquisador/a se envolve em trocas mútuas e conversas sustentadas sobre construção de confiança [...] A poderosa alternativa de colaboração na pesquisa está embutida no consentimento informado recíproco, que estabeleceria os interesses mútuos, direitos, responsabilidades e possíveis resultados conjuntos da pesquisa de maneira recíproca e colaborativa.[4] (FLUEHR-LOBBAN, 2008, p. 178-179) [tradução nossa]

Além de baseada na construção da confiança, interesses mútuos e reciprocidade, a metodologia colaborativa proposta se constrói a partir do constante encontro e diálogo com organizações do movimento social lesbofeminista, em que se busca uma objetividade posicionada, em conformidade com o marco da pesquisa-ativista, em constante atenção e observação aos apontamentos realizados pelo antropólogo estadunidense branco heterossexual Charles Hale (1957-):

> objetividade posicionada: existem contradições inerentes entre as duas partes da díade de ativismo e academia que não podemos razoavelmente esperar eliminar e que têm relação direta com a metodologia: diferenças no prazo para a análise; desigualdades institucionalizadas de longa data ao longo das linhas de raça, classe, gênero e sexualidade entre os órgãos que povoam a academia e as sociedades que estudamos; diferenciais de poder específicos derivados do privilégio relativo do treinamento em pesquisa avançada; a tensão entre a busca condicionada dos acadêmicos por conhecimento abrangente e divulgação completa e tendências mais instrumentais e seletivas dos ativistas – a lista continua.[5] (HALE, 2006, p. 13) [tradução nossa]

---

[4] Citação no original: "nonhierarchical methodology that tends toward a view of "informants"—who were often women like the researcher—more as "participants" with whom the researcher engages in mutual exchange and sustained trustbuilding conversations [...] The powerful alternative of collaboration in research is embedded in reciprocal informed consent, which would establish the mutual interests, rights, responsibilities, and potential joint outcomes of the research reciprocally and collaboratively"

[5] Citação no original: "positioned objectivity: there are inherent contradictions between the two parts of the dyad of activism and scholarship that we cannot rea-

Concordamos com a percepção de Charles Hale em que ele apresenta uma hierarquização estrutural entre ativismo e academia, contudo, especialmente no que se refere à tensão relativa a finalidades de produção de conhecimento, discordamos do autor. Nesse aspecto, concordamos com antropóloga dominicana negra lésbica Ochy Curiel (1963-), para quem é inexistente a separação entre teoria e prática política, como instalado no imaginário colonial e sobretudo na academia, a partir de uma herança eurocêntrica, visto que ambas produzem discursos, conhecimentos e transformações sociais.

Desse modo, esta pesquisa reconhece e se contrapõe ao modelo epistêmico de observação inobservada, de único ponto de observação – europeu – capaz de garantir objetividade, concebido pelo semiólogo argentino branco heterossexual Walter Mignolo (1941-) como "visão universal" e denominado pelo filósofo colombiano branco Santiago Castro-Gomez (1958-) como "hybris do ponto zero". É a partir desse "ponto zero" europeu do conhecimento epistemológico absoluto que se consolida o controle econômico e social sobre o mundo, de onde se moldam e formulam as doutrinações acerca dos conceitos de sociedade, economia, evolução histórica, raça.

Trata-se, segundo o autor, do colonialismo (expropriação territorial e econômica) aliado à colonialidade (expropriação epistêmica).[6] O "progresso histórico", assim, se baseia em um maquinário geopolítico do saber/poder que hierarquiza, subalterniza "outras" vozes da humanidade por meio de um ponto de vista epistêmico, negando a existência de diferentes formas legítimas de produção do conhecimento. (CASTRO-GOMEZ, 2008, p. 133)

Parto do meu saber situado e aqui explicitado de militante-acadêmica lesbofeminista latinoamericana, por considerar este o único caminho possível para mim de se pensar ciência, em busca da ruptura com epistemologias eurocentradas, brancas e heterocentradas, e a partir de

---

sonably expect to eliminate and that have a direct bearing on the methodology: differences in the time frame for doing the analysis; long-standing institutionalized inequalities along the lines of race, class, gender, and sexuality among the bodies that populate academia and in the societies that we study; specific power differentials that derive from the relative privilege of advanced research training; the tension between scholars' conditioned drive for comprehensive knowledge and full disclosure and activists' more instrumental and selective proclivities – the list goes on".

6 Os conceitos de colonialidade do poder, saber e ser serão apresentados no capítulo 2.

um projeto de decolonização acadêmica.[7] Nesse ponto, estamos em total conformidade com o que propõe a filósofa estadunidense branca heterossexual Donna Haraway (1944-), segundo quem "O único modo de encontrar uma visão mais ampla é estando em algum lugar em particular" (HARAWAY, 1995, p. 33). Segundo a autora:

> A ciência torna-se o mito, não do que escapa à ação e à responsabilidade humanas, num domínio acima da disputa, mas, antes, de prestação de contas e de responsabilidade por traduções e de solidariedades vinculando as visões cacofônicas e as vozes visionárias que caracterizam os saberes dos subjugados. Uma divisão dos sentidos, uma confusão entre voz e visão, mais do que ideias claras e distintas, torna- se a metáfora para a base do racional. Não buscamos os saberes comandados pelo falogocentrismo (saudades da presença da Palavra única e verdadeira) e pela visão incorpórea, mas aqueles comandados pela visão parcial e pela voz limitada. Não perseguimos a parcialidade em si mesma, mas pelas possibilidades de conexões e aberturas inesperadas que o conhecimento situado oferece. (HARAWAY, 1995, p. 33)

É também um lugar situado de uma pesquisadora-militante racializada enquanto branca. Explicitar esse lugar racial na estrutura colonial, da qual um dos pilares é o racismo, faz-se um compromisso político de buscar o não racismo de gênero, assim definido pela filósofa dominicana negra lésbica Yuderkys Espinosa:

> uma impossibilidade da teoria feminista de reconhecer seu lugar de enunciação privilegiada dentro da matriz moderna colonial de gênero, impossibilidade que se deriva de [desprende de] sua negação ao questionar e abandonar esse lugar ao custo de 'sacrificar', invisibilizando diligentemen-

---

7 Seguindo essa mesma proposta, buscamos também, sempre que conseguimos, localizar as informações, identificar os saberes situados de autoras/es mencionadas/os, em termos de temporalidade, campo científico, nacionalidade, gênero, raça e sexualidade. Teve-se o cuidado de apontar a sexualidade das/os autoras/os apenas quando declaradas, pois reconhecemos o "armário" como uma estratégia política diante da colonialidade da sexualidade e identificamos que "tirar do armário" é um ato violento. Ademais, em termos raciais, além de autoidentificação de autoras/es, utilizamos a heteroidentificação por meio de consulta a fotografias disponíveis na internet. Adotou-se essa forma de identificação, pois, como será debatido no Capítulo 3, geralmente pessoas brancas não se autoidentificam racialmente, no que foi definido pela doutora em psicologia brasileira negra Maria Aparecida Bento (2014), ao analisar comportamentos da branquitude, como o pacto narcísico no racismo. "Uma espécie de pacto, um acordo tácito entre os brancos de não se reconhecerem como parte absolutamente essencial na permanência das desigualdades raciais [...] Eles reconhecem as desigualdades raciais, só que não associam essas desigualdades raciais à discriminação e isto é um dos primeiros sintomas da branquitude." (BENTO, 2014, p. 26- 27)

> te, o ponto de vista das 'mulheres' em menor escala de privilégio, quer dizer as racializadas empobrecidas dentro de uma ordem heterossexual. (ESPINOSA, 2014, p. 10)

Em outros termos, me proponho a trabalhar em consonância com as contribuições da teoria antirracista e decolonial, que nos apresenta a proposta de "radicalizar a crítica ao universalismo na produção da teoria", em que não se caia na hipocrisia do não reconhecimento dos meus privilégios oriundos de minha racialização e minha posição de classe social, em que me coloque em um lugar semelhante a diversas autoras feministas brancas, qual seja: "Ao mesmo tempo em que fazem críticas ao pensamento científico moderno por ocultar seu viés sexista, as pesquisadoras e teóricas feministas ocultam seu próprio lugar de posição privilegiada dada à sua ascendência de classe e de raça". (ESPINOSA, 2014, p. 10)

Quanto ao uso da comparação como método, essa decorre do objetivo de buscar elucidações (OLIVEIRA, 2000, p. 15) e ter maior conhecimento sobre o fenômeno da violência entre lésbicas em Brasília, a partir do distanciamento ao observar o mesmo fenômeno em contextos sociais diferentes, o de Bogotá e da Cidade do México. Desde a perspectiva das contribuições do método comparativo para a chamada sociologia histórico-comparativa, o sociólogo teuto-estadunidense branco heterossexual Reinahrd Bendix (1916–1991) afirmou:

> Estudos sociológicos comparativos tentam desenvolver conceitos e generalizações em um nível entre "teoria pura" e estudos descritivos da área. Eles ajudam a elucidar as limitações de tempo e espaço de conceitos sociológicos que têm aplicabilidade menos que universal e a descobrir as generalizações ocultas em muitos "conceitos compostos". Positivamente, eles podem nos ajudar a desenvolver tipologias de ações e estruturas sociais e avaliar sua faixa característica de variação.[8] (BENDIX, 1963, p. 532) [tradução nossa]

Desse modo, o autor apontou para a importância do método comparativo para evitar a utilização de conceitos generalizantes, e, desse modo, universalizantes:

---

[8] Citação no original: "Comparative sociological studies attempt to develop concepts and generalizations at a level between "pure theory" and descriptive area studies. They help to elucidate the time-and-space limitations of sociological concepts that have less than universal applicability and to uncover the generalizations hidden in many "composite concepts". Positively, they can help us develop typologies of social actions and structures and assess their characteristic range of variation".

Estudos sociológicos comparativos são necessários para delimitar a aplicabilidade desses atributos; aqui estamos de volta à dimensão espaço-tempo dos conceitos sociológicos. Tais estudos nos permitiriam examinar criticamente a generalização implícita e injustificada.[9] (BENDIX, 1963, p. 534) [tradução nossa]

Como aponta o autor, o método comparativo é importante para visibilizar padrões por meio do contraste entre diferentes estruturas.[10] Outro autor que se debruçou sobre o método comparativo foi o antropólogo francês branco heterossexual Louis Dumont (1911 – 1998), para quem é preciso estar atento/a para duas observações metodológicas gerais, que estão ligadas entre si: que sempre seja referenciada a cultura ou sociedade global e que não seja esquecido ou favorecido nosso lado da imagem. Assim, a tarefa científica não é explicar, mas, sim, entender. (DUMONT, 1975, p. 160)

Desde outro campo científico[11], a historiadora e cientista política estadunidense branca heterossexual Theda Skocpol (1947-) e a historiadora e socióloga estadunidense branca Margaret Somers (1949-) apresentaram a utilidade do método da história comparativa para analisar trajetórias históricas de modo a estudar mudanças sociais, a partir da apresentação de três lógicas distintas: análise macro-casual, que bus-

---

9 Citação no original: "Comparative sociological studies are needed to delimit the applicability of those attributes; here we are back to the space-and-time dimension of sociological concepts. Such studies would enable us to examine critically the implicit and unjustified generalization".

10 Nas palavras de Bendix (1963, p. 536): "Comparative sociological studies are especially suited to elucidate such patterns because they tend to increase the "visibility" o fone structure by contrasting it with another"

11 Utiliza-se aqui o conceito de "campo científico" adotados pelo sociólogo francês branco heterossexual Pierre Bourdieu (1930-2002), segundo quem "A noção de campo está aí para designar esse espaço relativamente autônomo, esse microcosmo dotado de suas próprias leis [...] O campo científico é um mundo social e, como tal, faz imposições, solicitações, etc., que são, no entanto, relativamente independentes das pressões do mundo social global que o envolve" (BOURDIEU, 2004, p. 20-21). O campo científico é definido também como: "sistema de relações objetivas entre posições adquiridas (em lutas anteriores), é o lugar, o espaço de jogo de uma luta concorrencial. O que está em jogo especificamente nessa luta é o monopólio da autoridade científica definida, de maneira inseparável, como capacidade técnica e poder social; ou, se quisermos, o monopólio da competência científica, compreendida enquanto capacidade de falar e de agir legitimamente (isto é, de maneira autorizada e com autoridade), que é socialmente outorgada a um agente determinado." (BOURDIEU, 1983, p. 122)

ca testar hipóteses multivariadas; a demonstração paralela de teoria, a partir de marcos históricos; e o contraste de contextos. (SKOCPOL; SOMERS, 1980)

Conjugando a metodologia colaborativa e o método comparativo interdisciplinar, apresenta-se aqui a proposta do método da pesquisa de encontro, em contraposição ao método da pesquisa de campo. Esta terminologia passou a ser predominante a partir das pesquisas antropológicas das últimas décadas do século XIX e primeiras do século XX, com destaque para o trabalho etnográfico do antropólogo estadunidense branco heterossexual Franz Boas (1858-1942). O termo foi utilizado para se contrapor ao trabalho realizado por "antropólogos de gabinete" que utilizavam os relatos de viajantes como fontes para suas pesquisas.

No "trabalho de campo", antropólogas/os deveriam passar um longo período na sociedade que estavam estudando para buscar, consolidar e interpretar seus próprios dados. As duas correntes, contudo, acreditavam que pertenciam a sociedades "complexas" e seus estudos deveriam ser dirigidos a sociedades de pequenas dimensões, consideradas como mais simples e "primitivas" (GOLDENBERG, 2015), e que não tinham capacidade para interpretar os fenômenos sociais de suas próprias sociedades. Busquei me afastar dessa perspectiva hierarquizante, pautada na colonialidade do saber, apostei na pesquisa de encontro, de diálogo, de falar perto[12], de troca e de co-elaboração de conceitos e interpretações.

A pesquisa de encontro, neste projeto, foi composta pelas seguintes etapas: i) apresentação do projeto a representantes do movimento social, para debate sobre as categorias de análise propostas no projeto e co-elaboração das perguntas-guia da pesquisa; ii) realização de atividades em conjunto com essas lideranças, a exemplo de rodas de conversa (conversatorios), para produção de dados a serem analisados na pesquisa; iii) apoio das lideranças para divulgação do instrumento de produção de dados iniciais de interlocutoras interessadas em serem

---

[12] Faz-se referência aqui ao método proposto pela cineasta e teórica feminista vietnamita Trinh T. Minh-ha, para quem, a "prática de 'falar sobre' (*speak about*) vem carregada de profundas camadas de pressupostos, implicações e jogos/demonstrações de poder: o 'falar sobre' somente compartilha da conservação de sistemas de oposição binária (sujeito/objeto; Eu/Ele; Nós/Eles) de que depende o conhecimento territorializado... assegurando uma posição de dominação para aquele que fala. Evitar a reprodução das relações de poder epistemológicas, implica abrir mão da tradição antropológica de falar sobre, e passar a 'falar perto' (*speak nearby*). (MINH-HÁ, Apud SKLAIR, 2006, p. 134)

entrevistadas; iv) apoio das lideranças para articulação com rede de atendimento em caso de as interlocutoras precisarem de apoio psicológico relacionado à rememoração dos casos de violência vivenciados; v) envio da degravação das entrevistas para as interlocutoras para que possam utilizar as informações que foram produzidas; vi) co- elaboração com as lideranças de material devolutivo para a comunidade (cartilha sobre violência em relacionamentos lésbicos); vii) envio da tese para todas as interlocutoras da pesquisa.

Ao acentuar como principal forma de definição a voz das interlocutoras da pesquisa, busca-se atender a um dos princípios apontados por Patricia Hill Collins (2019). Em que pese à autora desenvolver um trabalho voltado especificamente para a epistemologia do feminismo negro, considera-se esse um caminho metodológico adequado para os mais variados estudos que busquem levar em consideração as imbricações das opressões.

De acordo com a autora, há quatro princípios epistemológicos do feminismo negro: i) a experiência vivida como critério de significado (com imagens práticas como veículo simbólico); ii) o uso do diálogo[13] na avaliação de reivindicações de conhecimento; iii) a ética do cuidar (a partir da ênfase na singularidade individual, em que expressões pessoais, emoções e empatia são centrais no processo de validação do conhecimento); e iv) a ética da responsabilidade pessoal.

De modo semelhante ao que ocorre com o pensamento de mulheres negras (COLLINS, 2019), as ideias das lésbicas (de modo diferenciado também de acordo com suas racializações) são suprimidas em instituições sociais controladas por homens heterossexuais brancos. Como apontou a autora estadunidense a respeito da consciência do feminismo negro, o mesmo ocorreu com as interações na construção das identidades lésbicas em lugares como a música, literatura, conversas cotidianas e comportamentos do dia a dia.

Desse modo, além das produções científicas sobre o fenômeno e dos encontros com as interlocutoras da pesquisa, matérias em periódicos – sejam eles hegemônicos ou não –, publicações em *blogs*, músicas, produções artísticas, manifestações em mídias sociais também são utilizadas como fonte, considerando que o conhecimento lésbico é subjugado.

---

[13] "O diálogo implica uma conversa entre dois sujeitos, não um discurso de sujeito e objeto. É um discurso humanizador, que confronta e resiste à dominação." (hooks *Apud* COLLINS, 2019, p. 416)

Para uma melhor compreensão dos trajetos percorridos nesta jornada e sobre as questões e hipóteses orientadoras desta pesquisa, te convido a acompanhar os passos dados e os encontros deste caminhar.

1.1. CAMINHOS PARA A PROPOSIÇÃO DE UM MÉTODO

Esta pesquisa sobre violência em relacionamentos lésbicos surgiu e foi sendo amadurecida ao longo de alguns anos por meio de diversos encontros. Como militante de diferentes movimentos sociais desde 1997, paraense recém-chegada em Brasília por meio de concurso público, meu primeiro contato com o movimento de mulheres em Brasília ocorreu em 2013, nas reuniões da Marcha das Vadias[14], onde foi possível o profundo encontro com Thays Souza, uma das organizadoras da Marcha. Ela me convidou para as atividades do Fórum de Mulheres do DF e Entorno, onde se iniciou minha aproximação com as feministas lésbicas que atuam em Brasília.

Nesse mesmo período, nos últimos meses de 2014, fui lotada como assessora técnica no gabinete da Secretaria Nacional de Enfrentamento à Violência contra as Mulheres, na então Secretaria Especial de Políticas para as Mulheres (SPM/PR), vinculada à Presidência da República com *status* ministerial. Surgiram daí, entre movimento social e funcionalismo público, as primeiras inquietações acerca da violência em casais lésbicos.

No Brasil, comparativamente à legislação de outros países latino-americanos e caribenhos, a Lei Maria da Penha (Lei nº 11.340/2006)[15] foi inovadora no reconhecimento das relações afetivo-sexuais entre mulheres e na possibilidade do acesso de lésbicas e mulheres bissexuais à rede de enfrentamento à violência doméstica e familiar. Já havia sido sinalizado, contudo, o pouco conhecimento de mulheres em relacionamentos lésbicos e da população em geral a respeito da aplicabilidade da Lei Maria da Penha para lésbicas. Essa sinalização foi feita tanto por meio

---

14 Sobre a Marcha das Vadias em Brasília, ver o *blog* do coletivo: https://marchadasvadiasdf.wordpress.com/sobre/. Para uma perspectiva crítica da Marcha das Vadias em Brasília, ver: https://www.geledes.org.br/desafios- feminismo-diante-da-questao-de-raca/

15 Lei Maria da Penha: "Art. 2º Toda mulher, independentemente de classe, raça, etnia, orientação sexual, renda, cultura, nível educacional, idade e religião, goza dos direitos fundamentais inerentes à pessoa humana, sendo-lhe asseguradas as oportunidades e facilidades para viver sem violência, preservar sua saúde física e mental e seu aperfeiçoamento moral, intelectual e social" e Art. 5º "Parágrafo único. As relações pessoais enunciadas neste artigo independem de orientação sexual".

de movimentos sociais, a exemplo da 8ª Ação Lésbica Feminista do DF[16], em 2012, cujo tema foi "Lesbofobia é Violência contra as Mulheres", quanto por produção acadêmica (NASCIMENTO DOS SANTOS, 2014), que ampliava a discussão da aplicabilidade da Lei Maria da Penha para além dos relacionamentos afetivo-sexuais entre lésbicas para o contexto de violência intrafamiliar decorrentes de lesbofobia.

No ano seguinte à 8ª Ação Lésbica, a Associação Lésbica Feminista de Brasília – Coturno de Vênus reduziu suas atividades e não estava em condições de agregar novas integrantes. Assim, no início de 2015, em meio à Virada Feminista do 8 de março, duas companheiras e eu, no intuito de fomentar debates e ações desde uma perspectiva lesbofeminista em Brasília, formamos a coletiva Invertidas. Por meio de atuação nessa coletiva, durante a organização do mês da visibilidade lésbica, em julho e agosto de 2015, dois fatos influenciaram a consolidação do objeto desta pesquisa.

Houve uma agressão física, em um espaço público, entre um casal de lésbicas do movimento social. O fato abalou o movimento mesmo após elas terem rompido o relacionamento. Na época, nenhuma medida concreta foi tomada, apenas uma tentativa de afastamento da que havia sido considerada "agressora" e a manutenção das relações com a que havia sido considerada "agredida". Não foi buscado o sistema de justiça, seja o formal previsto em lei, seja o coletivo. Especialmente quando elas retomaram a relação, houve um incômodo silêncio sobre o ocorrido.

Durante a XI Ação Lésbica Feminista do DF, ocorreu uma roda de conversa para debater a Lei Maria da Penha aplicada à lesbofobia e à violência doméstica entre lésbicas e mulheres bissexuais[17]. Estiveram presentes representantes da SPM/PR, do Ministério Público, da Defensoria Pública e de movimentos sociais na Casa da Mulher Brasileira[18],

---

[16] Informações adicionais sobre a 8ª Ação Lésbica Feminista do DF disponíveis em: http://blogueirasfeministas.com/2012/08/lei-maria-da-penha-tambem-para-as-lesbicas/. Retomarei este assunto no capítulo 6.

[17] Referências sobre o evento podem ser obtidas em: http://www.spm.gov.br/noticias/casa-da-mulher-brasileira-recebe-roda-de-conversa-sobre-aplicacao-da-lei-maria-da-penha-a-mulheres-lesbicas-e-bissexuais.

[18] O projeto da Casa da Mulher Brasileira foi concebido como um dos eixos do Programa Mulher, Viver sem Violência, durante o governo da presidenta Dilma Rousseff, com o objetivo de facilitar o acesso integrado aos serviços especializados, como atendimento psicossocial, delegacia e defensoria pública. Informações disponíveis em: https://www.gov.br/mulheres/pt-br/acesso-a-informacao/acoes-e-programas-1/casa-da-mulher-brasileira .

em Brasília. Na ocasião, uma defensora pública veio dialogar com as representantes de movimentos sociais lésbicos, para nos apresentar as dificuldades que estavam enfrentando com os casos, especialmente um. Uma mulher lésbica já havia feito nove boletins de ocorrência (BO) contra a companheira por episódios de violência física. A defensora estava receosa de que ocorresse um assassinato antes de poder haver uma próxima denúncia.

Segundo ela, não havia subsídios teóricos, normativos e protocolares para lidar com os casos de violência em relacionamentos lésbicos. Apesar de algumas características semelhantes aos casos de violência em relacionamentos de pessoas heterossexuais, algumas diferenças e peculiaridades demonstravam que os mecanismos a serem utilizados deveriam ser outros. Na situação, o Estado interpelava o movimento social para saber como lidar com a temática.

Estava profundamente impactada. Como já explicitado, a busca de produção teórica surgia de um lugar de dor. Desse modo, iniciei a busca por um departamento na Universidade de Brasília, em que pudesse desenvolver de modo interdisciplinar esses estudos. Inicialmente, a pesquisa seria realizada por meio de um estudo comparado do fenômeno da violência em relações lésbicas em Brasília e Buenos Aires. Durante a pesquisa de mestrado em Relações Internacionais – um estudo comparado entre as políticas exteriores dos então presidentes Lula da Silva e Néstor Kirchner em relação à proposta de implementação da Área de Livre Comércio das Américas (ALCA) –, tive a oportunidade de realizar algumas viagens à Argentina, devido a um programa de intercâmbio entre a Universidade Federal Fluminense (RJ) e a Universidade de Rosário.

Embora houvesse uma mudança substancial na temática da pesquisa, acreditava que, devido aos conhecimentos acumulados sobre a história e cultura daquele país, seria mais viável realizar um estudo comparado entre essas capitais. Com este projeto, fui aprovada em finais de 2015 no então Centro de Pesquisa e Pós-Graduação sobre as Américas (Ceppac), desde 2017, ampliado com a criação do Departamento de Estudos Latino-Americanos (ELA) na Universidade de Brasília.

A própria banca de avaliação para a entrada no Programa já havia dado indícios dos desafios que seriam encontrados nesta jornada baseada na epistemologia lesbofeminista. Composta por três professores (homens), brancos e heterossexuais, percebi questionamentos que atualmente associo a visões de lesbofobia institucional. Perguntaram-me "qual a relevância de um estudo sobre lésbicas, especialmente sobre violência entre elas, já que se tratava de um fenômeno com tão pouca abrangência populacional?". Primeiramente, causou estranhamento essa pergunta ter sido realizada por um antropólogo, que estuda grupos populacionais de pequeno número quantitativo. Em segundo lugar, e uma questão para esta pesquisa, trata-se da impossibilidade de quantificar o fenômeno, visto que nem ao menos sabemos o percentual populacional de lésbicas no Brasil, ou em qualquer país da América Latina. As pesquisas censitárias nacionais não possuem a variável orientação sexual em seus questionários.

Perguntaram também qual a relação entre lésbicas e direitos humanos. Além da compreensão da vigência da perspectiva de que todos os direitos humanos são universais, indivisíveis, interdependentes e inter-relacionados, de acordo com a Declaração de Viena (ONU, 1993), a pergunta gerou a dúvida se este questionamento seria levantado para qualquer outro projeto voltado para a pesquisa de um grupo hegemônico (homens, heterossexuais, brancos etc). Caso se tratasse de pensar que existiria um "recorte" lésbico sobre a temática da violência, haveria também de se perguntar se os demais fenômenos de violência de gênero estudados seriam tratados como fenômenos com o "recorte" heterossexual. Ter o projeto aprovado, contudo, demonstrou que poderia buscar ser uma *outsider within*[19].

Passada essa etapa, o desafio seguinte foi o encontro de uma orientadora. Antes de tentar o processo seletivo, havia conversado com a professora Lia Zanotta Machado sobre a possibilidade de, caso fosse aprovada, ela orientar a pesquisa. Tive a oportunidade desse diálogo, após conhecê-la durante uma das oficinas do projeto Promotoras Legais Populares, do qual fiz parte em 2015. Considerava essencial a orientação por uma acadêmica vinculada aos estudos de gênero e feministas. Contudo, logo após o processo seletivo, a professora foi desvinculada do programa. A coordenação, à época, sugeriu que buscasse uma adequação da temática para os projetos já desenvolvidos no então Ceppac.

Ainda era o primeiro semestre de quatro anos de jornada e já indagava se ali seria um lugar possível para os questionamentos, dúvidas e buscas

---

[19] Em diálogo com bell hooks para quem "ao viver como vivíamos, na margem, acabamos desenvolvendo uma forma particular de ver a realidade. Olhávamos tanto de fora para dentro quanto de dentro para fora... compreendíamos ambos" (hooks *Apud* COLLINS, 2016, p. 100), Collins põe luz sobre como mulheres negras, além de outros grupos marginalizados diante da estrutura acadêmica hegemônica, podem trazer para o centro aspectos da realidade não trabalhados por abordagens mais ortodoxas.

desta pesquisa. Então, uma colega do curso a quem sou muito grata, Dina Santos, comentou sobre a professora Délia Dutra[20], uruguaia, que pesquisava fenômenos migratórios a partir de uma perspectiva de gênero. Esse encontro foi uma das bases para que fosse possível a elaboração desta tese. A partir desse encontro, fui presenteada com orientação científica, apoio nas questões administrativas e afeto. Esse encontro, com reconhecimento e valorização das diferenças, está refletido em cada uma destas linhas.

Estas linhas, inclusive, só foram possíveis graças a esse e a outros vários encontros. Um deles ocorreu ainda em 2016, no evento feminista do Forum Internacional AWID[21] (Association for Women's rights development), realizado na Bahia. Estava com companheiras de um grupo de feministas de diferentes lugares do Brasil que trabalham com a perspectiva do cuidado entre ativistas.[22] Em um dos momentos de celebração, conheci Josefina Valencia. E este encontro mudaria o roteiro desta pesquisa. Lesbofeminista mexicana, então coordenadora geral da organização El Clóset de Sor Juana, Josefina também se dedica ao estudo do fenômeno de violência entre lésbicas. Foram dias de trocas intensas e profundas sobre as incoerências que trazemos em nós, em nossas práticas, em nossas relações, em nossas formas de fazer movimento social. Foram também trocas sobre a potência de intercâmbio de experiências e afetos para buscar caminhos de cura e transformação.

No mesmo evento, houve o encontro com Pol Martínez, que coordena a organização mexicana Musas de Metal, um grupo de mulheres gays. Nas diferenças sobre perspectivas em relação a identidades, formas de organização, métodos de trabalho, conversamos também sobre como o fenômeno da violência entre nós nos afeta a todas/es/os. Esses encontros tocaram as fibras dos tecidos mais íntimos da motivação desta pesquisa.

---

20 Destaco e agradeço o fundamental encontro com Délia Dutra, que deu suporte a levar adiante esta pesquisa. Sempre generosa em suas orientações desde uma perspectiva feminista acadêmica, Délia faz acreditar que é possível a produção de conhecimento acadêmico sem desatrelar de princípios do movimento social autônomo.

21 Informações mais detalhadas sobre o encontro da Associação pelos Direitos das Mulheres e o Desenvolvimento estão disponíveis em: https://www.awid.org/.

22 Mais informações sobre o projeto coordenado pelo Centro Feminista de Estudos e Assessoria (Cfemea) estão disponíveis em: https://www.cfemea.org.br/index.php/mobile-colecao-femea-e-publicacoes/publicacoes/4596-cuidado-entre-ativistas-tecendo-redes-para-a-resistencia-feminista e https://www.cfemea.org.br/index.php/mobile-colecao-femea-e-publicacoes/publicacoes/4636-bem-viver-para-a-militancia-feminista-metodologias-e-experiencias-de-autocuidado-e-cuidado-entre-mulheres-ativistas.

No retorno a Brasília, já com uma viagem de um mês programada para a Cidade do México, durante uma reunião de orientação, Délia sugeriu que avaliasse a viabilidade e interesse em mudar o território de comparação de Buenos Aires para a Cidade do México. Assim, fui para o que seria a primeira viagem para realizar pesquisa de encontro.

Nessa primeira viagem, Josefina em poucas semanas se dispôs a me apresentar o "mundo lésbico" da Cidade do México: espaços de convivência, grupos organizados, lésbicas feministas não organizadas em grupos, experiências de *perreo lésbico*, e referências acadêmicas e do movimento social na cidade. Por meio dessas apresentações, foram possíveis outros encontros, diálogos, escuta de relatos, recebimento de sugestões para os caminhos da pesquisa. Os encontros com as lesbofeministas Sinayni Ruiz, Brenda Sandoval e Gloria Carreaga puseram luz e nome a inquietações, que transformaram o escopo desta pesquisa. Estava decidida a mudança de território onde se realizaria a pesquisa: de Buenos Aires para Cidade do México.

Ao passo que as reflexões sobre esses encontros se aprofundavam, as disciplinas do então Ceppac apresentavam um campo de possibilidades teóricas a partir da perspectiva decolonial latino-americana. Em quase todas as disciplinas, era recomendada a leitura dos textos do sociólogo peruano Aníbal Quijano (1928-2018), do filósofo argentino Enrique Dussel (1934-) e do semiólogo argentino Walter Mignolo (1941-). Extasiada e entusiasmada com as análises críticas da Colonialidade, não pude deixar de perceber que, assim como os "pais" da ciência social moderna – o filósofo, sociólogo e antropólogo francês Émile Durkheim (1858-1917), o jurista e economista alemão Max Weber (1864-1920) e o filósofo, sociólogo e historiador alemão Karl Marx (1818-1883) –, as grandes referências desse campo de estudo eram três homens, brancos, heterossexuais.

Foi então que, nos encontros com as colegas do Grupo de Estudos Interdisciplinares sobre Gênero (GREIG/UNB), coordenado pela professora Délia Dutra, foram sendo apresentados os trabalhos da socióloga brasileira negra Luiza Bairros (1953-2016), a filósofa e antropóloga brasileira negra heterossexual Lélia González (1935-1994), a filósofa argentina Maria Lugones (1944-), a já mencionada socióloga Patricia Hill Collins e a filósofa brasileira negra Sueli Carneiro, que deram as bases teórico-metodológicas, desde perspectivas decoloniais e do feminismo negro, para essa pesquisa.

Dentre os encontros no GREIG, um dos que mais potencializou estes escritos foi com Raíla Alves. Com ela, mergulhamos no estudo de relacionamentos inter-raciais entre lésbicas em Brasília. Com ela, compartilhamos impressões sobre as obras das autoras lesbofeministas essenciais para a elaboração teórica dessa pesquisa, como a teórica feminista branca Adrienne Rich (1929-2012), a socióloga francesa branca Jules Falquet, a socióloga francesa branca Monique Wittig (1935-2003), e, desde a perspectiva lesbofeminista decolonial: a biblioteconomista e poeta estadunidense negra Audre Lorde (1934-1992), a doutora em literatura estadunidense negra Cheryl Clarke (1947-) e, em especial, as latino-americanas e caribenhas, a teórica cultural estadunidense *chicana* Gloria Anzaldúa (1942-2004), a doutora em estudos latino-americanos peruana, sexilada[23], no México Norma Mogrovejo e as já mencionadas Ochy Curiel e Yuderkys Espinosa Miñoso.

Entre os anos 2016 e 2017, desafios político-pessoais e pessoal-políticos trouxeram novos elementos para esta pesquisa. Além da necessidade de afastamento por um trimestre para cuidado de saúde de familiar, o golpe parlamentar-jurídico-midiático, com componentes machistas e lesbofóbicos, contra a presidenta brasileira Dilma Rousseff influenciou diretamente na minha saída da SPM[24] para iniciar a trabalhar no então Ministério dos Direitos Humanos. Afastava-me, desse modo, do lugar onde eram elaboradas as diretrizes nacionais para as políticas de enfrentamento à violência contra as mulheres e, consequentemente, do lugar onde eram sistematizados os dados de denúncia dessas violências por meio do Disque 180.

Nesse período, posteriormente pude perceber, estive em um relacionamento afetivo-sexual com diversos episódios abusivos. Nesse momento, fez-se ainda mais notório que, mesmo em meio a estudos aprofundados, a organizações de movimentos sociais que trabalhassem esta temática, não estava imune a vivenciar esse fenômeno social. Diante dessa dor, acabei por não dar a devida atenção a aspectos administrativos para seguir na

---

23 Norma Mogrovejo utiliza esse termo para se referir a pessoas que migraram para se distanciar de familiares e/ou sua comunidade devido a questões de sexualidade, em busca de lugares em que há direitos estabelecidos, proteção legal para pessoas não heterossexuais. A autora peruano emigrou para o México, onde desenvolveu diversos estudos lésbicos.

24 Sobre as manifestações à época do golpe sobre o desmonte da SPM, ver: http://agenciabrasil.ebc.com.br/politica/noticia/2016-06/servidores-protestam-contra-indicada-para-secretaria-de- politicas-para.

jornada acadêmica e, novamente, foram essenciais a empatia e o trabalho de Délia, que juntamente com a técnica em assuntos educacionais do ELA, Cecília Souza, possibilitaram minha permanência no departamento.

Nesse caminhar tortuoso, foi possível realizar a qualificação do projeto, em fevereiro de 2018, quando as professoras da banca Eide Paiva e Elizabeth Ibarra aportaram diversas contribuições incorporadas na pesquisa. Nesse mesmo período, Josefina entrou novamente em contato para apresentar a proposta de construção de um projeto de Observatório Latino-Americano e Caribenho de Violência entre Lésbicas, a ser apresentado para a Organização dos Estados Americanos (OEA). Sugeriu que dialogássemos com integrantes de movimentos organizados lesbofeministas de Cuba, El Salvador e Colômbia.

Para debater essa proposta, iniciou-se o contato com uma representante da organização colombiana Corporación Femm, Cristina Hurtado. A organização já havia produzido uma pesquisa sobre violência entre lésbicas, tendo como resultado um relatório das rodas de conversa e das entrevistas individuais realizadas. Foram notados vários pontos de conexão entre nossas pesquisas e nossos interesses.

A partir de então, foram realizadas reuniões a cada quinze dias, por meio de videoconferência, com as representantes do Clóset de Sor Juana e da Corporación Femm. Apesar de a proposta inicial envolver representantes de cinco países, devido a problemas logísticos e de acesso à internet, as representantes de organizações de Cuba e El Salvador tiveram dificuldades em participar dos encontros virtuais. Decidiu-se, desse modo, que o projeto inicial do Observatório ficaria restrito a Brasil, Colômbia e México.

Tive grandes dificuldades em acompanhar as conversas devido a questões de idioma. Quando apresentei essa dificuldade, elas, de pronto, passaram a explicar gírias, termos específicos utilizados pela comunidade lésbica em cada país e a falar um pouco mais devagar. Expliquei a elas a proposta de metodologia colaborativa e me foi sugerido que a pesquisa fosse realizada, de forma comparativa, nas capitais dos três países: Brasília (Brasil), Cidade do México (México) e Bogotá (Colômbia).

Os receios iniciais de não vulnerabilizar ainda mais a comunidade lésbica e trabalhar de modo cuidadoso e responsável para sistematizar conhecimentos e produzir subsídios para transformação daquela realidade de violência foram sendo amenizados pelas interlocutoras. Por outro lado, a vinculação com a UnB foi vista pelas interlocutoras como uma forma de legitimação para abordamos o assunto.

As conversas foram ocorrendo de modo suave, com trocas sobre nossas vidas pessoais, atuações em movimento social, projeto político de nossas organizações. Iniciaram de modo bastante informal, mas sempre com troca de textos teóricos e legislações. Não foi percebido um lugar de pesquisadora desinteressada, mas – como elas mesmas afirmaram – uma militante que havia ingressado em um curso de doutorado para produção de conhecimento legitimado academicamente sobre esse grupo populacional. O projeto de criação do Observatório encontra- se em compasso de espera, mas, desse modo, por meio do encontro com Cristina, este projeto de pesquisa passou a incorporar também a cidade de Bogotá.

Ainda no segundo semestre de 2018, tive a oportunidade de participar de um evento feminista na Colômbia organizado pelo Fundo de Ação Urgente para a América Latina e Caribe (FAUALC)[25], quando em meio a tantas feministas incríveis, encontrei a defensora da legalização do aborto, da rede Necesito Abortar, Sandra Cardona, de Monterrey, no norte do México. Entre diversas trocas, Sandra contou do projeto Nuestra Voz[26], que desenvolvia com sua companheira Vanessa Jimézes. Trata-se de um grupo formado por pessoas LGBTs, majoritariamente lésbicas, que se reunia a cada 15 dias para, desde a metodologia de terapia comunitária, dialogar e se responsabilizar sobre violências exercidas no âmbito de suas relações afetivo-sexuais.

Saber da existência de um grupo que busca, coletivamente, encontrar saídas para os processos de violência em relacionamentos lésbicos me pareceu uma experiência que poderia ser compartilhada com grupos de vários territórios. Sandra, então, me convidou para facilitar uma das rodas no período que estivesse no México e ofereceu que esse material também fosse utilizado nesta pesquisa. Assim, durante o trabalho de pesquisa de encontro, fomos para Monterrey, para participar do Conversatorio Ecos de la Violencia[27]. Apesar de não ser uma das cidades incluídas no estudo comparado, diversas elaborações coletivas deste encontro estarão presentes nos capítulos seguintes.

---

25 Mais informações sobre a FAU estão disponíveis em: https://fondoaccionurgente.org.co/

26 O grupo Nuestra Voz iniciou suas atividades em 2013 e, após seis anos de encontros, rodas de conversas e outras atividades, encerrou seus trabalhos em junho de 2019.

27 Informações sobre o Convesatorio Ecos de la Violencia, organizado pelo grupo Nuestra Voz, estão disponíveis em: https://www.facebook.com/photo.php?fbid=10155776330762793&set=pcb.10155776359772793&type=3&theater

Figura 2 - Material de divulgação do Conversatorio Ecos de la Violencia

Fonte: Grupo Nuestra Voz

Antes da viagem, também foi retomado o contato com Pol, da Musas de Metal, que promoveu – em conjunto com o espaço de convivência lésbica feminista na Cidade do México Punto Gozadera – uma roda de conversa com objetivo de apresentar a temática da pesquisa e promover o diálogo com as presentes sobre a temática de violência em relacionamentos entre lésbicas e mulheres bissexuais. Assim os debates no Conversatorio Relaciones entre Mujeres[28], realizado em 09 de novembro de 2018, também foram autorizados para serem utilizados como material de análise nesta pesquisa.

---

[28] Informações sobre o Conversatorio Relaciones entre Mujeres, organizado pelo Musas de Mela – Grupo de Mujeres Gay estão disponíveis em: https://www.facebook.com/events/1171981042951771/?active_tab=discussion

Figura 3 - Conversatorio Relaciones entre Mujeres

Em diálogo com Alinx, Clau e Paul. (Foto de Josefina Valencia)

Ao longo dos quatro anos de pesquisa, tive a oportunidade de realizar duas viagens para a Cidade do México e uma para Bogotá, todas possibilitadas por investimentos com recursos financeiros próprios. A banca de defesa de tese, que ocorreu no período da pandemia de Covid- 19, também só foi possível pelo aluguel de uma plataforma virtual com recursos próprios, de modo a atender uma demanda do Colegiado do Departamento. Chamo atenção para este fato, considerando o lugar privilegiado de ter podido arcar com esses custos. Como servidora pública, durante quatro anos, conciliei 40 horas de jornada de trabalho (além das tantas outras dedicadas ao movimento social lesbofeminista do DF) com aulas, leituras, idas a eventos acadêmicos, participação em grupo de estudos, entrevistas, encontros para orientação e escrita. Esse malabarismo de tempos permitiu o autofinanciamento da pesquisa.

Esta não é a situação da maioria das/os estudantes no país, que precisam de financiamento do Estado para realizar seus trabalhos acadêmicos. Especialmente na conjuntura brasileira em que a pesquisa foi realizada, era crescente o esvaziamento do financiamento público para pesquisas, sobretudo no campo das ciências sociais, durante no governo autoritário e negacionista de Jair Bolsonaro. Predominava a precarização das condições de trabalho de cientistas sociais no país; o desmonte das políticas de educação pública, gratuita e de qualidade; a ideologia política de aprofundamento das desigualdades sociais – imbricadas com raça, gênero e sexualidade[29].

Feito esse breve comentário, retorno ao período em que estive na Cidade do México e em Bogotá, no final de 2018. Além de mediar rodas de conversa sobre a temática, foi possível frequentar lugares de socialização lésbica em que pude observar dinâmicas de relacionamentos e de violências em espaços públicos, realizar reuniões com lideranças de organizações lésbicas feministas para apresentar o projeto de pesquisa, debater sobre as experiências em Brasília e escutar sobre as experiências locais, reunir com pesquisadoras do tema, conversar com servidoras públicas que atuam na rede de atendimento a mulheres e pessoas em situação de violência, e realizar entrevistas com lésbicas que se demonstraram interessadas em caminhar nesta jornada, por meio da divulgação de questionários virtuais prévios e entrevistas presenciais, que serão tema de um tópico ainda neste capítulo.

Com todas essas linhas de diferentes cores, texturas e comprimentos, ocorreram os encontros com as interlocutoras que co-elaboraram e teceram as questões, análises e propostas desta pesquisa. Em uma viagem de três meses à Cidade do México e a Bogotá[30], houve a oportunidade de ter experiências com similaridades e diferenças das dinâmicas em Brasília, possibilitadas por fazer parte da Coturno de Vênus, e ter contato com as lésbicas que se aproximam da organização.

---

29 Agradeço à professora Elizabeth Ruano por me chamar a atenção para a importância de falar sobre as condições materiais de realização da pesquisa, dentro de um contexto de precarização das condições de trabalho nas universidades públicas brasileiras.

30 Agradeço à professora Gloria Careaga por formalizar o convite para que eu pudesse realizar a pesquisa no México, o que possibilitou a autorização de uma licença capacitação por três meses pelo Ministério dos Direitos Humanos.

As páginas que seguem são resultado desses encontros e da certeza de que sozinha não alcançaria respostas a tantas inquietações, mas de mãos dadas com minhas irmãs[31] é possível tecer costuras para encontrá-las.

1.2. SUBSÍDIOS PARA ANÁLISE DE ENCONTROS COM GRUPOS LESBOFEMINISTA

Desde a perspectiva de uma produção acadêmica-militante e para compreensão de como se deram os encontros que serviram de referência para esta pesquisa, a seguir será feito um breve balanço das teorias dos movimentos sociais, do movimento lésbico latino-americano e caribenho e do contexto em que foram fundadas e quais são as principais pautas das organizações que participaram desta pesquisa colaborativa: Associação Lésbica Feminista de Brasília – Coturno de Vênus (Brasília), Musas de Metal – Grupo de Mujeres Gay (Cidade do México), El Clóset de Sor Juana (Cidade do México) e Coorporación Femm (Bogotá).

1.2.1. PARA INÍCIO DE PROSA: TEORIAS DOS MOVIMENTOS SOCIAIS – CONTRIBUIÇÕES E LACUNAS

Existe um vasto campo de estudos e teorias sobre movimentos sociais. Os dois principais campos teóricos de análise utilizados nas perspectivas acadêmicas-institucionais das epistemologias do Norte Global[32] para analisar ações coletivas até meados do século XX foram o

---

[31] Referência ao texto de bell hooks "De mãos dadas com minha irmã: Solidariedade feminista" (hooks, 2017).

[32] Para uma compreensão do conceito de Epistemologias do Sul e Epistemologias do Norte, ver a produção do pensador da sociologia do direito o português branco heterossexual Boaventura da Sousa Santos (1940 -). Para uma noção do que se trata ao adotar estas terminologias, o autor afirma: "Ao contrastar as Epistemologias do Sul com as do Norte, podemos cair facilmente em uma imagem refletida, espelhada, uma tentação muito similar à estrutura binária, dualista, da imaginação ocidental. As correntes dominantes nas Epistemologias do Norte têm se centrado na validez privilegiada da ciência moderna, desenvolvida principalmente no Norte global desde o século XVII. Estas correntes se baseiam em duas premissas fundamentais. A primeira é que a ciência baseada na observação sistemática e na experimentação controlada é uma criação específica da modernidade cêntrica ocidental, radicalmente diferente das outras "ciências" originadas em outras regiões e culturas do mundo. A segunda premissa é que o conhecimento científico, haja vista seu rigor e potencial instrumental, é radicalmente diferente aos outros saberes, sejam laicos, populares, práticos, de

marxismo e o funcionalismo. As origens da terminologia "movimento social", no âmbito das Ciências Sociais, datam de meados do século XIX, difundida pelo economista e sociólogo alemão branco heterossexual Lorens Von Setein (1815-1890) que "defende a necessidade de uma ciência da sociedade que se dedicasse ao estudo dos movimentos sociais, tais como um movimento proletário francês e o do comunismo e socialismo emergentes" (*Apud* SCHERER-WARREN, 1987, p. 12). Para uma definição de movimento social, utilizaremos a abordagem da historiadora brasileira branca Maria Gohn:

> Ações coletivas de caráter sociopolítico, construídas por atores sociais pertencentes a diferentes classes e camadas sociais. Eles politizam suas demandas e criam um campo político de força social na sociedade civil. Suas ações estruturam-se a partir de repertórios criados sobre temas e problemas em situações de: conflitos, litígios e disputas. As ações desenvolvem um processo social e político-cultural que cria uma identidade coletiva ao movimento, a partir de interesses em comum. Esta identidade decorre da força do princípio da solidariedade e é construída a partir da base referencial de valores culturais e políticos compartilhados pelo grupo. (GOHN, 1995, p. 44)

As duas principais correntes da teoria dos movimentos sociais – marxismo e funcionalismo – sofreram grandes críticas no que ficou conhecido como teorias da desmobilização social. Segundo essa perspectiva, "o individualismo exacerbado da sociedade moderna teria produzido personalidades narcísicas, voltadas para a autossatisfação e de costas para a política." (ALONSO, 2009, p. 50) Esse campo teórico sofreu modificações diante do cenário político em que ganharam notoriedade mobilizações sociais em diversas regiões do globo, nas décadas de 1960 e 1970, quando foram criadas novas chaves interpretativas para esses fenômenos sociais. Destacam-se três: a Teoria de Mobilização de Recursos (TMR), a Teoria do Processo Político (TPP) e a Teoria dos Novos Movimentos Sociais (TNMS).

Segundo a historiadora brasileira branca Angela Alonso (1969-), a principal diferença desses movimentos em comparação àqueles analisados sob óticas marxistas ou funcionalistas se davam porque não eram mais "voltadas para as *condições* de vida, ou para a redistribuição de recursos, mas para a *qualidade* de vida, e para a afirmação da diversidade de estilos de vivê- las." (ALONSO, 2009, p. 51)

---

senso comum, intuitivos ou religiosos. Ambas premissas contribuíram para reforçar a excepcionalidade do mundo ocidental vis-à-vis o resto do mundo e, pela mesma razão, para desenhar a linha abissal que separou e ainda separa as sociedades e sociabilidades metropolitana e colonial." (DE SOUSA SANTOS, 2018, p. 304-305)

A Teoria de Mobilização de Recursos (TMR), cujos expoentes foram os sociólogos estadunidenses brancos John McCarthy (1940-) e Mayer Zald (1931-2012) em meados dos anos 1970, adaptou princípios da sociologia das organizações para explicar como a ação coletiva ocorre a partir de decisões individuais de agir a partir de um cálculo baseado na racionalidade entre os custos e benefícios da ação. Esta só seria viável a partir de recursos materiais (financeiros e infraestrutura) e humanos (ativistas e apoiadoras/es). De acordo com a TMR, dentro dos movimentos, além de cooperação, também há espaço para a competição, seja por recursos materiais, seja por adesões, podendo gerar fragmentações dentro de uma mesma causa política. Dentre as principais críticas a essa teoria, estão a desconsideração do processo de formação de identidade coletiva e a ênfase em análises conjunturais desconectadas de processos estruturais sócio-históricos.

A Teoria do Processo Político (TPP), cujas formulações principais foram realizadas pelo também sociólogo estadunidense branco heterossexual Charles Tilly (1929-2008), em meados da década de 1970, tem como um dos conceitos principais a "estrutura de oportunidades políticas" (EOP) – dimensões formais e informais do ambiente político – que possibilitam ou impossibilitam a coordenação de potenciais ativistas. Segundo Tilly, essa coordenação "depende de solidariedade, produto de *catnet*, isto é, da combinação entre o pertencimento a uma categoria (*catness*) e a densidade das redes interpessoais vinculando os membros do grupo entre si (*netness*)" (TILLY *Apud* ALONSO, 2009, p. 55). É por meio da solidariedade e dos recursos necessários para ação que se dá o processo de mobilização por meio de repertórios[33] de ação coletiva.

A Teoria dos Novos Movimentos Sociais (TNMS), cujos principais formuladores são o sociólogo francês branco heterossexual Alain Touraine (1925-), o filósofo e sociólogo alemão branco heterossexual Jürgen Habermas (1929-), e o sociólogo italiano Alberto Melucci (1943- 2001), em diálogo com as análises macro-históricas das teorias marxistas partem de uma interpretação cultural para analisar o que denominam "novos movimentos sociais".

---

[33] Repertório, de acordo com a conceituação de Tilly (*Apud* ALONSO, 2009, p. 58), refere-se a um "conjunto limitado de rotinas que são aprendidas, compartilhadas e postas em ação por meio de um processo relativamente deliberado de escolhas". Tratam-se de formas de atuação às quais podem ser atribuídas distintos sentidos de acordo com os interesses políticos.

> Os novos movimentos sociais seriam, então, formas de resistência à colonização do mundo da vida, relações à padronização e à racionalização das interações sociais e em favor da manutenção ou expansão de estruturas comunicativas, demandando qualidade de vida, equidade, realização pessoal, participação, direitos humanos. (HABERMAS Apud ALONSO, 2009, p. 62)

Ainda segundo a TNMS, um dos fatores principais para serem conceituados como novos movimentos sociais decorre do que percebem como deslocamento das reivindicações no âmbito do "mundo do trabalho" para o do corpo, que, nesta perspectiva, "se tornou objeto científico, medicalizado; objeto da moda e do consumo, padronizado. Em reação emergiriam movimentos redefinindo-o como parte da natureza; sede de desejos; nexo de relações interpessoais." (MELUCCI Apud ALONSO, 2009, p. 64)

Antes de prosseguirmos na análise, cabe uma pequena incursão sobre o já mencionado conceito de saberes situados de Haraway, segundo o qual é a partir do reconhecimento das visões parciais e vozes limitadas que surge a possibilidade de conexões e aberturas. Não diferente ocorre com as três teorias sobre movimentos sociais, surgidos a partir da década de 1960 e acima mencionadas e descritas. Uma das características em comum entre elas é que são conhecimentos elaborados a partir de saberes localizados por homens cisgêneros, brancos, heterossexuais baseados em epistemologias do Norte Global. São, portanto, conhecimentos situados que não se podem pretender universais ou universalizantes e, desse modo, apresentam lacunas para análise de determinados movimentos, a exemplo dos movimentos lesbofeministas latino-americanos.

Essa nota faz-se necessária por algumas premissas adotadas neste estudo. Caracterizar esses movimentos como "novos movimentos sociais" é tomar como referência as transformações a partir de uma perspectiva da colonialidade. Movimentos que se pautam na "resistência à colonização do mundo da vida", como definiu Habermas, são existentes neste continente desde a constituição dos processos coloniais.

Conceber a disputa central focalizada principalmente nas lutas de classe e considerar outras lutas como menos relevantes ou subsidiárias é utilizar como lente interpretativa uma das perspectivas de centralidade da economia sobre outras formas de conformação do sistema colonial. É adotar um discurso, uma premissa, segregar e ignorar a perspectiva da "imbricação das opressões" ou a própria conformação do sistema colonial-moderno, conforme descrevem Anibal Quijano, Maria

Lugones e Ochy Curiel, calcado em raça, gênero e sexualidade como construções inerentes às estratégias para dominação de territórios, corpos e espíritos, perspectivas que serão abordadas no próximo capítulo.

É ignorar, ou não creditar devida importância, que a própria constituição do sistema capitalista baseou-se em discursos científico e/ou religioso que interferiam diretamente no "mundo da vida", a exemplo do racismo científico[34] e da condenação da sodomia pelo Santo Ofício[35]. Caracterizá-los como novos é ignorar históricas mobilizações e resistências às dominações desde os períodos coloniais. Desse modo, não há "novos movimentos sociais", mas "novas" formas de percebê-los ou mesmo a novidade do fato esteja em fontes de conhecimento reconhecidas como legítimas passarem a considerar a relevância desses movimentos como atores histórico-político-sociais.

Reconhecê-los como saberes situados é também uma possibilidade de compreensão de por que classificam movimentos como o feminista, negro, LGBT, indígena, quilombola como movimentos meramente "identitários" em contraposição a movimentos reivindicatórios.

Adota-se como perspectiva que os movimentos sociais lesbofeministas, cujo breve resumo histórico será abordado a seguir, para além de uma proposta e posicionamento identitário-político são, a partir do pilar de descolonização dos corpos, movimentos contestatórios da heteronormativa-patriarcal-capitalista-racista da modernidade colonial, em conformidade com o Cherlyl Clarke:

> Ser lésbica em cultura tão supramachista-capitalista-misógina-racista-homofóbica e imperialista é um ato de resistência, uma resistência que deve ser acolhida em todo o mundo por todas as forças progressistas... A lésbica é a mulher que tomou outra mulher como amante, conseguiu resistir ao imperialismo do senhor nessa esfera da sua vida. A lésbica descolonizou seu corpo. Ela rejeitou uma vida de servidão que está implícita nas relações heterossexistas/heterossexuais ocidentais e aceitou o potencial da mutualidade em uma relação lésbica, apesar dos papéis. (CLARKE, 1988)

---

[34] As origens do racismo científico são identificadas na Inglaterra com Robert Knox, em "Races of Men", de 1850 e na França com Arthur de Gobineau, "Essai sur l'inégalité des races humaines", 1855 (MOURA, 2014).

[35] O tema da das punições por sodomia previstas pelo Santo Ofício será abordado no capítulo 2.

1.2.2. MOVIMENTO LÉSBICO: ENCONTROS EM BOGOTÁ, BRASÍLIA E CIDADE DO MÉXICO

O movimento lésbico latino-americano pode ser carecterizado e historicizado, de acordo com Yuderkys Espinosa (2016), por meio de eixos de disputa fundamentais em nível regional a partir de quatro hipóteses: i) existe uma correlação do pensamento e da prática política feminista na região com aqueles do Norte global; ii) a trajetória do movimento feminista relaciona-se com as mudanças discursivas referentes à noção de sujeito; iii) em decorrência das duas primeiras hipóteses, o sujeito político "lésbicas" relaciona-se com as mudanças nas ideias feministas e os discursos políticos-filosóficos; com as percepções acerca do sujeito lésbicas dos estudos lésbicos e feministas e da prática política do movimento lésbico; iv) as disputas do movimento lésbico giram, a partir da década de 1990, em torno de duas principais temáticas: a identidade ou não de lésbicas como mulheres e as perspectivas de autonomia e institucionalidade do movimento.

Segundo a autora, entre fins dos anos 1960 e final dos anos 1980, em correlação com as mudanças nas perspectivas referentes à noção de sujeito, prevaleceram três principais correntes do feminismo: o feminismo da igualdade, o feminismo da diferença e o feminismo materialista. Influenciados por essas correntes, nas últimas três décadas o movimento lésbico latino- americano está relacionado a quatro correntes teórico-políticas.

1. Feminismo institucional, que bebe na fonte do feminismo da igualdade, e enfatiza o debate sobre estratégias de inclusão e igualdade de oportunidades e preza pela continuidade do projeto de igualdade formal. Espinosa cita como exemplo de atuação dessa corrente as reivindicações pela união civil e pelo casamento de casais do mesmo sexo;
2. Feminismo autônomo, com influências dos feminismos da diferença e materialista, que baseia suas ações a partir de uma postura crítica à tecnocracia de gênero e à agenda de inclusão e igualdade de oportunidades e à agenda transnacional de "ajuda ao desenvolvimento", e propõe uma releitura do feminismo da diferença e das teorizações lésbicas terceiro-mundistas e de mulheres negras estadunidenses. Opõem-se às "agendas" propagadas por organismos internacionais e são comprometidas com processos radicais de luta social na região;

3. Pós-feminismo e teoria *queer*, com raízes no feminismo materialista e vinculadas ao feminismo institucional, propõe a independência entre os campos de gênero e sexualidade, a partir das seguintes perspectivas teóricas: lésbicas não são mulheres (Monique Wittig), performatividade de gênero (Judith Butler), tecnologia de gênero (Teresa de Lauretis), e lésbicas como sujeitos de fronteira (Gloria Anzaldúa). A autora vincula essa corrente aos Encontros Lesbitransfeministas "Venir al Sur" e às Jornadas de Celebração das Amantes;
4. Feminismos antirracistas e decolonias, vinculados ao feminismo autônomo, pautam-se nas propostas teóricas da interseccionalidade (Kimberlé Crenshaw), do sistema moderno-colonial de gênero (Maria Lugones), da crítica à nação heterossexual (Ochy Curiel), do entronque de patriarcados (Julieta Paredes), da colonialidade da democracia (Breny Mendoza), do racismo da categoria gênero (da própria autora) e atuam por meio da volta à comunidade. Espinosa vincula essa proposta teórico-política aos debates das Jornadas de Lésbicas Feministas Antirracistas e do X Encontro Lésbico Feminista de Abya Ayala.

Essas correntes não são estanques nem sem contradições e correlações entre elas, a partir da variedade e complexificação das posturas, estratégias e principais preocupações políticas do movimento lésbico. Como afirma a autora:

> Esta complexidade obedece a um desenvolvimento não linear, à coexistência paralela de eixos de preocupação diferentes, bem como a questionamentos muitas vezes contraditórios, que se sobrepõem uns aos outros, sem chegar a uma síntese rearticuladora. (ESPINOSA, 2016, p. 249)

Ou como afirma Margarita Pisano:

> Depois do 7º Encontro Feminista Latino-americano e do Caribe, celebrado em Cartagena, já não se pode falar de um só feminismo latino-americano, com diferentes expressões; há de se falar de correntes: feminismo autônomo, feminismo institucionalizado, neofeminismo, feminismo neoliberal, ecofeminismo, entre outros, ou seja, de vertentes de pensamento, de sistemas de ideias com suas respectivas expressões mais ou menos orgânicas, com suas diversidades e diferenças. (PISANO, 1998, p. 37)

Essa proposta de análise, além da literatura sobre a história do movimento lésbico no Brasil, Colômbia e México, nos dá pistas para fazer uma leitura sobre as formas de atuação das quatro organizações interlocutoras e colaboradoras nesta pesquisa: Corporación Femm (Bogotá), Associação Lésbica Feminista de Brasília – Coturno de Vênus (Brasília), Musas de Metal (Cidade do México) e El Clóset de Sor Juana (Cidade do México).

As duas organizações mexicanas, ambas criadas na década de 1990, e a brasileira e a colombiana, criadas nos anos 2000, têm personalidade jurídica e recebem financiamentos de fundos feministas, estando em maior ou menor grau com algum nível de institucionalidade. Dentre similitudes e diferenças, a partir das descrições elaboradas pelas organizações, destaca-se a Musas de Metal como mais alinhada com as perspectivas do pós-feminismo e teoria queer e a Coturno de Vênus com a proposta antirracista e decolonial.

Não se tem a pretensão, neste momento, de analisar comparativamente a trajetória de cada uma das organizações, buscando desse modo um olhar aprofundado em suas semelhanças e diferenças. Seria necessário um debruçar sobre histórias, alianças, rupturas que vão para além do objetivo desta pesquisa. O interesse aqui é apenas apresentá-las e contextualizá-las. Situar desde que proposta política cada uma das organizações tem interesse na temática do enfrentamento à violência em relacionamentos lésbicos. E, para tanto, a seguir, há um quadro com informações sobre cada uma delas:

Quadro 1 - Organizações colaboradoras na pesquisa

	Coturno de Vênus	El Clóset de Sor Juana	Musas de Metal	Corporación Femm
Cidade	Brasília	Cidade do México	Cidade do México	Bogotá
Descrição	Associação lesbofeminista, antirracista, antiLGBTIfóbica e anticapacitista do Distrito Federal.	Somos uma associação civil feminista lésbica, que visa à defesa e à promoção dos direitos humanos das mulheres, especialmente daquelas que sofrem discriminação devido à sua orientação sexual e à sua identidade de gênero.	Somos lésbicas, gays, bissexuais, trans, mulheres heteroflexíveis e pessoas genderqueer, que trabalham por uma sociedade inclusiva e que não discrimina por nenhum motivo, especialmente por orientação sexual, sexo, gênero, expressão de gênero e identidades sexo-gênero diversas.	Um grupo de mulheres de diversas orientações sexuais e com diferentes interesses, que se reúnem para dar vida a um projeto de geração de encontros e espaços de socialização.

	Coturno de Vênus	El Cláset de Sor Juana	Musas de Metal	Corporación Femm
Início das Atividades	2004	1991	1995	2007[36]
Anos de registro como associação civil	2005	1994	2002	2010
Missão/ Objetivos	Promover direitos humanos – sexuais, reprodutivos, ambientais, sociais, econômicos e culturais – para as lésbicas; enfrentar a discriminação por orientação afetivo- sexual, raça/etnia, gênero, corporalidade, posições político-sociais e/ ou geracionais; e incentivar a visibilidade e o protagonismo lesbiano.	Gerar uma força política e sociocultural lésbico-feminista que promova o desmantelamento das lógicas discriminatórias, para a transformação das estruturas de dominação e a construção de uma sociedade mais livre.	Trabalhar e educar, de e para a população LGBTTTI, a partir de uma perspectiva feminista e de gênero, para prevenir e erradicar a violência e a discriminação.	Trabalhar para contribuir com a construção de uma sociedade colombiana plural, respeitosa e corresponsável pela defesa e exigência dos direitos humanos. Propor iniciativas de ações e práticas feministas para a redução e erradicação de todas as formas de violência na vida de mulheres e meninas. Promover e incentivar o bem-estar psicofísico-emocional e a saúde de lésbicas, mulheres e pessoas não heterossexuais. Oferecer espaços de troca, escuta e orientação para lésbicas, mulheres e pessoas do setor LGBTI.

---

[36] Em fevereiro de 2017, foi aprovada a Sentencia 075, que concedeu os primeiros direitos patrimoniais a casais do mesmo sexo na Colômbia.

	Coturno de Vênus	El Clóset de Sor Juana	Musas de Metal	Corporación Femm
Eixos de Atuação/ Projetos	• Articulação, Formação e Incidência Política; • Cuidado Coletivo e Segurança; • Cultura e Memória Lésbica; • Visibilidade Lésbica e Direito à Cidade; • Sustentabilidade Econômica	• Transmissão Vocal: identidades polifónicas; • #ComaIdeIncidencia: participação política de lésbicas; • Exigindo o direito à saúde: mulheres trans usuárias dos serviços de saúde; • Consultórios médicos livres de discriminação para mulheres lésbicas, bissexuais e trans	• Educar sobre e a partir da diversidade sexual; • Atuar de forma participativa através da cidadania e do ativismo; • Elaborar e realizar pesquisas; • Difundir informação	• Paideias Femm – Escolas de Direitos Humanos com enfoque de gênero e perspectiva de orientações sexuais e identidade de gênero; • Observatório de violências em e contra casais de mulheres em Bogotá e Cundinamarca; • Rodas de Conversa Femm; • Festas Femmparty

Fonte: Elaboração própria para a pesquisa

1.3. ENTREVISTAS: ENCONTROS E ESPELHOS – EXPECTATIVAS E COLABORAÇÕES

Como forma de buscar interessadas em participar desta pesquisa, foram disponibilizados formulários[37], no formato *google docs*, com o convite, que foram compartilhados em minha conta pessoal na rede social *facebook* e replicado nas redes das organizações que colaboram na pesquisa e/ou nas redes das companheiras que integram essas organizações, com mensagem semelhante, com adaptação referente a data em que estavam previstas as entrevistas, a exemplo do convite divulgado na Cidade do México[38], em 07 de novembro de 2018:

---

37 O formulário disponibilizado está nos anexos do livro.

38 Mensagem divulgada em Bogotá, em 03 de dezembro de 2018: Vengo de Brasil y estoy haciendo una investigación comparada Brasil-Colombia-Mexico sobre Violencia en Parejas Lésbicas. Me encontraré realizando entrevistas a lesbianas de Bogotá, del 10 a 21 de deciembre, con la intención de conocer sus experiencias y reflexiones al respecto. Agradezco de antemano tu interés en participar! Debido a que me encuentro por poco tiempo en Bogotá, entrevitaré entre 05 y 10 personas, buscando

Olá! Me chamo Cláudia Macedo e estou fazendo uma pesquisa comparativa Brasil-Colômbia-México sobre Violência em Relacionamentos Lésbicos, como parte do doutoramento no Departamento de Estudos Latinos Americanos da UNB. Minha intenção é entrevistar lésbicas da Cidade do México entre os dias 12 e 23 de novembro, para escutar sobre suas experiências e reflexões a respeito. Agradeço de antemão seu interesse em participar! A proposta é entrevistar entre 05 e 10 pessoas, buscando um equilíbrio identitário das participantes. Asseguro que as informações compartilhadas serão confidenciais e será mantido o anonimato. Com o objetivo de organizar essa série de encontros, peço que deixe seus dados de contato e horários disponíveis. Muito obrigada! Formulário disponível em: https://goo.gl/1EMXaS

Obtivemos o total de 20 respostas ao formulário, 06 em Bogotá, 05 em Brasília e 09 na Cidade do México. Considerando a invisibilidade e o silenciamento sobre violência em relacionamentos lésbicos, consideramos significativo esse número de interessadas em compartilhar suas experiências. Atribuímos o maior número de interessadas em participar na Cidade do México a dois fatores: i) a realização do Conversatorio. ii) serem duas as organizações colaboradoras, que contribuíram na divulgação. A seguir, tabulamos as informações de todas as pessoas que preencheram o formulário[39]:

---

un balance identitario de las participantes. Les aseguro que la información que compartan será confidencial y anónima. Con el objetivo de organizar una serie de entrevistas, te pido que dejes tus datos de contacto y horarios disponibles. Muchas gracias!!! Formulário disponível em: https://forms.gle/fFxyCmuSxRw8ARUG9

Mensagem divulgada em Brasília: Olá! Me chamo Cláudia Macedo e estou fazendo uma pesquisa comparativa Brasil-Colômbia-México sobre Violência em Relacionamentos Lésbicos, como parte do doutoramento no Departamento de Estudos Latinos Americanos da UNB. Minha intenção é entrevistar lésbicas do Distrito Federal entre os dias 02 e 13 de setembro de 2019, para escutar sobre suas experiências e reflexões a respeito. Agradeço de antemão seu interesse em participar! A proposta é entrevistar entre 05 e 10 pessoas, buscando um equilíbrio identitário das participantes. Asseguro que as informações compartilhadas serão confidenciais e mantido o anonimato. Com o objetivo de organizar essa série de encontros, peço que deixe seus dados de contato e horários disponíveis. Muito obrigada! Formulário disponível em:

[39] Como é possível notar pela tabulação, não há informação sobre as idades de todas as interessadas em participar da pesquisa na Cidade do México. Essa pergunta só foi acrescentada a partir de um aprimoramento do formulário no processo de pesquisa de encontro.

Quadro 2 - Perfil das interessadas em participar da pesquisa

Cidade	Bairro	Raça/ Etnia	Orientação sexual	Identidade de gênero	Expressão de gênero	Nível de renda	Idade	Participação em mov. Social
Bogotá	Patio Bonito	Blanca	Lesbiana	Cisgenero	Femenina	Bajo	44	Si
Bogotá	Cedritos	Europea deconstruida..?¿	Lesbiana	Mujer Cisgenero	Femenina o ratos	Medio	33	Si
Bogotá	San Cristóbal Sur	Negra	Lesbiana	No binarie	Femenina	Medio	34	Si
Bogotá	Suba	Delgada	Lesbiana		Femm	Medio	25	Si
Bogotá	Puente Aranda	Mestiza	Lesbiana	Lesbiana	Masculina	Bajo	53	Si
Bogotá	Usme	Negra	Lesbiana	Cis gênero	Normal	Medio	24	Si
Brasília	Paranoá	Negra	Lésbica	Cis	Camaleoa	Baixa	29	Sim
Brasília	Jardim Botânico	Branca	Lésbica	Cis	Não se aplica	Médio	43	Sim
Brasília	Asa Norte	Socialment e parda	Lésbica	Cis	Não se aplica	Médio / relativamente alto	35	Não
Brasília	Asa Norte	Negra	Sapatão	Cisgênero	Não se aplica	Alto	29	Não
Brasília	Asa Norte	Negra	Lésbica		Feme	Médio	48	Sim

Cláudia Macedo

Cidade	Bairro	Raça/ Etnia	Orientação sexual	Identidade de gênero	Expressão de gênero	Nível de renda	Idade	Participação em mov. Social
CDMX	Álvaro Obregón	Caucásica	Lesbiana	Cis	Femm	Bajo- medio		Sí
CDMX	centro, cuauhtémoc	Meztiza	Lesbiana	Cis	No femenina	Medio	36	Sí
CDMX	Colonia Portales norte	No	Lesbiana	Cis	Machorra	Bajo		Sí
CDMX	Azcapotzalco	No sé	Lesbiana	Cisgénero	Ninguna	Medio		Sí
CDMX	Del Carmen, Coyoacan	Francomexicana	Lesbiana	Mujer cis	Neutral	Bajo		Sí
CDMX	San Felipe de Jesús GAM	Blanca	Lesbiana	Cisgénero	Femenina	Medio		Sí
CDMX	San Bartolo Atepehuacan, Gustavo A Madero	Mexicana meztiza	Mujer que se relaciona erótico-afectivamente con otras mujeres	Cis	Inter/ femenina	Medio		Sí
CDMX	Santa María la Ribera, Cuauhtémoc	Meztiza	Lesbiana	Cis	Femenino	Medio- bajo		Sí
CDMX	Col. Merced Gómez, Delegación Álvaro Obregón	Meztiza	Lesbiana	Cisgénero	Machorra (?)	Bajo		Sí

Fonte: Elaboração própria para a pesquisa.

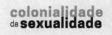

Em Bogotá, todas as interessadas em participar da pesquisa se identificaram como lésbicas e integravam alguma organização do movimento feminista e/ou LGBT. A média de idade foi de 35 anos, sendo a mais nova de 24 e a mais velha de 53 anos. Metade se identificou como mulher cisgênero, duas não se reconheceram a partir de identidade de gênero e uma se identificou como não binárie. O nível de renda variou entre médio (67%) e baixo (33%). Quanto à expressão de gênero, a maioria (67%) se identificou como feminina. Em relação à auto identificação racial, pudemos perceber uma grande variação. Duas (33%) se identificaram como negras, uma como *mestiza*, uma a partir da cor de pele, delgada; uma como branca; e outra como "europeia desconstruída".

Dentre as seis interessadas, foi possível entrevistar cinco; das quais três têm seus relatos e percepções transcritos ao longo dos próximos capítulos. A seleção foi realizada a partir da consideração de imbricações de raça/cor, gênero, classe social e as experiências das violências vividas. São elas, de acordo com suas autoidentificações:

- Anna – 33 anos, "europeia desconstruída", lésbica, mulher cisgênero, feminina às vezes, nível de renda médio e moradora de Cedritos;
- Brenda – 24 anos, negra, lésbica, cisgênero, normal (expressão de gênero), nível de renda médio e moradora de Usme;
- Tatiana – 53 anos, *mestiza*, lésbica, não se reconhece a partir de identidade de gênero, masculina, nível de renda baixo e moradora de Puente Aranda.

Em Brasília, quatro (80%) interessadas se identificaram como lésbicas e uma (20%) como sapatão. Três (60%) participavam de movimento lésbico e/ou feminista e duas (40%) não[40]. A média de idade das interessadas foi de 37 anos, tendo a mais nova 29 e a mais velha 48 anos. Quatro (80%) se identificaram como negras; uma (20%), como branca. Também quatro (80%) não se identificavam com uma identidade de gênero e não se identificavam com um padrão binário de expressão de gênero, masculina ou feminina – nota-se que em Brasília, o não reconhecimento dessas formas de identificação foram bem maiores que nas outras cidades. Em relação ao nível de renda, duas (40%) afirmaram

---

[40] Brasília foi a única cidade onde lésbicas que não participavam de movimento social se interessaram em participar da pesquisa. Credita-se ao fato de minha entrada em Bogotá e Cidade do México haver se dado exclusivamente por intermédio de organizações lesbofeministas, enquanto que em Brasília – onde vivo – participo de redes com outros tipos de alcance.

ser alto, duas (40%) médio e uma (20%) baixo. Dentre as cinco interessadas, apenas foi possível entrevistar três, sendo elas:

- Beatriz – 35 anos, "socialmente parda", lésbica, cis, não se auto identifica por expressão de gênero, nível de renda médio/relativamente alto, moradora da Asa Norte;
- Luiza – 29 anos, negra, lésbica, cis, "camaleoa" (expressão de gênero), nível de renda baixo, moradora do Paranoá;
- Zami – 29 anos, negra, sapatão, cisgênero, não se autoidentifica por expressão de gênero, nível de renda alto, moradora da Asa Norte.

Na Cidade do México, todas as interessadas se identificaram como cisgênero e integravam o movimento lésbico e/ou LGBT. Oito (89%) se identificaram como lésbicas e uma (11%) como mulher que se relaciona erótico-afetivamente com outras mulheres"[41]. Quatro (45,5%) se autoidentificaram como femininas e cinco (55,5%) em variações para não se identificarem com a binariedade de expressão de gênero, sendo que duas se identificaram como machorras (que poderíamos traduzir como "sapatão") e uma como "não feminina". Cinco (55,5%) afirmaram ter nível de renda médio; quatro (45,5%), baixo. Quatro (45,5%) se autoidentificaram como *mestizas*, três (33,3%) com variações para se identificarem como brancas; duas (22,2%) não sabiam se autoidentificar em relação à raça. Das oito entrevistadas, três são as interlocutoras desta pesquisa:

- Aline – 35 anos, *mestiza*, lésbica, cis, inter/femnina, nível de renda médio, moradora de Gustavo A Madero;
- Mariana – 36 anos, *mestiza*, lésbica, cis, não feminina, nível de renda médio, moradora de Cuauhtémoc;
- Sandra – 28 anos, não sabia se identificar racialmente, lésbica, cis, *machorra*, nível de renda baixo, moradora de Colonia Portales.

Além de perguntas sobre autoidentificação, o formulário continha uma pergunta sobre qual a motivação das interessadas em participar da pergunta, as respostas de todas as interessadas estão na tabela a seguir:

---

[41] Durante a entrevista, ela explicou que, devido a todas as violências lesbofóbicas que havia sofrido, especialmente na família, tinha dificuldades em ressignificar o termo lésbica como algo positivo e preferia não utilizá-lo para sua autoidentificação.

Quadro 3 - Motivações para partircipar da pesquisa

Por que você gostaria de falar sobre o tema?
Respostas em Bogotá
Por culpa
Gostaria de falar sobre o assunto porque acredito que seja algo que não é visível, e quando estamos imersas em relações com a violência não temos nenhum tipo de informação ou recurso, parece-me de grande importância começar a investigar esse tipo de violência invisível e também conscientizar que isso não é exclusiva das casais heterossexuais e quais as diferenças e semelhanças entre os tipos de violência
Tornar visível que existe sim violência entre casais do mesmo sexo
Contribuir.
Eu tive uma ex-companheira muito violenta
é necessário
Respostas em Brasília
Acredito que polêmicas devam ser expostas e resolvidas de maneira coerente e amorosa.
Interesse em ajudar na pesquisa
É preciso falar disso, mas há também uma expectativa com relação a contribuir com e conhecer os resultados dessa pesquisa. Receber informações sobre a frequência relativamente alta de episódios de violência entre casais de mulheres e sobre o silenciamento social diante deste tema, inclusive entre lésbicas, é bastante perturbador. Fico a me perguntar qual seria a diferença na estrutura hierárquica e de poder que se forma entre casais lésbicos, e se tal estrutura se distancia tanto assim do que ocorre entre casais heterossexuais quando os recortes de raça, classe e cultura são devidamente considerados. Também me pergunto se um relacionamento de uma lésbica com uma mulher bissexual entraria numa categoria generalista de «relacionamento lésbico». Mais que confirmar opiniões baseadas em experiências pessoais, eu gostaria muito de olhar para esse panorama mais amplo de possibilidades de leitura sobre o que estrutura as hierarquizações e violências entre mulheres.
Uma tentativa de melhor compreensão/digestão de alguns relacionamentos que tive. Entender melhor as violências que sofri – e as que pratiquei – é uma ação fundamental para tentar evoluir enquanto pessoa. Além disso, colaborar com essa pesquisa é muito significativo para mim, enquanto sapatão preta e pesquisadora.
Para não acontecer com outras

Respostas na Cidade do México
Porque é um tema invisibilizado que exige atenção e pesquisa... E porque a intenção é construir relações fora da lógica de dominação...
Porque acho necessário refletir e agir para construir, conhecer e fazer nossas outras formas de nos relacionar entre mulheres. Parte do meu processo de encontrar estas alternativas às minhas práticas e situações de violência conjugal envolve reconhecê-las e nomeá-las.
Como há pouca informação sobre o assunto, é importante participar
Contribuir para a visibilidade e pesquisa desta informação para que possam ser detectados fatores comuns sobre os quais se possam realizar trabalhos de prevenção.
Apenas compartilhar
Trabalhar com mães lésbicas e me ver no espelho de suas relações e o encontro com o lesbofeminismo me confrontou com a violência que minha esposa e eu exercemos e iniciou-se um caminho muito interessante para tentar mudar nossas atitudes. Seria muito interessante falar sobre esse processo, além de pensar nas formas nas quais a violência intrafamiliar nas famílias lesbomaternais podem ser erradicadas.
Considero de extrema importância para muitos aspectos que atravessam as mulheres lésbicas/ bissexuais. É um tema que venho estudando há muitos anos e pelo qual sou muito apaixonada. Fiz minha tese de graduação sobre o assunto.
Porque é um tema pouco falado, um tanto invisibilizado e, por isso, nos faltam ferramentas para trabalhar possíveis soluções.

Fonte: Elaboração própria para a pesquisa.

São desafios postos e explicitados pelas interessadas em participar desta pesquisa que, assim como as integrantes das organizações, colaboraram com a elaboração das perguntas orientadoras e objetivos desta tese.

Perguntas Orientadoras:

1. As violências que ocorrem em relacionamentos lésbicos estão diretamente associadas à reprodução de padrões heteronormativos nessas relações?
   1. a. Quais características desse modelo seriam os predominantes nesse fenômeno: a idealização do amor romântico, o modelo do núcleo familiar, o padrão da monogamia?
2. Essas violências estariam vinculadas à reprodução de papéis de gênero de masculinidade e feminilidade?
3. Estariam relacionadas a outros fatores estruturais da sociedade que permeiam essas relações, como classe e raça?
4. Como explicar quando violências ocorrem em relações de lésbicas feministas?

5. Quais são os tipos mais frequentes de violência que ocorrem nesses relacionamentos?
6. Como as lésbicas agem e buscam resoluções quando ocorrem esses casos: buscam o Estado? Possuem medidas de resolução intragrupo?

Objetivo Geral

1. Analisar, desde a perspectiva da colonialidade da sexualidade, de modo colaborativo e comparado, as vivências de violência em relacionamentos lésbicos em Bogotá, Brasília e Cidade do México, com enfoque nas imbricações de opressões que permeiam esses relacionamentos, em busca de elementos para identificar as especificidades desse fenômeno e as possíveis formas de resolução de conflito adotadas por lésbicas.

Objetivos Específicos

1.1. Analisar como o processo de colonialidade da sexualidade se consolidou e permeia as vivências lésbicas contemporâneas;

1.2. Realizar levantamento bibliográfico sobre identidade lésbica e fazer uma análise comparada, Bogotá, Brasília e Cidade do México, de suas imbricações com raça, gênero e classe;

1.3. Compreender como a o ideal de amor romântico, a lesbofobia social e a lesbofobia internalizada têm implicações com o fenômeno de violência em relacionamentos lésbicos;

1.4. Fazer uma análise qualitativa, por meio de observação participativa, e história de vida, com mulheres que estejam passando ou tenham passado por situação de violência em relacionamentos lésbicos, de modo a qualificar as especificidades do fenômeno da violência entre lésbicas;

1.5. Analisar as resoluções de conflito encontradas nos casos de violência em relacionamentos lésbicos e as motivações para a escolha de uma resolução intragrupo ou por meio da ação do Estado.

2. COLONIALIDADE DA SEXUALIDADE

> Não existe luta por um único tema porque não vivemos vidas centradas em um único tema.
> (Audre Lorde)
> Mas é difícil diferenciar entre o que é herdado, o que é adquirido, o que é imposto. Ela põe a história em uma peneira, separa as mentiras, observa as forças das quais nós como raça, como mulheres, temos feito parte. Depois jogue fora o que não vale a pena, as negações, as divergências, o embrutecimento. E aguarde o julgamento, profundo e enraizado, de gente de outros tempos.
> (Gloria Anzaldúa)
> Antes que existira ou pudesse existir qualquer classe de movimento feminista, existiam as lesbianas, mulheres que amavam a outras mulheres, que recusavam cumprir com o comportamento esperado delas, que recusavam definirem-se em relação aos homens, aquelas mulheres, nossas antepassadas, milenares, cujos nomes não conhecemos, foram torturadas e queimadas como bruxas.
> (Adrienne Rich)
> A História não fala e um silêncio de chumbo recai sobre as relações entre as mulheres.
> (Tania Navarro-Swain)

As vivências lésbicas contemporâneas são marcadas pela colonialidade da sexualidade. Entrelaçada com as colonialidades de raça, gênero e classe, a colonialidade da sexualidade é um dos eixos que estrutura o sistema-mundo capitalista moderno colonial do norte global. Trata-se da imposição de um pensar-agir-sentir da heterossexualidade que a desloca do contexto de sua construção histórica, social e política e a configura enquanto uma vivência natural e normativa.

Diversos estudos se debruçam sobre a consolidação de raça, de gênero e de classe como pilares da colonialidade, para diferenciar quem poderia ser considerado humano e não humano, quem teria seus conhecimentos validados ou descartados, quais vidas deveriam ser preservadas e quais deveriam ser dizimadas, quem seria detentor de poder e quem poderia ser subjugada(o). Meu interesse aqui é demonstrar como a sexualidade também foi um dos pilares para consolidar esse sistema. Como também houve essa diferenciação entre sexualidade aceita e valorizada e sexualidades descartáveis, desprezíveis, impuras.

Interessa analisar como a instrumentalização da construção de uma sexualidade normativa (heterossexualidade), reinventada ao longo do tempo e permanente até os dias atuais, é tão essencial quanto as outras categorias construídas e se dá de forma imbricada com elas: raça, gênero e classe. Ou seja, não é possível compreender a complexidade da formação e manutenção do sistema-mundo capitalista moderno colonial sem levar em consideração a colonialidade da sexualidade. Nesse sistema, a partir de uma imposição binária da sexualidade, os corpos-mentes- espíritos que importam, que são valiosos, que têm direito a ter direitos e que merecem viver são aqueles heterossexuais. Mesmo que tenham ocorrido mudanças ao longo dos séculos, essas marcas da colonialidade ainda persistem nos tempos contemporâneos. Essa construção ocorreu por diferentes e entrelaçados processos, que serão abordados a seguir.

Formou-se pela colonialidade do poder por meio do genocídio de pessoas com vivências não heterossexuais e/ou pela criminalização dessas vivências e consolidou-se por meio da imposição da heterossexualidade obrigatória, que moldou o fenômeno da lesbofobia social. Formou-se também pela colonialidade do ser, ao patologizar corpos-mentes-espíritos não heterossexuais e definir a não heterossexualidade como doença e se consolidou por meio do pensamento hétero, contribuindo para a interiorização da opressão mediante a lesbofobia internalizada. Ademais, formou-se pela colonialidade do saber por meio da convenção de vivências não heterossexuais como pecado, e promoveu-se por meio do do modelo amatório casal-família (*parejilfamilista*), baseado no ideal de amor romântico, monogâmico, heterossexual[42].

Como forma principal para a instalação e perpetuação da colonialidade da sexualidade, por meio de aparelhos ideológicos, consolidou-se a comunidade imaginada da nação heterossexual[43]. Desse modo, a colonialidade da sexualidade molda de forma hierarquizante e, portanto, desigual, a vivência de pessoas heterossexuais e não heterossexuais e estabelece o padrão mundial da heterossexualidade.

Para visualizar os caminhos para o conceito proposto, apresenta-se a esquematização a seguir:

---

[42] Os conceitos e debates acerca de heterossexualidade obrigatória, lesbofobia social, pensamento hetero, lesbofobia internalizada, do modelo amatório casal-família (*parejilfamilista*), ideal de amor romântico, monogâmico, heterossexual serão abordados no Capítulo 5.

[43] Os conceitos aparelhos ideológicos, comunidade imaginada e nação heterossexual serão abordados mais adiante, ainda neste Capítulo 2.

Figura 4 - Colonialidade da Sexualidade

```
                    COLONIALIDADE DA SEXUALIDADE
     ┌──────────────────────┬──────────────────────┬──────────────────────┐
     Colonialidade do Poder   Colonialidade do Ser    Colonialidade do Saber
     (Anibal Quijano)         (Nelson Maldonado-Torres) (Edgardo Lander)
     CRIME                    PECADO                    DOENÇA
     └──────────────────────┴──────────────────────┴──────────────────────┘
                    NAÇÃO HETEROSSEXUAL (Ochy Curiel)
     ┌──────────────────────┬──────────────────────┬──────────────────────┐
     Heterossexualidade      Modelo Amatorio Parejil  Pensamento Hetero
     Obrigatória             Familista                (Monique Wittig)
     (Adrianne Rich)         "ideal do amor romântico"
                             (Margarita Pisano)
     └──────────────────────┴──────────────────────┴──────────────────────┘
         Lesbofobia Social                      Lesbofobia Internalizada
                                                (Alejandra Sardà)

                    Violência em
                    Relacionamentos Lésbicos
                    (Barbara Hart)

                    INTERSECCIONALIDADE (Kimberlé Crenshaw)
     ┌──────────────────────┬──────────────────────┬──────────────────────┐
     Colonialidade e Raça     Colonialidade e Gênero  Colonialidade e Classe
     (Yuderkys Espinosa)      (Maria Lugones)
                              • Papeis de gênero
                              • Expressões de gênero
```

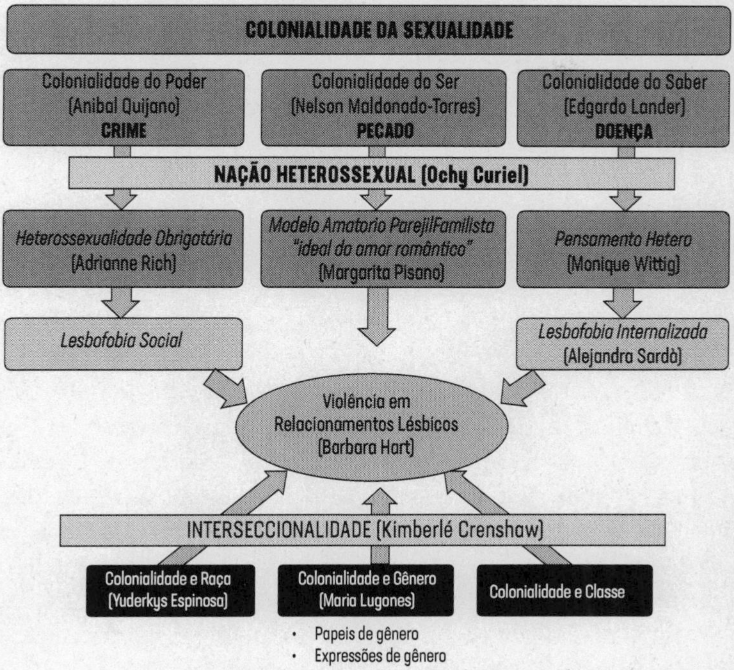

Fonte: Elaboração própria para a pesquisa.

É importante frisar que esta é uma proposta de um modelo explicativo para o contexto em que se dão as violências em relacionamentos lésbicos. Acredita-se que também pode ser utilizado para contextualizar outros fenômenos sociais. Ressalta-se que é um modelo explicativo e não determinante, não se pretende descartar o poder de agência e de subjetividades em relacionamentos lésbicos. Busca-se compreender os elementos que contextualizam esse fenômeno complexo como forma de contribuir no desafio de enfrentá-lo.

Esta compreensão situa-se dentro do marco do sistema-mundo capitalista moderno colonial do norte global. Com a colonização das Américas, estabeleceu-se, pela primeira vez na história conhecida, um padrão global de controle do trabalho, de seus recursos e de seus produtos, viabilizada pela progressiva monetização do mercado mundial possibilitada pelos metais preciosos roubados de terras americanas. Apoiando-se nas noções de Centro-Periferia, do economista argentino heterossexual branco Raúl Prebisch (1901-1986), e no conceito do moderno sistema mundo, do sociólogo estadunidense heterossexual branco Immanuel Wallerstein (1930-2019), o sociólogo peruano heterossexual branco Aníbal Quijano (1929- 2018) teorizou sobre como se deu um processo de reidentificação histórica. Propôs que essa reidentificação ocorreu por meio de novas identidades geoculturais estebelecidas pela Europa no processo de colonização, primeiramente na América, depois em África, Ásia e Oceania, dando origem à colonialidade de um novo padrão de poder, relacionada a formas de controle do trabalho em torno do capital.

Esse processo de reidentificação se deu, conforme o autor, principalmente em termos de identidade e hierarquização racial, concepção que, dentre outros autores, é teorizada pela filósofa dominicana negra lésbica Yuderkys Espinosa. A filósofa argentina branca María Lugones (1944-2020) se acerca ao debate apontando para os processos de reidentificação de gênero na formação e consolidação do sistema-mundo moderno. Ambas essas abordagens, além de suas correlações com classe, serão apresentadas mais adiante neste trabalho (Capítulo 3). Neste capítulo, nos interessa apresentar como, tanto quanto raça, gênero e classe, a sexualidade é um dos eixos estruturantes da conformação desse sistema colonial e como se deu por meio da colonialidade do poder, do ser e do saber, em conformidade com o resumo feito por Nelson Maldonado-Torres:

> A colonialidade do poder refere-se à inter-relação entre as formas modernas de exploração e dominação, e a colonialidade do conhecimento tem a ver com o papel da epistemologia e das tarefas gerais de produção do conhecimento na reprodução dos regimes coloniais de pensamento, a colonialidade do ser refere-se , então, à experiência vivida da colonização e ao seu impacto na linguagem. (MALDONADO-TORRES, 2007, p. 130)

2.1. COLONIALIDADE DO PODER: VIVÊNCIAS NÃO HETEROSSEXUAIS COMO CRIME

Há registros de vivências-experiências de relações afetivo-sexuais-desejantes entre mulheres em povos indígenas, como os Warao da Venezuela, Cuna do Panamá, Guayaquís do Paraguai, Trio do Suriname, Javaés do Brasil, na sociedade inca pré-colombiano e entre maias no território mexicano, na ordem pré-intrusão. Utilizamos essa terminologia para fazer referência ao período anterior à colonização, pois assim como a antropóloga argentina branca Rita Segato (1951-), acreditamos que se trata de uma

> dobra fragmentária que convive conseguindo manter algumas características do mundo que antecedeu a intervenção colonial, mundo-aldeia: nem palavras temos para falar deste mundo que não devemos descrever como pré-moderno, para não sugerir que se encontra simplesmente no estágio anterior da modernidade e marcha inevitavelmente em direção a ela. (SEGATO, 2012, p. 114)

Dentre os relatos mais citados referentes a esse período, estão aqueles sobre as indígenas tupinambás. No *Vocabulário da Língua Brasílica* (1621), foi registrado por jesuítas um termo específico para designar tais guerreiras: çacoaimbeguira, isto é, "machão que não conhece homem e tem mulher e fala e peleja como homem" (MOTT, 1987, p. 23). Essas experiências- vivências foram narradas pelo cronista Pero Magalhães Gandavo, no *Tratado da Terra do Brasil*, de 1576:

> Algumas índias há entre os Tupinambá que não conhecem homem algum de nenhuma qualidade, nem o consentirão, ainda que por isso as matem. Elas deixam todo o exercício de mulheres e imitam os homens e seguem seus ofícios como se não fossem fêmeas. Trazem os cabelos cortados, da mesma maneira que os machos, e vão à guerra com os seus arcos e flechas, e à caça, perseverando sempre na companhia dos homens. Cada uma tem mulher que a serve, e que lhe faz de comer e com quem diz que é casada. E assim se comunicam como marido e mulher. (GANDAVO *Apud* MOTT, 1987, p. 22)

Ainda sobre as Çacoaimbeguira, nos levantamentos feitos pelo historiador brasileiro branco Amilcar Torrão Filho, são assim descritas:

> Entre as mulheres, algumas adotavam penteados e atividades masculinas, indo com eles para a guerra e para a caça, além de se casarem com outras mulheres, adquirindo todo tipo de parentesco adotivo e obrigações assumidas pelos homens em seus casamentos; Eram as chamadas çacoaimbeguira. (TORRÃO FILHO Apud FERNANDES, 2014, p. 140)

As descrições feitas pelo frei Gaspar de Carvajal (*Apud* FERNANDES, 2014, p. 139), na década de 1540, deram origem à lenda sobre as Amazonas, ao narrar o encontro com as Coniupuiara na região do rio Nhamundá, entre os atuais estados do Amazonas e do Pará, no Brasil.

Referindo-se ao povo inca, no atual território peruano, o cronista Augustín Zárate narra uma comunidade, em terras ricas de ouro, formada apenas por mulheres, que só aceitam homens para procriar:

> Há entre dois rios uma grande província inteiramente povoada por mulheres, que não permitem que os homens permaneçam com elas mais do que o tempo necessário para a procriação; e se dão à luz filhos, enviam-nos aos pais, e se filhas, criam-nas [...] sua rainha chama-se Gaboimilla, que na sua língua significa céu de ouro. (ZÁRATE, 1577, p. 49)

Eram as Amazonas, cuja rainha chamava-se Gaboimilla. O explorador espanhol Francisco de Orellana (1511–1546) tentou, sem sucesso, destruir essa comunidade, conforme o relato a seguir:

> Orellana chegou a Castela, onde informou Sua Majestade desta descoberta, espalhando a fama de que tinha sido feita às suas custas e indústria, e que havia uma terra muito rica onde viviam aquelas mulheres, que comumente chamavam em todos estes reinos de conquista das Amazonas; e pediu à sua majestade o governo e a conquista dela, que lhe foi dada; e havendo tornado mais de quinhentos homens de cavaleiros e de gente muito importante e lúcida, embarcou com eles para Sevilha; e com a má navegação e a falta de alimentos, das Ilhas Canárias o povo começou a se dispersar, e pouco depois se desfizeram de tudo, e ele morreu no caminho. (ZÁRATE, 1577, p. 67-68)

Do norte do território ao centro-sul brasileiro, eram relatadas essas vivências- experiências de comunidades formadas apenas por mulheres, que se relacionavam afetivo-sexualmente entre si, e desempenham desempenhavam atividades e funções sociais que eram atribuídas exclusivamente a homens – como caçar, portar armas. O padre Pero Correa, em 1551, haver na atual região de São Vicente:

> Entre as índias, havia algumas que não só portavam armas, mas também desempenhavam outras funções de homens: eram casadas com outras mulheres. Chamá-las de mulheres era, segundo ele, a maior afronta que lhes poderia ser feita. (AMANTINO Apud FERNANDES, 2014, 139)

Essas vivências encobertas também foram narradas em relação às culturas pré- hispânicas no atual território mexicano. Encontraram relatos entre astecas e maias.

> Nas culturas pré-hispânicas do México, a homossexualidade tinha percepções diferentes. Os astecas não permitiam práticas homossexuais e os puniam com a morte [...]a homossexualidade, no entanto, existia nesta sociedade e era praticada clandestinamente. Dentro da sociedade maia, a homossexualidade era uma prática comum, permitida e até venerada principalmente entre chefes, sacerdotes e guerreiros (classe alta). (GARZA-CARVAJAL, 2002)

No relato acima, nota-se que, em algumas culturas, como é o caso da asteca, já era prevista punição para práticas afetivo-sexuais-desejantes entre pessoas do mesmo sexo biológico mesmo antes da intrusão-encobrimento.

Ao analisar as perspectivas sobre a construção do gênero, Rita Segato (2012) apresentou três vertentes existentes. O feminismo eurocêntrico, segundo o qual a dominação patriarcal é universal e ahistórica, desconsiderando diferenças existentes entre territórios, relações de poder e realidades socioculturais. A perspectiva da colonialidade de gênero, defendida por María Lugones e pela socióloga nigeriana negra Oyeronke Oyewumi (1957-), segundo a qual gênero era inexistente no mundo précolonial. E a terceira corrente, defendida pela autora argentina e pela feminista comunitária aymara lésbica Julieta Paredes, segundo a qual havia um patriarcado de baixa intensidade, intensificado e transformado a partir do processo de colonização.

> Trata-se de realidades que continuarão caminhando, como dissemos aqui, junto e ao lado do mundo sob intervenção da modernidade colonial. Mas que, de alguma forma, ao serem alcançadas pela influência do processo colonizador, primeiro metropolitano de ultramar e depois republicano, foram prejudicadas, particularmente em um aspecto fundamental: exacerbaram e tornaram perversas e muito mais autoritárias ashierarquias que já continham em seu interior – que são basicamente as de status, como casta e gênero. (SEGATO, 2012, p. 114)

Nos estudos comparativos realizados pelo antropólogo brasileiro branco heterossexual Estevão Fernandes (2014), há referências à cosmovisão dos *two spirit*[44], em indígenas do território atual estadunidense, em que a homossexualidade está ligada à divindade em oposição à "contaminação" a partir do contato com o branco-europeu.

Nesse mesmo sentido, foi constatado, no Código Vaticano nº 3738, de publicação presumida em 1556, referência à existência da deusa Xochiquetzal, no Panteão Asteca, uma divindade intersexo, protetora do amor e da sexualidade não procriativa. Essa mesma divindade, em sua dualidade masculina, deus Xochipilli, era considerado o pai da homossexualidade.

Relativamente à sexualidade, a partir dos relatos apresentados, é possível identificar que a hierarquização de sexualidades não é universal e ahistórica. Seria necessária uma pesquisa mais aprofundada sobre os relatos de cronistas do período da intrusão para analisar se essa hierarquização era inexistente, se sexualidades não heterossexuais eram consideradas divindades ou se existia uma hierarquização em menor intensidade, que foi exacerbada pelo processo de colonização ou mesmo se não é possível uma definição generalista, tendo em vista, as diferentes realidades de acordo com os territórios.

---

[44] Segundo Estévão Fernandes (2014), "la elección del término two spirit implica la percepción de una identidad panindígena que trasciende especificidades, buscando llamar la atención sobre tal fenómeno como algo ligado al universo espiritual indígena, reprimido en el proceso de colonización."

Inicialmente, pretendia realizar essa análise comparada das crônicas realizadas a partir das percepções das vivências e costumes encontrados em Abya Yala[45], em busca das histórias encobertas sobre relações entre mulheres neste período de intrusão. Contudo, infelizmente, não foi possível neste momento realizar essa empreitada. Utilizamos acima alguns trechos que indicam essas existências, de modo a dar subsídios para fins argumentativos de como foi imposta, com o processo de colonização das Américas, uma sexualidade dominante em âmbito mundial.

Foi realizado levantamento sobre cronistas e obras do século XVI, em que foram localizadas narrativas sobre práticas de mulheres que se relacionavam afetivo-sexualmente com outras mulheres nos territórios do Brasil, Colômbia e México, a partir de pesquisas em bancos de dados e em leituras de fontes secundárias. Posteriormente, foram localizadas as fontes primárias em formato digital.

Disponibilizamos os passos já dados, pois poderão servir desubsídio para futuras pesquisas minhas ou de quem, porventura, se interessar a seguir esse caminho:

Quadro 4 - Relatos de Cronistas sobre relações entre mulheres no Brasil, Colômbia e México no século XVI

Nome do cronista	País Origem/ País Narrado	Período	Obra Referência
Americo Vespúcio (1454-1512)	Itália/ Brasil	Início do Séc. XVI	Mundus Novus (1503)[46]
André Thévet (1502-1590)	França/ Brasil	Meados do Séc. XVI	Singularidades da França Antártica[47]
Bartolomé de las Casas	Espanha/ México	Inícios do Séc. XVI	Historia de las Indias[48]

---

45 "ABYA YALA, na língua do povo Kuna, significa Terra madura, Terra Viva ou Terra em florescimento e é sinônimo de América. O povo Kuna é originário da Serra Nevada, no norte da Colômbia, tendo habitado a região do Golfo de Urabá e das montanhas de Darien e vive atualmente na costa caribenha do Panamá na Comarca de Kuna Yala (San Blas)". Informação disponível em: http://www.iela.ufsc.br/povos-origin%C3%A1rios/abya-yala.

46 Obra disponível em: http://www.fundar.org.br/storage/Livros/46.pdf.

47 Obra disponível em: http://www.brasiliana.com.br/obras/singularidades-da-franca-antartica.

48 Obra disponível em: http://www.iphi.org.br/sites/filosofia_brasil/Bartolom%-C3%A9_de_Las_Casas_-_Hist%C3%B3ria_de_las_Indias_I.pdf.

Nome do cronista	País Origem/ País Narrado	Período	Obra Referência
Bernardino de Sahagún	Espanha/ México	Meados do Séc. XVI	Historia General de las Cosas de la Nueva España[49]
Fernão Cardim (1540-1625)	Portugal/ Brasil	Meados do Séc. XVI	• Tratados da Terra e da Gente do Brasil[50] • Do princípio e origem dos índios do Brasil • Narrativa epistolar de uma viagem e missão jesuítica[51]
Francisco Lópes de Gomara (1511-1566)	Espanha/ México	Meados do Séc. XVI	Historia General de las Indias[52]
Gabriel Soares de Sousa (1540-1592)	Portugal/ Brasil	Séc. XVI	• Notícia do Brasil[53] • Tratado Descritivo do Brasil[54]
Gaspar de Carvajal (1500-1584)	Espanha/ Brasil	Meados do Séc. XVI	Relación del nuevo descubrimiento del famoso río Grande que descubrió por muy gran ventura el capitán Francisco de Orellana[55]
Hans Staden (1525-1576)	Alemanha/ Brasil	Meados do Séc. XVI	Viagem ao Brasil[56]
Jean de Léry (1536-1613)	França/ Brasil	Séc. XVI	Viagem à Terra do Brasil[57]
José de Anchieta (1534-1597)	Espanha/ Brasil	Meados do Séc. XVI	Cartas do Padre Anchieta[58]

---

49 Obra disponível em: http://cdigital.dgb.uanl.mx/la/1080012524_C/1080012524_T1/1080012524_MA.PDF.

50 Obra disponível em: https://digital.bbm.usp.br/handle/bbm/4788.

51 Obras disponíveis em: https://archive.org/details/narrativaepisto00unkngoog.

52 Obra disponível em: https://www.biblioteca.org.ar/libros/92761.pdf.

53 Obra disponível em: http://www.novomilenio.inf.br/santos/lendas/h0300a2.pdf.

54 Obra disponível em: http://www.brasiliana.com.br/brasiliana/colecao/obras/9/tratado-descritivo-do-brasil-em-1587.

55 Obra disponível em: http://www.biblioteca.org.ar/libros/153797.pdf.

56 Obra disponível em: http://purl.pt/151/1/index.html#/1.

57 Obra disponível em: http://fortalezas.org/midias/arquivos/1713.pdf.

58 Obra disponível em: http://etnolinguistica.wdfiles.com/local--files/biblio:anchieta-1933-cartas/anchieta_1933_cartas_mindlin.pdf.

Nome do cronista	País Origem/ País Narrado	Período	Obra Referência
Juan de Castellanos (1522-1607)	Espanha/ Colômbia	Fins do Séc. XVI	Elegías de Varones Ilustres de Indias[59]
Juan Rodríguez Freyle (1566-1640)	Colômbia/ Colômbia	Inícios do Séc. XVII	Conquista y descubrimiento del Nuevo Reino de Granada de las Indias Occidentales del Mar Océano y Fundación de la ciudad de Santa Fé de Bogotá, primera de este reino donde se fundo la Real Audiencia y Cancillería, siendo la cabeza se hizo su arzobispado[60]
Manuel da Nóbrega (1517-1570)	Portugal/ Brasil	Meados do Séc. XVI	Diálogo sobre a conversão do gentio
Pero de Magalhães Gandavo (1540-1579)	Portugal/ Brasil	Meados do Séc. XVI	Tratado da Terra do Brasil[61]
Pero Vaz de Caminha (1450-1500)	Portugal/ Brasil	Inícios do Sec. XVI	Carta de 1 de maio[62]
Juan de Castellanos (1522-1607)	Espanha/ Colômbia	Fins do Séc. XVI	Elegías de Varones Ilustres de Indias[63]
Juan Rodríguez Freyle (1566-1640)	Colômbia/ Colômbia	Inícios do Séc. XVII	Conquista y descubrimiento del Nuevo Reino de Granada de las Indias Occidentales del Mar Océano y Fundación de la ciudad de Santa Fé de Bogotá, primera de este reino donde se fundo la Real Audiencia y Cancillería, siendo la cabeza se hizo su arzobispado[64]

---

59 Obra disponível em: http://bibliotecadigital.jcyl.es/i18n/consulta/registro.cmd?id=2897.

60 Obra, também conhecida como "El Carnero", disponível em: https://biblioteca.org.ar/libros/211557.pdf

61 Obra disponível em: http://www2.senado.leg.br/bdsf/bitstream/handle/id/188899/Tratado%20da%20terra%20do%20Brasil.pdf?seque nce=1 .

62 Obra disponível em: http://objdigital.bn.br/Acervo_Digital/livros_eletronicos/carta.pdf.

63 Obra disponível em: http://bibliotecadigital.jcyl.es/i18n/consulta/registro.cmd?id=2897.

64 Obra, também conhecida como "El Carnero", disponível em: https://biblioteca.org.ar/libros/211557.pdf

Cláudia Macedo

Nome do cronista	País Origem/ País Narrado	Período	Obra Referência
Manuel da Nóbrega (1517-1570)	Portugal/ Brasil	Meados do Séc. XVI	Diálogo sobre a conversão do gentio
Pero de Magalhães Gandavo (1540-1579)	Portugal/ Brasil	Meados do Séc. XVI	Tratado da Terra do Brasil[65]
Pero Vaz de Caminha (1450-1500)	Portugal/ Brasil	Inícios do Sec. XVI	Carta de 1 de maio[66]

Fonte: Elaboração própria para a pesquisa.

Também foram localizadas obras de cronistas sobre outros territórios latinoamericanos que relatavam vivências-experiências afetivo-sexuais entre mulheres, conforme tabela a seguir:

Quadro 5 - Relatos de Cronistas sobre relações entre mulheres em outros países de Abya Yala no século XVI

Nome do cronista	País Origem/ País Narrado	Período	Obra Referência
Augustín Zarate	Espanha/ Peru	Meados do Sec. XVI	Historia del Descubrimiento y Conquista de las Provincias del Perú[67]
Antonio Herrera y Tordesillas (1549-1625)	Espanha/ Países da América Central	Fins do Sec. XVI	Historia General de los Hechos de los Castellanos en las Islas y Tierra Firme del Mar Océano[68]
Felipe Gusmán Poma de Ayala	Peru/ Peru	Fins do Sec. XVI	Nueva Crónica y Buen Gobierno[69]

Fonte: Elaboração própria para a pesquisa.

Dentre as narrativas já identificadas e apontadas aqui neste texto, é possível notar uma associação direta entre gênero – papéis de gêne-

---

[65] Obra disponível em: http://www2.senado.leg.br/bdsf/bitstream/handle/id/188899/Tratado%20da%20terra%20do%20Brasil.pdf?seque nce=1 .

[66] Obra disponível em: http://objdigital.bn.br/Acervo_Digital/livros_eletronicos/carta.pdf.

[67] Obra disponível em: http://www.atlantisbolivia.org/zardes.pdf.

[68] Obra disponível em: https://bibliotecadigital.jcyl.es/i18n/catalogo_imagenes/grupo.cmd?path=10073048.

[69] Obra disponível em: https://www.biblioteca.org.ar/libros/211687.pdf.

ro e expressão de gênero[70], vivências- experiências de relações afetivo-sexuais-desejantes (nomeadas homossexuais ou heterossexuais), e as identidades de gênero (homem ou mulher). Nas narrativas sobre as çacoaimbeguiras, são associadas as vivências de papéis masculinos (como a caça e a guerra) e as relações com pessoas do mesmo sexo biológico (casamento com pessoa do mesmo sexo). Nos relatos sobre indígenas na atual região de São Vicente, narra-se que as chamar de mulher seria uma das maiores ofensas possíveis.

Essas indígenas assim viviam, relacionavam-se, desempenhavam papéis de sociabilidade como "se homens fossem" ou essas foram as narrativas possíveis a partir de um olhar moldado pela colonialidade da sexualidade? Essa é uma indação que também se coloca a antropóloga espanhola, radicada no México, branca lésbica Ángela Lorenzo:

> Os modelos teóricos utilizados no passado para analisar dados sobre a homossexualidade derivaram diretamente da concepção de sexualidade na psicologia ocidental. A maioria dos antropólogos baseava a sua interpretação das práticas homossexuais de outras culturas no modelo desviante da psicologia e da sociologia e assumiu que a heterossexualidade representava a norma do comportamento sexual e, portanto, que a homossexualidade constituía um desvio ou comportamento anormal. Estas avaliações contrastavam, em muitas ocasiões, com o significado ou valor atribuído ao comportamento sexual na cultura estudada, dado que muitos grupos aceitavam práticas homossexuais dentro do seu sistema social. (BLACKWOOD Apud LORENZO, 2001-2002, p. 94-95)

Assim, um dos eixos de constituição da modernidade ia se consolidando, a partir da definição de vivências não heterossexuais como o outro, como o contrário da norma, como alteridade, conforme explica o filósofo argentino, radicado no México, branco heterossexual Enrique Dussel (1934-):

> A modernidade teve origem em cidades europeias medievais livres, centros de enorme criatividade. Mas "nasceu" quando a Europa foi capaz de confrontar "o Outro" e controlá-lo, derrotá-lo, violá-lo; quando poderia ser definido como um "ego" descobridor, conquistador, colonizador da Alteridade constitutiva da própria Modernidade. Em qualquer caso, esse Outro não foi "des-coberto" como Outro, mas foi "en-coberto" como "o Mesmo" que a Europa sempre foi. (DUSSEL, 1993, p. 8)

O processo de estabelecimento de relações intersubjetivas de dominação entre Europa e europeus e outras regiões e populações do mun-

---

[70] No capítulo 3, será feita uma análise entre as imbricações de gênero e sexualidade.

do se deu por meio da atribuição a estas populações novas identidades geoculturais, por meio da colonialidade do poder, que, segundo Quijano (2010, p. 6), se deu por três vias: i) expropriação das populações colonizadas; ii) repressão das formas de produção de conhecimento dos/as colonizados/as, de seus padrões de produção de sentidos, de seu universo simbólico, de seus padrões de expressão e de objetificação de sua subjetividade; iii) imposição da cultura dos dominadores, no campo da atividade material-tecnológica e subjetiva-religiosa.

Por meio da colonialidade do poder, as vivências não heterossexuais foram criminalizadas e até a atualidade ainda são consideradas ilegais em 78 países, ou seja, 39% dos Estados integrantes da Organização das Nações Unidas – ONU (ILGA, 2015). Desses países, está vigente uma legislação de pena de morte por intimidade sexual de pessoas do mesmo sexo em oito países, e é implementada em cinco deles: Irã, Mauritânia, Arábia Saudita, Sudão e Iêmen. Apesar de não prever pena de morte, em 11 países do Caribe a não heterossexualidade é crime e tem previsões de punição de prisão de dois anos até o máximo de prisão perpétua. Na tabela a seguir, constam os dados sobre legislação, tipos de crime, pena máxima e a quem atinge as normativas dos países caribenhos:

Quadro 6 - Países latino-americanos e caribenhos onde a não heterossexualidade é crime atualmente

País	Norma	Tipo(s) de Crime	Pena Máxima (Prisão)	Homem	Mulher
Antigua y Barbuda	Ley nº 09/1995	Sodomía (art. 12) Actos gravemente impudicos[7] (art. 15)	Perpétua 10 anos	Ilegal	Ilegal
Barbados	Chapter 154/1992	Sodomía (art. 9) Actos gravemente impudicos (art. 12)	Perpétua 15 anos	Ilegal	Ilegal
Belize	Código Penal/2000	Delito contra natura (art. 53)	10 anos	Ilegal	Ilegal

---

[71] Um acto "gravemente impudico" es um acto distinto de las relaciones sexuales (ya sean naturales o contra natura), que suponha el uso de los órganos genitales com la intención de excitar o satisfacer, el deseo sexual, segundo o art. 15 da Ley de Delitos Sexuales de 1995 de Antigua y Barbuda. (ILGA, 2015, p. 90)

\multicolumn{6}{c}{PAÍSES EM QUE A NÃO HETEROSSEXUALIDADE É CRIME}
País	Norma	Tipo(s) de Crime	Pena Máxima (Prisão)	Homem	Mulher
Dominica	Ley de Delitos Sexuales de 1998	Sodomía Actos gravemente impudicos (art. 14)	25 anos 05 anos	Ilegal	Ilegal
Granada	Código Penal/1993	Conexión no natural (art. 352)	10 anos	Ilegal	Legal
Guiana	Ley del Código Penal	Delitos contra natura (art. 353) Actos Gravemente Impúdicos (art. 352)	10 anos 02 anos	Ilegal	Legal
Jamaica	Ley sobre los Delitos contra la Persona	Crimen contra natura (art. 76) Ultrajes al pudor (art. 79)	10 anos 02 anos	Ilegal	Legal
São Critóvão e Neves	Ley sobre los Delistos contra la Persona	Sodomía	10 anos	Ilegal	Legal
Santa Lúcia	Código Penal nº 9 de 2004	Sodomía (ar. 133) Actos gravemente impúdicos	Perpétua 10 anos	Ilegal	Ilegal
São Vicente e Granadinas	Código Penal de 1990	Sodomía (art. 146) Acto gravemente impudico (art. 148)	10 anos 05 anos	Ilegal	Ilegal
Trinidade e Tobago	Ley sobre los Delitos Sexuales de 1986	Sodomía (art. 13) Actos gravemente impudicos (art. 16)	Perpétua 10 anos	Ilegal	Ilegal

Fonte: Elaboração própria para a pesquisa.

Mesmo considerando que a não heterossexualidade não é crime em 22 países da América Latina e Caribe, ou seja 64,7% (pouco acima da média mundial de 61%), é possível notar que a descriminalização foi processual na região (ILGA, 2015). Ocorreu em princípios do século XIX, como no Brasil (1831), em fins do mesmo século, como no México (1872) ou mesmo apenas nas últimas décadas do século XX, como é o caso da Colômbia (1981).

No mapa a seguir, encontra-se um detalhamento do período em que ocorreu a descriminalização das práticas não heterossexuais nos países latino-americanos e caribenhos, no qual é possível ter pistas sobre semelhanças e diferenças entre os países nesse processo.

Figura 5 - Mapa dos Países latino-americanos e caribenhos onde a não heterossexualidade é crime atualmente

Fonte: Elaboração própria para a pesquisa, com elaboração de mapa por Fernanda Nunes.

Para uma visualização mais detalhada do contexto caribenho, apresentamos as imagens a seguir:

Figura 6 - Mapa dos Países latino-americanos e caribenhos onde a não heterossexualidade é crime atualmente (foco 01)

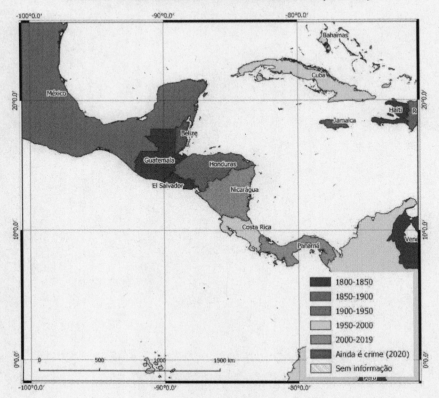

Fonte: Elaboração própria para a pesquisa, com elaboração de mapa por Fernanda Nunes.

Figura 7 - Mapa dos Países latino-americanos e caribenhos onde a não heterossexualidade é crime atualmente (foco 02)

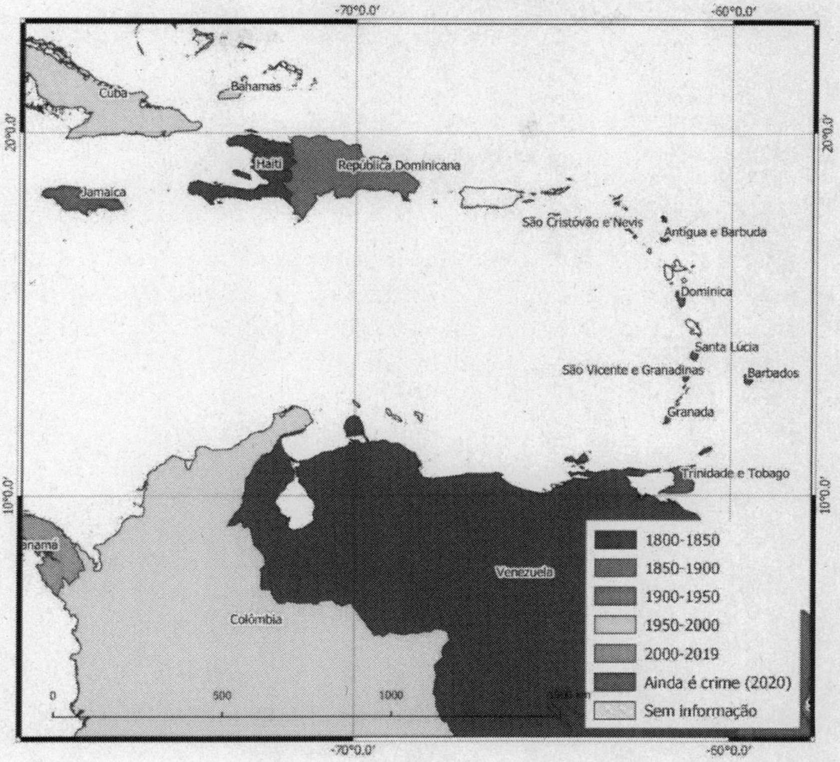

Fonte: Elaboração própria para a pesquisa, com elaboração de mapa por Fernanda Nunes.

Mais adiante (capítulo 5), abordarei como, para as vivências contemporâneas de lésbicas, mesmo nos países em que a não heterossexualidade deixou de ser um crime (lesbofobia de estado), a colonialidade do poder da sexualidade ainda imprime suas marcas por meio da lesbofobia social.

2.2. COLONIALIDADE DO SER: VIVÊNCIAS NÃO HETEROSSEXUAIS COMO PECADO

A Igreja Católica teve papel fundamental na configuração da colonialidade do ser ao criar e perpetuar o dogma da não heterossexualidade como pecado. Foi essencial sua atuação para a concepção de corpos-mentes-espíritos com sexualidade não heterossexual como não seres e, desse modo, merecedores de punição. Esse fenômeno pode ser explicado pela definição de Maldonado-Torres, a partir das teorias do psiquiatra e filósofo francês da Martinica negro heterossexual Franz Fannon (1925-1961), da colonialidade do ser:

> A existência infernal no mundo colonial carrega consigo os aspectos raciais e de gênero, que são característicos da naturalização da não ética da guerra na modernidade. Na verdade, na forma como articulo aqui a noção, a colonialidade do ser refere-se à normalização de eventos extraordinários que ocorrem na guerra. (MALDONADO-TORRES, 2007, p. 148)

Os eventos extraordinários que acontecem durante as guerras, como tortura e assassinatos, tornam-se justificáveis a partir da existência do inferno e da negação do ser de pessoas que não têm seus conhecimentos reconhecidos e não se adequam às normas estabelecidas dentro do sistema-mundo colonial:

> O privilégio do conhecimento na modernidade e a negação das faculdades cognitivas em sujeitos racializados oferecem a base para a negação ontológica. No contexto de um paradigma que privilegia o conhecimento, a desqualificação epistêmica torna-se um instrumento privilegiado de negação ontológica ou da subalterização. "Outros não pensam, portanto não são." Não pensar torna-se sinal de não estar na modernidade. (MALDONADO-TORRES, 2007, p. 145)

Como sistematiza o autor, em um contexto que privilegia uma única forma de conhecimento, ao não legitimar os saberes de pessoas que não se adequam à norma, este dito não conhecimento se torna um não ser na modernidade. É, assim, a partir da negação do ser de pessoas com vivências não heterossexuais, poderemos analisar a atuação do Tribunal do Santo Ofício da Inquisição, que foi instaurado originalmente em Portugal para fiscalizar e punir os cristãos novos (como eram chamados os judeus portugueses convertidos à força ao catolicismo em 1497), suspeitos de continuar praticando a religião judaica.

Como narra o historiador brasileiro branco Ronaldo Vainfas (2006, p. 117), influenciada pelos moldes reformistas do Concílio de Trento (1545-1564), a Inquisição teve suas funções ampliadas para julgar atos considerados delitos morais, desvios de conduta familiar ou sexual, ainda no século XVI. Dentre essas condutas encontrava-se a sodomia, considerada um "abominável pecado nefando". De acordo com o código manuelino, a sodomia era considerada crime de lesa-majestade, com previsão de punição de morte pública e infâmia sob a descendência da pessoa condenada. Eram práticas já condenadas e perseguidas na Europa medieval com base em escritos cristãos, mais especificamente o terceiro livro do antigo testamento da bíblia, o *Levítico*.

> O pecado da sodomia tem origem no livro bíblico de Levítico, na passagem dos pecados contra a natureza e das uniões ilícitas, 18:22: "Não te deitarás com homem como se fosse mulher, é uma abominação." Seu nome vem da interpretação da história de Sodoma, na qual dois anjos que visitavam a cidade, encarnados em homens, eram desejados sexualmente por pessoas do mesmo sexo. Estes e outros "excessos" provocaram a ira de Deus, que destruiu Sodoma. A partir desse relato, a sodomia foi punida. (BOTERO, 2001, p. 172)

Essas punições já vigoravam na Europa, desde o século XII, quando eram adotadas as *Penitenciais* de Angers e Fleury, por meio das quais previa-se três anos de penitência para as mulheres cujas práticas recorrentes eram associadas ao "pecado da sodomia" (MOTT, 1987, p. 30).

As vivências-experiências antecedem as punições. Há registros, desde a Idade Média, da lesbianidade em Portugal, como se nota no vetusto Cancioneiro da Vaticana, no qual a canção nº 1115, do trovador Afonso Anes do Cotom, é dedicada à sapatão Maria-Mateus (BRAGA, 1878, p. 213):

1115[72]
Maria-Mateus, quero ir-me daqui
Pois não posso uma buceta conquistar
Alguém que me daria uma, não a tem
E alguém que tem, não quer me dar

Maria-Mateus, Maria-Mateus
Tão desejosa és de buceta quanto eu

E Deus fez bucetas abundar
àqueles que não as necessitam
E ainda fazer muito desejar
a mim e a ti, embora sejas mulher;

Maria-Mateus, Maria-Mateus
Tão desejosa és de buceta quanto eu

Em tom de humor, o cancioneiro acima demonstra seu interesse por Maria-Mateus, a que – assim como ele – tinha seu desejo sexual voltado para outras mulheres "tão desejosa és de buceta quanto eu". É pos-

---

[72] No original: Mari'Mateu, ir-me quer'eu d'áquem,/ porque non poss'un cono baratar;/ alguen que mh'o daria non o tem,/e alguem que o tem no mh'o quer dar;/ Mari'Mateu, Mari'Mateu/tam desejosa ch'es de cono com'eu./E foy deus já de conos avondar/aqui outros que o non am mester,/e ar fazer muyto desejar/a min e ty, per que ch'és molher;/Mari'Mateu, Mari'Mateu/tam desejosa ch'es de cono com'eu.

sível compreender pelo texto que havia homens interessados no autor a partir do seguinte trecho: "não posso uma buceta conquistar/Alguém que me daria uma, não a tem". A não heterossexualidade é descrita em ambos os gêneros em plena Idade Média e no início do período da Inquisição (século XII a XVIII).

Eram muitos os debates e estudos sobre o que consistiria em sodomia, se as vivências- experiências-práticas entre mulheres poderiam ser consideradas como tal, visto que não havia a presença de um pênis, considerado à época (e ainda na atualidade por muitos e muitas) órgão necessário para a prática sexual.

> A sexualidade feminina registrada nos documentos da Inquisição afigura-se imperceptível, quase opaca. As descrições dos atos sexuais neles contidos trazem uma forte marca de jargões e fórmulas inquisitoriais do tipo 'beijos e abraços' ou 'ficava uma sobre a outra, como se fosse macho sobre fêmea' – e nesta última fórmula percebe-se com nitidez a projeção do modelo de cópula heterossexual julgado natural pelos teólogos. (VAINFAS, 2006, p. 135).

Em 1499, ocorre o primeiro registro do que pode ser considerada uma prática sexual lésbica e sua consequente punição, por meio das *Leis Extravagantes* de 1499: "a mulher que usa torpemente como homem, haverá a mesma pena que o homem que tal pecado com outro macho comete: deve ser queimada viva, reduzida a pó, seus bens sequestrados, seus descendentes tornados inábeis para que não ficasse delas memória" (*Apud* MOTT, 1987, p. 30). Nota-se que foi necessária uma equiparação às práticas consideradas sodomitas realizadas por homens. O mesmo foi registrado nas Ordenações Manuelinas (1512) e nas Filipinas (1603).

Por meio dos *Regimentos da Inquisição*, apenas em 1640, é mencionada a "sodomia interfeminina", no Regimento de D. Francisco de Castro. Contudo, quatro anos depois foi definido pelo Conselho Geral da Inquisição de Lisboa que não ficaria mais a cargo do Santo Ofício investigar e punir atos e práticas sexuais entre mulheres. A partir de então, o encobrimento discursivo dessas vivências-práticas afetivo-sexuais-desejantes tornou-se ainda mais atingido pela "política do apagamento": "Com a alforria do lesbianismo ficaram as tríbades luso-brasileiras livres do medo da fogueira, perdendo os historiadores as principais fontes documentais para o estudo do comportamento homoerótico desta minoria sexual." (MOTT, 1987, p. 31)

Uma das mais relevantes contribuições sobre o tema foi o tratado *De Sodomia*, escrito pelo clérigo italiano Luigi-Maria Sinistrari, no final do século XVII:

> Entre as mulheres, o clitóris é o órgão da deleitação venérea... Se encontra em todas as mulheres, mas nem todas o possuem descoberto ou o fazem sair para fora do vaso do pudor: se percebe somente uma espécie de pequena protuberância nesse lugar do corpo da mulher onde se esconde o clitóris; e esta proeminência pode sair mais para fora das partes vizinhas se, por efeito de excitação venérea, o membro em questão estiver inchado interiormente. Na Etiópia e no Egito, conforme Bartholin, todas as mulheres têm o clitóris saliente, ele pende como um pênis e é costume, quando nascem meninas, de lhes queimar o clitóris com um ferro em brasa para impedir seu crescimento exagerado e para que ele não impeça a aproximação do homem... Na Europa, ao contrário, ... não é desenvolvido a não ser em certas mulheres; entre aquelas que, por abundância de calor e de sêmen, possuem sopros seminais vigorosos que inflam o clitóris e o fazem sair para fora...; e também entre aquelas que, na infância, se tocam as partes genitais sob o estímulo de precoces desejos. Entre algumas mulheres o clitóris é do tamanho do dedo médio da mão; entre outras é maior.
> [...]
> Uma mulher não pode ser nem deflorada nem corrompida por outra mulher, a menos que a que seduz possua... dentro da vulva um grande 'nymphium': quer dizer, uma excrescência carnal um pouco proeminente que pode expandir-se ao modo de um pênis e pela qual as mulheres se excitam no coito como os homens.
> [...]
> Estaria sendo cometida sodomia perfeita entre duas mulheres se elas se utilizassem do clitóris para que uma penetrasse a outra no vaso feminino [...] A posse de um clitóris mais desenvolvido, que pudesse penetrar outro corpo, passava a se constituir então em prova do crime. (SINISTRARI *Apud* BELLINI, 1987, p. 43-45)

No tratado de Sinistrari é notório o esforço por comparar anatomicamente o órgão do sexo biológico feminino ao do masculino, como modo de tentar caracterizar a única possibilidade de relações sexuais entre mulheres como a penetração "[d]a outra no vaso feminino". Como afirmou Vainfas (2006, p. 123): "Luigi-Maria Sinistrari foi sem dúvida insuperável ao tratar da sodomia entre mulheres; ele precisou 'masculinizá-las', dotá-las de um 'pênis clitórico' para reconhecê- las capazes de praticar 'desvios nefandos'". Além de demonstrar o controle extremado e invasivo sobre as corporeidades das mulheres, possuir um "grande nymphium" denotava uma doença-aberração e a prova de um crime.

De modo geral, essas práticas-vivências sexuais entre mulheres não eram sequer consideradas como um ato completo, mesmo – conforme vários registros – levando as praticantes ao "deleite final". Na única legislação em que sapatonas foram mencionadas durante as normativas coloniais em solo brasileiro, o artigo 964 das *Constituições Primeiras do Arcebispado da Bahia*, editadas em 1707 por ordem de D. Sebastião Monteiro da Vide, 5º Arcebispo de Salvador, mulheres não seriam capazes de "cometer sodomia", mas apenas o pecado de "molície".

> É também gravíssimo o pecado de molice, por ser contra a ordem da natureza, posto que não seja tão grave como o da sodomia e bestialidade (zoofilia). Portanto, ordenamos que as mulheres que uma com a outra cometerem este pecado, sendo-lhes provado, sejam degredadas por três anos para fora do Arcebispado da Bahia e em pena pecuniária, as quais penas se devem moderar conforme a qualidade da prova e as mais circunstâncias. (*Apud* MOTT, 1987, p. 31)

> Oscilando entre descobrir os praticantes da cópula anal e os adeptos de relações homoeróticas, o Santo Ofício recorreria por vezes à noção de *molície* no dia-a-dia de seus julgamentos secretos. Molície era o nome dado pela teologia moral católica ao vasto e impreciso elenco de pecados *contra natura* que não implicavam cópulas (anais ou vaginais), como a masturbação solitária ou a dois, o *felatio* e a cunilíngua. A *molície* também podia ser entendida como sinônimo de sensualidade, 'indício de um perigo próximo às piores torpezas', no dizer dos teólogos, em particular da população voluntária. (VAINFAS, 2006, p. 120)

Sob acusação de "molície", 29 mulheres foram incriminadas, sete processadas, e, destas, três foram castigadas pelo delito-pecado, na ocasião da primeira visitação do Santo Ofício ao Brasil (1591-1595). A pena mais severa foi atribuída a Felipa de Sousa, que foi presa, sentenciada, açoitada publicamente e, finalmente, condenada ao degredo. Sobre ela, havia referência de relações com seis diferentes parceiras.

> Com cartas, presentes, 'requebros', 'palavras lascivas' e outros expedientes Felipa procurava aproximar-se das mulheres que despertavam nela 'grande amor e afeição carnal', segundo seu próprio depoimento na primeira sessão de interrogatório registrada nos autos do processo. (BELLINI, 1987, p. 25)

Encontram-se também registros da atuação da Inquisição no atual território colombiano; estão registrados nas Relaciones de Causa de Fe del Fondo Inquisición de Cartagena, guardadas no Archivo Histórico Nacional de Madrid e no Fondo Negros y Esclavos do Archivo General de la Nación de 1786, na Colômbia. Nas primeiras, constam resumos completos, nos quais a pessoa a ser punida nunca tinha a palavra e foram enviados pelos inquisidores à Espanha. No segundo, há o registro de um acusado escravo, que nem ao menos pôde estar na sala de audiência. São julgamentos religiosos sobre o "abominable pecado nefando de sodomía".

Segundo as pesquisas realizadas pela historiadora colombiana branca Carolina Giraldo Botero, a maioria das punições pelo crime-pecado da sodomia eram voltadas para as pessoas que haviam sido trazidas escravizadas de África, demonstrando-se a perversidade do intercruzamento da colonialidade do ser quanto a raça e sexualidade:

> As pessoas processadas pelo Tribunal de Cartagena vieram em sua maioria da África [...] Durante o século XVII, o maior porto de escravos da América era Cartagena [...] Provenientes do Congo, Benin, Angola e Guiné, africanos das costas ocidentais poderia ser de nacionalidade Zape, Yolofo, Mandinga, Malinke, Fulas, Yoruba, etc. todos eles com diferentes concepções espirituais e sexuais. (BOTERO, 2001, p. 174)

A colonialidade do ser, por meio das concepções da não heterossexualidade como pecado, ainda subsiste entre lésbicas, como veremos adiante (Capítulo 5), por meio das concepções do ideal de amor romântico que a teórica feminista chilena lésbica branca Margarita Pisano (1932-2015) definiu como o *Modelo Amatorio ParejilFamilista* (modelo amatório casal-família – tradução que adotamos neste livro)

2.3. COLONIALIDADE DO SABER: VIVÊNCIAS NÃO HETEROSSEXUAIS COMO DOENÇA

Um dos desafios neste levantamento é que as fontes de informação existentes retratam o olhar discursivo "vencedor" e imposto. As fontes utilizadas pelas autoras e autores aqui estudadas e estudados são, em sua maioria, relatos de cronistas europeus ou processos instaurados pela Igreja Católica. São histórias contadas por "vencedores", com sua visão já julgadora e enviesada do que se passava nas terras invadidas. Desse modo, foram sendo apagadas as memórias daqueles/as consideradas "outros/as".

Para o sociólogo venezuelano branco Edgardo Lander (1942-), há duas dimensões constitutivas dos saberes modernos, que possibilitam explicar sua eficácia naturalizadora. A primeira refere-se às separações do mundo, cuja origem é religiosa, com a divisão entre sagrado, humano e natureza. A segunda é relativa à forma com que se articulam os saberes modernos e a organização do poder. "Uma forma de organização e de ser da sociedade transforma-se mediante este dispositivo colonizador do conhecimento na forma 'normal' do ser humano e da sociedade" (LANDER, 2015, p. 13). Essas são as premissas para o que veio a ser denominado colonialidade do saber.

> Existe uma extraordinária continuidade entre as diferentes formas através das quais os conhecimentos eurocêntricos legitimaram a missão civilizadora/normalizadora a partir das deficiências – desvios em relação ao padrão norma civilizado – de outras sociedades. Os diferentes recursos históricos (evan-

gelização, civilização, o *fardo do homem branco,* modernização, desenvolvimento, globalização) têm todos como sustento a concepção de que há um padrão civilizatório que é simultaneamente *superior* e *normal.* Afirmando o caráter universal dos conhecimentos científicos eurocêntricos abordou-se o estudo de todas as demais culturas e povos a partir da experiência moderna ocidental, contribuindo desta maneira para ocultar, negar, subordinar ou extirpar toda existência ou expressão cultural que não corresponda a esse *dever ser* que fundamenta as ciências sociais. (LANDER, 2005, p. 14)

Foi por meio desses conhecimentos eurocêntricos, considerados o "padrão civilizatório superior e normal", que se instituiu o discurso da sexualidade humana, sustentado pelo "regime de poder-saber-prazer" (FOUCAULT, 2013), que se pautava na produção discursiva (também organizadora de silêncios), de poder (interdição) e do saber (para circulação de erros e desconhecimentos).

> A Idade Média tinha organizado, sobre o tema da carne e da prática da confissão, um discurso estreitamente unitário. No decorrer dos séculos recentes, essa relativa unidade foi decomposta, dispersada, reduzida a uma explosão de discursividades distintas, que tomaram forma na demografia, na biologia, na medicina, na psiquiatria, na psicologia, na moral, na crítica. (FOUCAULT, 2013, p. 40)

Nessa transição de projeção discursiva europeia da medieval para a moderna, da religiosa para a científica (sem acabar totalmente com a primeira), a não heterossexualidade passou a ser vista como doença, a ser classificada, estudada e regulada por diferentes campos científicos. E por meio da "missão civilizadora/normalizadora", que está nas bases da colonialidade do saber, impôs-se, a partir do processo de colonização das Américas, a heterossexualidade como o padrão mundial da sexualidade superior e normal.

Nesse período foi sistematizada, por meio do conhecimento científico, a hierarquia de corpos-mentes-espíritos, por meio da definição de "não-humanos" de acordo com a criação dos conceitos de raça, gênero e sexualidade, como explica a socióloga estaduinidense negra lésbica Tanya Sauders:

> O momento da invenção da homossexualidade e seu enraizamento na raça não deve ser uma grande surpresa, visto que os estudiosos europeus e americanos, na sua obsessão com a definição de quem era humano e quem não era humano, como um meio de explicar e justificar uma ordem social a partir da qual eles se beneficiaram, estudaram todos os aspectos da fisiologia e do comportamento humano, em uma tentativa de mostrar sistematicamente o que diferenciava os brancos cristãos privilegiados dos que não o eram, como um esforço para justificar (naturalizar) as práticas sociais e econômicas que, como resultado da lógica científica emergente da época, produziu um grupo generificado e sexualizado/racializado que seria então escrito fora da sociedade, fora do mundo do humano. (SAUNDERS, 2017, p. 105-106)

Este processo de transição de pecado a doença no discurso hegemônico europeu sobre a não heterossexualidade foi estudado pela historiadora portuguesa branca Ana Maria Brandão:

> no início do século XX, em Portugal, está também em curso aquilo a que Foucault (1994, p. 46) chamou a transformação do homossexual numa espécie. Nelas é possível encontrar um conjunto de termos aplicáveis especificamente às práticas sexuais entre mulheres (incluindo expressões como "homo-sexualidade", "lesbismo", "safismo" e "tribadismo"), bem como às suas intervenientes ("lésbicas", "sáficas" e "tríbades"), por vezes utilizados de forma intercambiável, mas não absolutamente idêntica soldadeira. (BRANDÃO, 2010, p. 313)

Corrobora com esta afirmação a historiadora mexicana Fernanda Núñes:

> A noção de identidade lésbica tal como a conhecemos hoje, como clara categoria de identidade, só começou a ser delineada no final do século XIX, quando sexólogos e psiquiatras começaram a tentar defini-la. (NÚÑES, 2008, p. 52)

Para que a definição de "inversão congênita" do sentimento sexual, do psiquiatra e neurologista alemão branco heterossexual Karl Westphal (1833-1890), descrita como uma "sensação sexual contrária", se tornasse hegemônica aos fins do século XIX, foi necessário que os médicos buscassem "las confesiones y los discursos de los propios homosexuales para afinar sus análisis psicológicos." (NUÑES, 2008, p. 52-53)

Segundo a já mencionada pesquisadora portuguesa Ana Maria Brandão (2010), mesmo que tenha havido registro de termos em sentido similar desde o início do século XVII, a palavra lésbica passou a ser utilizada no Brasil desde, pelo menos, 1894. Essa terminologia está associada ao discurso científico da sexologia predominante à época, por meio r da diferenciação das mulheres que tinham relações afetivo-sexuais com mulheres, tomando como referência as relações sexuais heterossexuais convencionais, a partir de uma perspectiva de homossexualidade ativa ("masculina", "tríbade", "verdadeira") e passiva ("feminina", "sáfica", "falsa"), sendo a última "corrompida" pela primeira, conforme trecho reproduzido a seguir:

> Na linha dos grandes sexólogos, os dois médicos defendem a existência de várias formas de homossexualidade feminina. As principais distinções propostas por Aguiar (1926) são entre a homossexual "activa" e "passiva", entre "as sáficas" e "as tríbades" e entre a "verdadeira" e a "falsa" homossexual. Estas dimensões apresentam uma certa sobreposição. A primeira estabelece uma linha divisória entre quem faz e quem deixa fazer. Ao autor — como a grande parte dos seus contemporâneos — não ocorre que pudessem estar em causa papéis intercambiáveis, visto que o modelo de que se serve é o do coito heterossexual convencional, onde o homem

(princípio activo) supostamente "faz", isto é, penetra, e a mulher (princípio passivo) supostamente "deixa fazer", isto é, é penetrada. Existiriam, assim, sáficas activas ou passivas, bem como tríbades activas ou passivas, de acordo com aquilo que é lido como iniciativa ou receptividade sexual, respectivamente. A segunda demarcação, que distingue as sáficas das tríbades, reenvia directamente para a distinção entre homossexualidade "falsa" e "verdadeira" e indirectamente para o binómio passiva/activa. A diferença entre sáficas e tríbades é que as primeiras "são arrastadas ao amor anti-físico pelas dificuldades encontradas nos amores com homens ou levadas pelas companheiras corrompidas" (Aguiar, 1926, p. 365). Em suma, as sáficas são homossexuais porque foram seduzidas por uma mulher degradada, porque foram rejeitadas pelos homens, ou porque foram infelizes com eles, explicações que, curiosamente, continuam a ser predominantes entre os clínicos portugueses (Moita, 2001). Como nota Terry (1990, p. 321), o homo-erotismo de muitas mulheres, especialmente daquelas que os médicos não podiam classificar como "masculinas", era explicado por uma fragilidade da vontade que as tornava presas fáceis da mulher "máscula", ou por um narcisismo e um egocentrismo excessivos que tornava inebriante qualquer atenção que lhes fosse concedida, independentemente do sexo da outra parte. (BRANDÃO, 2010, p. 314-315)

No México, os estudos "científicos" durante o século XIX se atinha a não heterossexualidade masculina, evitando menções às experiências sexuais entre mulheres:

> Os doutores Hidalgo y Carpio e Ruiz y Sandoval, redatores do Compêndio de Medicina Legal Mexicana de 1877, apenas ousaram falar sobre sodomia e explicaram que "omitimos intencionalmente falar sobre clitorismo ou amor lésbico, bestialidade, cunilungus, masturbação e outras obscenidades, porque para estas questões os especialistas têm no seu conhecimento geral os meios para resolvê-las sem nos expormos a prejudicar demasiado a decência pública com as nossas descrições." (NÚÑES, 2008, p. 59)

Foi apenas a partir de estudos franceses que atribuíram ao "clitorismo" (hipertrofia do clitóris), semelhante aos estudos já mencionados do clérigo Sinastrini, a causa da "doença" lesbianidade:

> O clitorismo é o ato pelo qual a mulher fornece, por uma espécie de artifício, os prazeres que a natureza reserva para o encontro entre os dois sexos. As senhoras de Lesbos entregam-se excessivamente ao clitóris e praticam-no entre si por um refinamento de imoralidade [...] associam-se a outras mulheres nas suas orgias e, ao puxarem o clitóris, essas cínicas conseguem desenvolvê-lo como um pénis [..] A partir de então, será feita essa associação entre clitóris volumoso devido à masturbação e ao lesbianismo, como será demonstrado pelos médicos mexicanos que escreveram o Compêndio de Medicina Legal no final da década de 1970. (NUÑES, 2008, pp. 65-66)

Assim como no Brasil, no México, o discurso preponderante se pautava em uma binariedade das lesbianidades, como afirmou em finais do século XIX o médico mexicano Francisco Güemes:

> Há peças no museu secreto do vício que são tão nojentas que nenhuma caneta consegue descrevê-las. As tríbades, como são chamadas essas mulheres, são divididas em duas: contínuas e intermitentes." Explicou o mesmo autor que havia dois tipos de lésbicas: "as que têm uma certa educação são mais fiéis e, tendo maior delicadeza de coração, são mais apaixonadas nos seus afetos..." As outras "são as masculinizadas que recorrem ao safismo para satisfazerem como homens seu apetite sexual; uma vez acalmada a excitação genética, eles pagam e vão embora [...] a prática do safismo concentra-se no hospital, na prisão e no bordel. (Apud NÚÑES, 2008, p. 69)

Além de fazer a distinção binária de tipos de lesbianidade, o médico mexicano delimitava, os espaços pertinentes para mulheres que se relacionavam com mulheres: hospital, prisão ou prostíbulo. Essa perspectiva patologizante da lesbianidade e de outras vivências não heterossexuais perdurou por quase dois séculos. A não heterossexualidade seguiu sendo considerada oficialmente uma doença até 17 de março de 1990, quando a Organização Mundial de Saúde (OMS) retirou-a da lista de transtornos mentais previstas na Classificação Internacional de Doenças (CID).

Mesmo com a despatologização, diversas/os profissionais de psicologia ainda praticam a chamada terapia de reorientação/conversão, no Brasil também chamada de "cura gay", por meio da colonialidade do saber, que se utiliza de discursos médicos científicos em combinação com religiosos para o "aniquilamento de subjetividades" de pessoas não heterossexuais.

> A sua etimologia, do latim, *annihilare*, remete ao sentido de redução. Reduzir alguma coisa ao nada até tornar-se algo nulo. A combinação da palavra "aniquilamento" com o vocábulo "subjetividade" aponta para práticas de anulação de formas diversas e plurais de existir e de ser no mundo. A expressão "aniquilamento de subjetividades" refere-se, então, aos processos de destruição, de dilaceramento e de extermínio que tratam os sujeitos como se não tivessem valor. (CFP, 2019, p. 14)

Em uma publicação do Conselho Federal de Psicologia (CFP) brasileiro sobre o tema, há diversos relatos sobre as experiências de pessoas que foram submetidas a esse tipo de "tratamento". Reproduzimos uma delas a seguir:

> Sou lésbica, mulher cis, negra e tenho 25 anos de idade: No primeiro momento, quando eu trouxe isso para ela (a psicóloga), ela explicou que era uma fase, que eu era menina. Era uma fase que ia passar e que para isso eu precisava de ajuda, que eu estava no lugar certo, que ela ia me ajudar a

passar por essa fase. Ela começou dizendo que era uma fase, depois ela teve **um discurso do pecado, ou da doença**. (CFP, 2019, p. 63) [grifos nossos]

Apenas três países no mundo possuem normativas que proíbem profissionais de psicologia de realizarem essas "terapias", são eles Malta, Equador e Brasil (ILGA, 2015). No Brasil, o Conselho Federal de Psicologia publicou a *Resolução nº 01 de 1999*, que estabelece normas de atuação para as/os psicólogas/os em relação à questão da orientação sexual, segundo a qual "os psicólogos não exercerão qualquer ação que favoreça a patologização de comportamentos ou práticas homoeróticas, nem adoção coercitiva tendente a orientar homossexuais para o tratamento não solicitado" (art 3º), que vem seguido de um parágrafo único: "os psicólogos não colaborarão com eventos e serviços que proponham tratamento e cura das homossexualidades".

Desse modo, são distintas as formas, maneiras, estratégias e discursos que vão definindo certos grupos sociais como "outros" e "outras", desde lugares de poder e dominação, por meio do que Ochy Curiel denominou antropologia da dominação. Para desvelar esses processos, a autora realizou uma etnografia para estudar um tipo de dominação, no caso, a heterossexualidade como regime político que produz exclusões, subordinações, opressões que afetam fundamentalmente as mulheres, e mais ainda as lésbicas – ambas consideradas pelo pensamento heterocêntrico e sexista, "outras", em uma nação, no caso, a colombiana.

Desde uma perspectiva materialista, a autora analisa como foi realizado o contrato social heterossexual da constituinte colombiana de 1991, calcado na divisão sexual do trabalho em que mulheres podem ser apropriadas individual e coletivamente para a formação do estado nacional: a Nação Heterosexual. Como explica a antropóloga:

> Esse pacto social ocorreu sem reciprocidade entre grupos que tinham privilégios de sexo, raça e classe e aqueles que não os tinham. Um pacto que foi, além disso, apoiado numa divisão sexual do trabalho que colocou as mulheres num lugar de pré-cidadania ou de apropriadas individual e coletivamente. Somado a isso, aqueles que representavam toda a nação eram homens fraternos. Tudo isso evidencia o caráter heterossexual do pacto social que constrói a nação, que, embora imaginada, tem efeitos concretos nas relações sociais. (CURIEL, 2013, p. 108)

Em diálogo com a autora, buscamos ao longo deste capítulo demonstrar como, por meio das colonialidades do poder, do ser e do saber, as vivências não heterossexuais em terras americanas do período pré-intrusão foram classificadas e punidas como crime, pecado e doença. Por meio da nação heterossexual, consolida-se a colonialidade da sexualidade que dá as bases institucionais para a heterossexualidade compulsória, modelo amatório casal-família (*parejilfamilista*) e o pensamento hetero, como veremos nos capítulos a seguir.

3. LESBIANIDADES E INTERSECCIONALIDADES: RAÇA, GÊNERO E CLASSE

> Não são as nossas diferenças que nos dividem. É nossa incapacidade de reconhecer, aceitar e celebrar essas diferenças.
> (Audre Lorde)

"Ninguém nasce mulher: torna-se mulher". Esta frase, talvez a mais famosa do feminismo ocidental, iniciou a segunda parte do clássico da filósofa existencialista francesa branca Simone de Beauvoir (1908-1986), publicado pela primeira vez nos fins da década de 1940. O parágrafo continua da seguinte forma:

> Nenhum destino biológico, psíquico, econômico define a forma que a fêmea humana assume no seio da sociedade; é o conjunto da civilização que elabora esse produto intermediário entre o macho e o castrado, que qualificam de feminino. (BEAUVOIR, 2009, p. 361)

A autora tentava, já naquele período, demonstrar que não havia uma condição essencial (um "destino") que explique a situação de subalternidade da mulher na sociedade. O livro indaga ao longo de suas quase mil páginas o que é ser mulher e o que faz com que as mulheres sejam uma classe inferior na sociedade. Suas indagações podem – até os dias atuais – servir de base para o pano de fundo que explique a violência contra as mulheres.

Ainda na introdução, Beauvoir afirma: "O homem representa a um tempo o positivo e o neutro, a ponto de dizermos 'os homens' para designar os seres humanos" (BEAUVOIR, 2009, p. 15). E, em uma nota de rodapé, ao analisar o artigo do autor Michel Carrouges, afirma que "a mulher não tem existência para si; ele considera apenas sua função dentro do mundo masculino" (BEAUVOIR, 2009, p. 27). As mulheres, então, seriam um objeto – em relação ao sujeito da sociedade: os homens – e, desse modo, nossa existência seria justificada pela função de atender aos desejos e necessidades dos homens.

Uma condição relacionada à classificação binária, categorização, dos seres humanos em gêneros diferentes: masculino e feminino. Uma categorização que traduz as diferenças existentes entre esses seres. Uma categorização que transforma diferenças em desigualdades.

As pessoas aprendem o mundo a partir de determinadas categorias que não são neutras, mas que respondem a maneiras muito concretas de conceber as relações humanas. Categorias que configuram nossas formas de pensar, falar, sentir e viver, e que, como forma de 'marca' nos divide em homens e mulheres, heterossexuais e homossexuais, ricas e pobres... Categorias que, apesar de sua aparente neutralidade, não apenas fundamentam diferentes formas de opressão, como também exercem uma violência real em nossas vidas, ao invisibilizar as diferenças e outorgar um valor diferente a cada uma das identidades, dando origem a atos cognitivos, políticos e éticos violentos. (SINUÉS e JIMÉNEZ, 2010, p. 11)

Por essas desigualdades de gênero, desde o nascimento, às meninas é ensinado que seu papel na sociedade está vinculado ao cuidado, à delicadeza, ao decoro, à submissão, a atender os desejos e vontades dos homens. Por meio dessas desigualdades de gênero, justificam-se os salários mais baixos, a desigual representatividade política, o assédio sexual no ambiente de trabalho, a exploração sexual, para mencionar apenas algumas formas de violência vivenciadas cotidianamente pelas mulheres.

Nesse aspecto, em que as mulheres são socializadas para atender os desejos dos homens, mulheres que se relacionam afetiva e sexualmente apenas com outras mulheres são vistas como uma ameaça, algo desviante e ameaçador.

A existência lésbica foi tirada da história e catalogada como doença, parcialmente porque foi tratada como excepcional ao invés de intrínseca, parcialmente porque assumir que para mulheres a heterossexualidade pode não ser uma 'preferência', mas algo que teve que ser imposto, gerenciado, organizado, propagandeado e mantido à força é um grande passo a ser tomado se você se considera uma heterossexual inata e livremente. (RICH, 1994, p. 135).

A existência lésbica é uma ameaça ao sistema patriarcal, ao apresentar possibilidades de não submissão ao opressor (homem) e ao questionar a heterossexualidade normativa, ao buscar subverter a lógica da colonialidade da sexualidade. No auge do comportamento violento contra lésbicas, contra aquelas que ameaçam o sistema heteropatriarcal, desde as implicações da colonialidade do poder e da sexualidade, devem ser elas "curadas" por meio de estupros corretivos.

A questão que as feministas devem atentar não é simplesmente a 'inequidade de gênero' nem a dominação da cultura pelos homens, nem meramente 'tabus contra a homossexualidade', mas a imposição da heterossexualidade para as mulheres como forma de assegurar o direito masculino ao acesso físico, econômico e emocional. (RICH, 1994, p. 135).

É nesse contexto que se afirma a importância da vinculação da pauta das lésbicas ao feminismo, desde a perspectiva das imbricações entre gênero e sexualidade a partir do lesbofeminismo:

> Lésbicas foram historicamente privadas de existência política por meio da 'inclusão' de versões femininas da homossexualidade masculina. Igualar a existência lésbica com a homossexualidade masculina porque ambas são estigmatizadas é apagar a realidade feminina uma vez mais. (RICH, 1994, p. 136)
> O feminismo é um lugar histórico que tem produzido diferentes perspectivas ideológicas, filosóficas, econômicas e políticas. Quando foi possível demarcar essas diferenças, gerou-se correntes que o enriquecem e multiplicam. Capitalizar esses conhecimentos, saberes e poderes em um só grupo hegemônico que se apodera do movimento e o negocia, é justamente voltar a fazer política patriarcal sem limites, onde não se apresenta contra o neoliberalismo, o sexismo, o racismo nem o classismo e, o que é pior, reinsere constantemente a feminilidade. (PISANO, 1998, p. 29)

Lesbianidades, nesse aspecto, não se trata apenas de sexualidade, mas das consequências que advêm do exercício dessa sexualidade, do "sair do armário", da ação política de manifestar sua identidade lésbica no convívio social. "Não é com quem durmo que define a qualidade dos meus atos, mas sim o que as minhas relações íntimas e eróticas me levam a ser. Como é que a nossa sexualidade nos empodera e fortalece nossas ações?", indagou Audre Lorde.

Um dos intuitos ao iniciar essa pesquisaé atentar para não cair na armadilha da criação de uma "lésbica universal", em que não sejam consideradas outras questões estruturais na formação identitária e social dessas mulheres, especialmente no que tange à matriz de opressões, a partir da noção de lesbianidades. Margarita Pisano chamou atenção para essa "armadilha do esquecimento que apaga nossas pegadas":

> qual é esta armadilha do esquecimento que apaga nossas pegadas? Como parte de uma feminilidade natural, dessa mulheridade que nos deixa presas e que nos faz cair nos cortes/conflitos geracionais, que são tão úteis para a masculinidade e que têm custos graves para as mulheres nesta história sempre fragmentada, nunca na ponta da língua e sem reconhecimento de trajetórias, que nos faz perder as pistas ao cair em um igualitarismo equivocado. Tudo isso nos impede de armar um corpo político que se contraponha e resista à reestruturação e reorganização constante do sistema. (PISANO, 1998, p. 24)

Por isso, para analisar as relações e estruturas sociais, faz-se necessário compreender as imbricações das categorias gênero, raça e sexualidade – às quais acrescentamos classe social – conforme afirma Ochy Curiel (2012):

> As categorias gênero, raça e sexualidade não nos levam apenas a analisar as políticas de identidade e reconhecimento, como é a tendência das ciências sociais mais pós-modernas. São categorias centrais para analisar as relações e estruturas sociais.

A socióloga brasileira negra Luiza Bairros (1953-2016), ao tratar das pluralidades no feminismo e dialogando com Judith Grant, aponta que:

> Raça, gênero, classe social, orientação sexual reconfiguram-se mutuamente formando o que Grant chama de um mosaico que só pode ser entendido em sua multidimensionalidade. De acordo com o ponto de vista feminista portanto não existe uma identidade única, pois a experiência de ser mulher se dá de forma social e historicamente determinadas. Considero essa formulação particularmente importante não apenas pelo que ela nos ajuda a entender diferentes feminismos, mas pelo que ela permite pensar em termos dos movimentos negro e de mulheres negras no Brasil. Este seria fruto da necessidade de dar expressão a diferentes formas da experiência de ser negro (vivida através do gênero) e de ser mulher (vivida através da raça) o que torna supérfluas discussões a respeito de qual seria a prioridade do movimento de mulheres negras luta contra o sexismo ou contra o racismo – já que as duas dimensões não podem ser separadas, do ponto de vista da reflexão e da ação politica uma não existe sem a outra. (BAIRROS, 1995)

Desse modo, para compreender as lesbianidades em conjunto com as interlocutoras desta pesquisa, e, posteriormente, analisar os relatos de violências em relacionamentos lésbicos, considera-se primordial a percepção da imbricação de distintas diversidades e pertencimentos, ou seja, de como se articulam e são dimensões inseparáveis dessas vivências. Não se trata meramente de um somatório de identidades, mas de como as identidades se conectam entre si e no que têm de desdobramento nas realidades vividas. Vinculado à epistemologia lesbofeminista, adota-se o paradigma da interseccionalidade, conforme o conceito da advogada e pesquisadora da teoria crítica da raça estadunidense negra Kimberlé Crenshaw (1959-):

> A interseccionalidade é uma conceituação do problema que busca capturar as consequências estruturais e dinâmicas da interação entre dois ou mais eixos de subordinação. Ela trata especificamente da forma pela qual o racismo, o patriarcalismo, a opressão de classe e outros sistemas discriminatórios criam desigualdades básicas que estruturam as posições relativas de mulheres, raças, etnias, classes e outras. (CRENSHAW, 2002, p. 177)

Em que pese o conceito de interseccionalidade ter se tornado internacionalmente conhecido por meio de Crenshaw nos anos 2000, esse paradigma analítico de interação e articulação moderna, colonial e estrutural entre distintas identidades, e seus efeitos políticos e legais de desigualdades impostas, é um legado histórico do feminismo negro (AKOTIRENE, 2019). Nesse sentido, cabe destacar uma abordagem nesse sentido, anterior à proposta conceitual de Crenshaw, grande contribuição do lesbofeminismo negro estadunidense.

O Manifesto do Coletivo Combahee River, publicado pela primeira vez em 1979, apresentou um posicionamento de compromisso com a "luta contra a opressão racial, sexual, heterossexual e de classe, e consideramos como nossa tarefa particular o desenvolvimento de uma análise e uma prática integradas pelo fato de que os principais sistemas de opressão estão interligados" (COLETIVO COMBAHEE RIVER, 2018, p. 138). Como afirmava esse coletivo político de negras lésbicas atuante na década de 1970, as condições em que "mulheres de cor" vivem são criadas pela síntese dessas opressões múltiplas e simultâneas.

Nessa perspectiva, a abordagem afrolesbofeminista decolonial, especialmente das caribenhas Ochy Curiel e Yuderkys Espinosa, servirá de marco teórico para a compreensão das lesbianidades das interlocutoras dos encontros desta pesquisa.

> desarmar as estruturas mentais e as explicações parcializadas de um marco analítico que oculta de forma efetiva a forma em que o entramado de poder não opera graças a uma atuação paralela e homogênea do que se consideram categorias dominantes, mas também graças à maneira como cada categoria está atravessada e depende indistintamente das demais de modo que dentro de cada um dos conjuntos que se consideram específica e homogeneamente sofrendo igualmente uma determinada opressão – por exemplo, o grupo das mulheres ou das pessoas racializadas -, ou dentro de cada grupo que se considera homogeneamente em posição de privilégio – por exemplo o dos homens, ou o das pessoas brancas -, ocorrem igualmente relações de poder e dominação. (ESPINOSA, 2014, p. 11)

A análise interseccional, de articulação entre as diferentes identidades, desse modo, se apresenta como ferramenta importante para a compreensão de como se dão as relações de poder entre lésbicas que são marcadas por todas as imbricações de raça, gênero e classe desde um olhar da colonialidade da sexualidade.

3.1. LESBIANIDADES: IDENTIDADES INTERSECCIONADAS

A partir do paradigma da interseccionalidade, é possível compreender as autopercepções identitárias das interlocutoras desta pesquisa enquanto sua lesbianidade. Para iniciar esse assunto, durante a entrevista, fiz referência à autoidentificação que elas colocaram no formulário para interessadas em participar da pesquisa. Algumas se interessaram em falar sobre o assunto:

Anna – Bogotá – 33 anos – raça/etnia: "europeia desconstruída" – expressão de gênero: feminina às vezes – nível de renda médio
Anna: o fato de não querer dar nenhum tipo de cuidado sexual a um homem. Ou seja, porque além de a minha questão com os homens ser apenas sexual, não sou "bi-romântica", sou "homo-romântica-Bissexual", além disso, a questão de eu transar por transar não aconteceria com mulheres também, então a questão dos homens eu já descartei e decidi que ia ser lésbica e pronto. Bem, significa amar as mulheres de uma forma emocional e, como já te disse, para mim também é uma opção política cuidar das mulheres e não cuidar dos homens.

Beatriz – Brasília – 35 anos – socialmente parda – expressão de gênero: não se aplica - nível de renda médio
Beatriz: Eu me autoidentifico como lésbica porque, talvez porque já me chamaram muito de sapatão na vida e eu querendo acreditar que eu não fosse, então, ainda tem pra mim uma conotação muito negativa.

Cláudia: E o que é ser lésbica para você?

Beatriz: Uai, é gostar, me envolver afetivamente, amorosamente com mulheres. Viver história de amor.

Tatiana – Bogotá – 53 anos – raça/etnia: *mestiza* - expressão de gênero: masculina – nível de renda baixo
Tatiana: Estou começando a me declarar uma mulher homossexual. Como não se falava muito sobre lésbicas, LGBTI não existia como tal. E comecei a descobrir, o o pouquinho que foi possível, na biblioteca. E na televisão. Então é aí que eu tenho pela primeira vez uma referência colombiana que é a Vicky, uma cantora, muito masculina, muito não sei o quê. E foi assim aquela identificação. Ela atrás da televisão e eu aqui.

Zami – Brasília – 29 anos – negra – expressão de gênero: não se aplica - nível de renda alto
Zami: Aquele rolê, né, lésbica ser um termo bem higienizado, não me contempla, porque quando você pensa em uma mulher lésbica, você pensa em uma mulher branca. Isso não sou eu quem diz, é o google [risos]. Então, se está no google, está na vida [risos]. Então, você pensa numa mulher branca. Então, nunca me contemplou muito. Desde que eu fui aliando a minha questão de identidade racial e minha sexualidade, sempre foi muito dividido, né, a gente já conversou um pouco sobre isso, ou uma caixinha

ou outra. Então, lésbica nunca foi uma caixinha que me contemplou, a não ser no início, pra falar pra minha mãe [risos]. Hoje é isso, eu converso com ela, sapatão e tal, mas no início eu precisei, que é esse rolê higienizado. E hoje nem sapatão também, tô mais pro rolê Zami.

Cláudia: Você me explica?

Zami: [...] eu comprei um livro da Audre Lorde e comecei a ler, nessa parte que ela fala da ideia de Zami, né, como ela também não se identificava com esse conceito de lésbica e como Zami preenche um pouco mais. Foi, tipo assim, um pseudônimo que ela criou pra se identificar. Ah, tem todo um simbolismo por trás, é bem bonito, véi. Se pensar a vivência da sexualidade a partir da experiência da mulher negra, de origem caribenha no caso dela, e nesse mundo, como a gente tá sempre fora de tudo. E, é isso, a gente nunca se sente contemplada e esse foi um termo que eu me senti bem confortável, apesar da origem dela, né, caribenha: o pai de ascendência, né, mas ela nasceu nos Estados Unidos e é outro rolê. Eu ainda tô tentando pra mim uma coisa que identifique a sexualidade, apesar de estar me afastando um pouco mais dessas caixas no momento por questões de saúde mental.

As diferentes percepções das participantes sobre lesbianidade têm relação direta com a geração, identidade racial, vivências de lesbofobia relacionadas à expressão de gênero. Também é interessante notar que, como as interessadas em participar dessa pesquisa eram, em sua maioria, vinculadas a alguma organização do movimento social feminista e/ou LGBT, pode ser importante mencionar que as autoidentificações de lesbianidades podem se dar de forma diferente em outros contextos.

Em uma etnografia realizada em um bar do subúrbio do Rio de Janeiro, Flor do André, a antropóloga brasileira branca lésbica Andrea Lacombe (2007) identificou três diferentes autorreferências de lesbianidades utilizadas por suas interlocutoras no que tange à identidade sexual: entendida – "entender se transforma em um modo de cumplicidade, de compartir um segredo que, apesar de público, não implica a ausência de intimidade"; do babado – "estabelece um sentido de pertença a um universo particular, neste caso, um universo de homoerotismo"; sapatona ou sapatão – "denotam características de masculinidade extrema, é usado geralmente pelas freguesas mais velhas e masculinas como auto-referência ou pelas mais jovens quando tentam menosprezar umas às outras em uma conversa (não necessariamente por motivo de briga)".

A seguir, será colocada uma lupa sobre essas interseccionalidades vivenciadas e narradas pelas companheiras de jornada.

3.2. COLONIALIDADE: SEXUALIDADE E RAÇA

Segundo Quijano (2000), na constituição da América como a primeira identidade da modernidade, houve uma codificação das diferenças entre conquistadores e conquistados/as calcada na ideia de raça, justificada por uma suposta estrutura biológica que localizava uns/umas em uma situação naturalmente inferior em relação a outros/as. Como afirma o autor: "La formación de relaciones sociales fundadas em dicha idea [raza], produjo em América identidades sociales historicamente nuevas: índios, negros y mestizos y redefinió otras" (QUIJANO, 2000, p. 1). Foi nesse contexto que raça e identidade racial foram estabelecidas como instrumentos de classificação social da população, e assim:

> A raça tornou-se o primeiro critério fundamental para a distribuição da população mundial em categorias, lugares e papéis na estrutura de poder da nova sociedade. Em outras palavras, no modo básico de classificação social universal da população mundial. (QUIJANO, 2000, p.2)

Em diálogo com Quijano, Yuderkys Espinosa apresenta como o processo da colonialidade do saber implicou em construções "científicas" sobre a não humanidade de pessoas não brancas, de modo que para elas não seriam válidas as mesmas construções de gênero atribuídas às europeias. Consideradas/os seres mais próximas/os das bestas do que de humanas/os, aos povos colonizados e escravizados a distinção baseava-se meramente conforme o sexo – macho ou fêmea – não cabendo às "fêmeas" colonizadas atribuitos de gênero semelhantes àqueles caracterizadores de mulheres civilizadas, ou seja, mulheres consideradas humanas, a exemplo da "fragilidade feminina".

> Do ponto de vista colonial, as populações que habitavam as terras colonizadas não reproduziam uma ordem de razão, faziam antes parte de uma ordem natural, que seria considerada uma fase anterior na evolução das espécies (tal como desenvolvida pela filosofia do século VIII) em diante com Kant e Hegel, mas ainda antes disso a teoria das raças humanas que começou a se desenvolver no final do século XV, inicialmente nas mãos da teologia). Assim, dentro da dicotomia cultura-natureza, humano-não-humano, civilização-barbárie, os povos nativos das terras recém-descobertas, bem como os povos "terrivelmente feios" nativos de África, estavam mais próximos das feras que do humano. Concordando com Lugones, quero sustentar que esta ordem produtora de diferenças hierárquicas não atribuiu género às pessoas bestializadas. A ideia de força e maior capacidade da razão masculina e da fragilidade das mulheres não poderia ser aplicada aos povos não-europeus, uma vez que estes povos eram todos igualmente desprovidos de raciocínio, de beleza sublime e

de fragilidade. De acordo com as teses desenvolvidas por Angela Davis, poderíamos encontrar a razão e a origem do tratamento indiscriminado da população negra dentro do sistema escravista. Para Lugones, então, o tipo de diferenciação que se aplica aos povos colonizados e escravizados é o dimorfismo sexual macho e fêmea. Tal como acontece com os demais seres, não existe uma leitura de gênero aplicada a este dimorfismo, que apenas dá conta da capacidade reprodutiva e da sexualidade animal (Lugones, 2012). (ESPINOSA, 2016 p. 153)

A partir dessas perspectivas de colonialidade de raça, é possível uma compreensão de como as participantes perceberam essas imbricações ao falar sobre suas identidades raciais. Anna, loira e de olhos verdes, por exemplo, se autoidentificou como "europeia desconstruída" no formulário e, mesmo quando indagada sobre sua identidade racial durante a entrevista, falou em termos de nacionalidade, sem nomear ou indicar sua racialização, conforme o trecho a seguir:

> Anna – Bogotá – 33 anos – raça/etnia: "europeia desconstruída" – expressão de gênero: feminina às vezes – nível de renda médio
> Cláudia: por que você colocou a autoidentificação racial como "europeia desconstruída"?
> Anna: Ahhh (risos) porque aqui me perturbam muito com essa questão, já que sou europeia, então sempre me falam que sou a colonizadora, etc. e etc. Por isso brincamos sempre que sim, sou europeia, porém desconstruída, por isso sou agora mais colombiana que europeia.

É possível interpretar esse posicionamento de Anna a partir da perspectiva da "neutralidade" da branquitude[73], no que foi definido pela doutora em psicóloga brasileira negra Maria Aparecida Bento, ao analisar comportamentos da branquitude, como o pacto narcísico no racismo. "Uma espécie de pacto, um acordo tácito entre os brancos de não se reconhecerem como parte absolutamente essencial na permanência das desigualdades raciais [...] Eles reconhecem as desigualdades raciais, só que não associam essas desigualdades raciais à discriminação e isto é um dos primeiros sintomas da branquitude" (BENTO, 2014, p. 26-27). Como afirmou a autora, não colocar o enfoque de questões raciais em vivências brancas é uma das possíveis dimensões do privilégio.

---

[73] "Frankenberg vai definir branquitude a partir do significado de ser branco, num universo racializado: um lugar estrutural de onde o sujeito branco vê os outros e a si mesmo; uma posição de poder não nomeada, vivenciada em uma geografia social de raça como um lugar confortável e do qual se pode atribuir ao outro aquilo que não atribui a si mesmo." (PIZA, 2014, p. 71)

Outra resposta que chamou atenção dentro daquelas interessadas em participar da pesquisa foi a de Sandra, que respondeu "não" na pergunta sobre autoidentificação racial. Quando nos encontramos, perguntei a ela por que ela respondeu dessa forma. Após me afirmar que não sabia ao que me referia e que não havia entendido a pergunta, expliquei brevemente as identificações raciais previstas pelo IBGE (branca, parda, preta, indígena e amarela), ao que ela me afirmou:

> Sandra – Cidade do México – 28 anos – raça/etnia: não – expressão de gênero: *machorra* – nível de renda baixo
> Sandra: : É que aqui no México, pelo menos pelo que ouvi falar, bem, você só se diz indígena ou não tem outras, ou você é... branca, talvez... Mas eu não me identifico nem como branca, nem também não tenho raízes indígenas, nem venho de pais indígenas, então digamos que não tenho uma categoria, nem politizada nem nada, racialmente.
> Cláudia: Este tema não te atravessa?
> Sandra: A mim não. Me parece importante principalmente nas relações afetivas, inclusive já vi como agora, porque tenho uma relação afetiva com uma menina da província [...] Mas não me identifico, não tenho uma postura.

Para Sandra, que nasceu e vive na capital mexicana, as classificações que eu apresentei do Brasil não faziam sentido. Para ela, no México, a compreensão sobre identidade racial é outra, havendo apenas a possibilidade da identidade racial branca, sobre a qual ela demonstrou hesitação, e indígena. Esta compreensão tem eco na percepção estatal sobre raça no México. Nas pesquisas censitárias realizadas pelo Instituto Nacional de Estadística y Geografía (INEGI), não se inclui a categoria identidade racial, contendo apenas a variável de língua indígena falada.

Em 1995, houve uma modificação na Constituição mexicana para incorporar o direito à não discriminação. Em 2003, foi promulgada a Lei Federal para Prevenir e Eliminar a Discriminção (Ley Federal para Prevenir y Eliminar la Discriminación – LFPED). No ano seguinte, para monitorar o cumprimento e promoção do direito à não discriminação e igualdade de oportunidades, foi criado, no âmbito do Estado, o Conselho Nacional para Prevenir a Discriminação (Conselho Nacional para Prevenir la Discriminación – Conapred). Como uma de suas primeiras ações, em conjunto com a Secretaria de Desenvolvimento Social (Secretaria de Desarrollo Social – Sedesol), realizou a Pesquisa Nacional sobre Discriminação no México (*Encuesta Nacional sobre Discriminación en México* – Enadis, 2005). O Conselho realiza essa pesquisa periodicamente e, com base nos resultados da Pesquisade 2010, o Conselho apontou, no Documento Informativo Sobre Discriminação Racial no México, que:

A discriminação racial no México está frequentemente associada apenas à discriminação contra os povos indígenas; no entanto, mesmo quando as inclui, essa categoria também envolve pessoas e grupos de pessoas cujas características estão relacionadas com outras raças ou origens étnicas. Provavelmente o exemplo mais claro do exposto, embora não o único, é o da população afrodescendente no México que, fundamentalmente por falta de informação, se encontra num estado de invisibilidade que facilita a violação do direito à não discriminação e no início da igualdade que sustenta a democracia e a coesão social. É necessário referir que a falta de informação oficial sobre este grupo populacional não é apenas um reflexo da exclusão e da marginalização em si, mas é também a causa de problemas na detecção de necessidades e soluções que permitam um maior reconhecimento de direitos em favor da população. inclusão social deste grupo em condições de maior igualdade. (CONAPRED, 2011)

Sem dados oficiais sobre identidade racial no México, o Conapred, na pesquisa de percepção realizada em 2010, perguntou para as pessoas entrevistadas como denominavam seu tom de pele, para a qual obtiveram o resultado de que cerca de 65% da população se identifica como "morena", conforme a imagem a seguir:

Figura 8 - Autopercepção racial no México

¿Cómo le llamaría usted a su tono de piel?

Moreno	64.6%	Oscuro	0.7%
Blanco	10.9%	Amarillo	0.6%
Claro	5.4%	Trigueño	0.6%
NS, NC y sin información	4.7%	Negro	0.5%
Apiñonado	4.3%	Prieto	0.5%
Güero	2.1%	Canela	0.5%
Aperlado	1.7%	Quemadito	0.4%
Café	1.2%	Bronceado	0.3%
Chocolate	0.8%	Castaño	0.2%

Fonte: Conapred, 2010.

Na última pesquisa realizada pelo Conapred, com apoio do INEGI, percebeu-se uma grande distinção relativa ao acesso à educação de acordo com o tom de pele, conforme imagem a seguir:

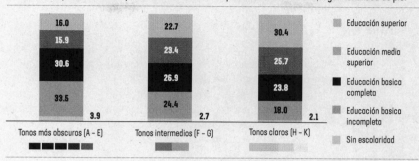

Figura 9 - Educação e tom de pele no México

Fonte: Conapred, 2017.

Enquanto que 56,1% da população com tom de pele mais claro tem educação média superior e educação superior; apenas 31,9% da população com tons de pele mais escuro tiveram esse acesso. A pesquisa também buscou mostrar como há uma diferença nos trabalhos desempenhados, demonstrando que quanto mais escuro o tom de pele, mais subalternizada a atividade profissional:

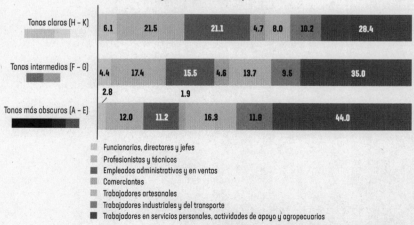

Figura 10 - Trabalho e Tom de Pele no México

Fonte: Conapred, 2017.

Sandra, por heteroidentificação, seguindo as categorizações do Conapred, poderia ser percebida como de "tom de pele intermediário"; podendo, no Brasil, ser considerada parda. Também em Bogotá e Brasília algumas interlocutoras encontraram dificuldades em autoidentificar-se racialmente, como nos relatos a seguir:

> Tatiana – Bogotá – 53 anos – raça/etnia: *mestiza* - expressão de gênero: masculina – nível de renda baixo
> **Tatiana:** Todos os colombianos sabem claramente que somos a mistura dos negros, espanhóis, franceses, ingleses e dos indígenas que habitaram nosso território. E então, não me sinto negra, não tenho pele clara o suficiente para ser branca e tenho raízes indígenas.

> Beatriz – Brasília – 35 anos – raça/etnia: socialmente parda – expressão de gênero: não se aplica - nível de renda médio
> **Beatriz:** Parda vai dessa noção da paleta de cores que as pessoas enxergam socialmente. Não me vejo como uma pessoa branca. E eu também acho que... bom, meu pai é negro e minha mãe é branca. A família inteira do meu pai, viva, morta – falecida, né? – são pessoas negras. E a família da minha mãe é uma família branca, majoritariamente branca, mas de origem bem pobre. Então, eu não sei. Eu sempre preenchi formulário dizendo que eu sou parda, mas... mas não é tão claro pra mim isso. Eu poderia... Assim, branca eu não sou, né? Para eu me declarar negra, eu também não sei... eu não sei se eu quero lidar com isso assim.

Chamou atenção o fato de que, enquanto Sandra, Tatiana e Beatriz apresentavam dificuldades à identificação racial, outras entrevistadas na Cidade do México de tom de pele mais claro se identificaram como mestizas, como foi o caso de Mariana, conforme relato a seguir:

> Mariana – Cidade do México – 36 anos – raça/etnia: *mestiza* – expressão de gênero: não feminina – nível de renda médio
> **Mariana:** : Me considero "mestiça" porque vejo nas minhas feições e nos meus antepassados uma mistura iminente. Mas eu, em especial, sou a mais branca da minha família, por isso vejo que... ou seja, eu e minha irmã somos mestiças, se você vir minha irmã, ela é morena. Percebo que através daquela cor de pele que tenho, da cor dos meus olhos, tive que viver uma série de privilégios intangíveis, que os privilégios são assim, não uma coisa palpável, mas que me colocaram em lugares nos quais tive oportunidades que outras pessoas não tiveram. Embora eu seja "mestiça", como essa grande amálgama, sou o que aqui no México chamamos de "güera de rancho", porque você tem traços brancos, ou uma certa brancura, mas é originário de um rancho, ou seja, ainda está ligada a uma unidade familiar, a uma vida econômica que não possuem recursos, ou seja, não são moradores da cidade, o rancho é essa unidade de povoado, não há grandes opções culturais ou econômicas, nem de desenvolvimento. Eu, inclusive, penso que sou a "güera de rancho" da minha família, e a verdade é que, no México,

muitas pessoas podem dizer que somos "mestiças", porque as que são um pouco mais brancas vivem em circunstâncias privilegiadas, inclusive na mesma família, ou começando pela mesma família.

Percebe-se uma semelhança nas questões apresentadas pelas participantes que nos remete às ideias do filósofo mexicano branco José Vasconcelos (1882-1959), que identificou a "raça cósmica". O ensaio do autor, de mesmo nome, situa-se em um contexto de produções latino-americanas do início do século XX, em que diversos autores – a exemplo do antropólogo brasileiro branco heterossexual Gilberto Freyre (1900-1987), por meio de sua obra *Casa Grande & Senzala* – buscavam identificar o/a mestiço como um elemento positivo da construção da identidade nacional.

> A mistura racial havia-se tornado, para grande parte da intelectualidade mexicana de inícios do século XX, o grande elemento que garantiria, por um lado, sua especificidade histórica e seu valor distintivo em meio às outras nações do mundo, e por outro, a superação de uma diversidade populacional concebida como problema, rumo a uma homogeneização da população. Essa ênfase cresceu ainda mais depois do período de conflitos que marcou a década de 1910, com os eventos da chamada Revolução Mexicana. (ASCENSO, 2010, p. 178)

De acordo com Vasconcelos, a partir da mistura das raças que ele classifica como branca (europeia), amarela (asiática), vermelha (indígena) e negra (africana), surgiria uma "raça cósmica" metafísica e espiritual. A propagação da ideologia da mestiçagem no México, assim como no Brasil, buscava encobrir um processo assimilacionista e o racismo em relação aos "outros", que distanciava, em termos raciais, latino-americanos/as e caribenhos/as de europeus/eias ao mesmo tempo em que desvalorizava negras/os e indígenas.

> O Estado irá impor a hegemonia do discurso e as políticas assimilacionistas a fim de institucionalizar a dissolução das culturas indígenas e continuar com sua tutoria com a nova legislação indigenista. Os indígenas aparecem no debate parlamentar quando se criam as instituições indigenistas do Estado, inexoravelmente associadas a uma nação homogênea e ao domínio dos povos. (GUERRERO et al., *Apud* ASCENSO, 2010, p. 182)

Ficou nítido como a percepção e reflexão sobre identidade racial é muito distinta para aquelas que se consideram como "neutras", como não racializadas, e para aquelas que são consideradas as "outras", nos termos da colonialidade de raça. Em Bogotá, Brenda falou em diversos momentos da entrevista sobre as interseccionalidades de raça e sexua-

lidade que impactam sua vida, a exemplo de quando lhe perguntei como era para ela ser uma lésbica na capital colombiana:

> Brenda – Bogotá – 24 anos – raça/etnia: negra – expressão de gênero: normal – nível de renda médio
> Cláudia: E como é ser lésbica aqui em Bogotá? Como tu te sentes ao andar nas ruas, como tu vês esta cidade para as lésbicas, ou para ti como lésbica?
> Brenda: Minha experiência é muito diferente, não só sou lésbica em Bogotá, sou lésbica do "outro lado" [da periferia], e negra, em Bogotá. Quer dizer, às vezes as coisas são difíceis, porque quando eles te veem, falam "ah, mas eu não imaginava que você fosse assim". Ou, por exemplo, apenas o fato de ter que estar em coletivos de mulheres que são lésbicas, quando começa a contar e começa a ver que é a lésbica "diferente", porque obviamente é a lésbica com traços muito mais definidos que as outras, que você vai denotar que dentro da mesma comunidade também existe racismo.

Quando fiz a pergunta, buscava indagar sobre o direito à cidade para lésbicas, ao que Brenda acrescentou sua percepção sobre a comunidade lésbica, também marcada pela colonialidade e raça. Se, nesse contexto, Brenda descreve racismo, em outro momento narra o processo de lesbofobia dentro da comunidade negra, seja em âmbito familiar:

> Brenda: Bem, a primeira coisa que ouvi, foi na minha família, de um tio meu, foi que essa coisa de negro homossexual, isso não existe.

Seja no contexto do movimento social negro:

> Brenda: Eu já militava em uma organização de afrodescendentes [...] o que a organização fazia era dar orgulho às crianças afro, para que a gente pudesse se apropriar da nossa cultura, das nossas raízes, ou seja, que a gente não passe a vida dizendo que somos negros, mas sem saber por que somos negros e o que realmente significa ser negro, o peso histórico e cultural é algo que a maioria daqueles que se posicionam como negros não conhecem, então o que fizemos foi apropriado. Saí da organização, obviamente pelo mesmo comentário que meu tio fez de que "preto não é bicha, ou negra não é lésbica". Um lugar onde não consegui, ou onde estava tentando me encontrar e não consegui, acho que não poderia continuar.

Sobre as dificuldades de negras em abordarem a temática racial nos movimentos lésbicos e a sexualidade nos movimentos negros, a socióloga brasileira negra lésbica Raíla Alves realizou uma pesquisa, por meio da proposta teórica-metodológica da decolonialidade interseccional, por ela elaborada, sobre a mobilização das categorias "negras" e "lésbicas" nos movimentos sociais em que estavam inseridas em Brasília, e sobre como as dores enfrentadas transformam-se em potência e estratégia para inserir as temáticas de lesbianidade e racismo nesses espaços. Ela conclui que:

> Para além dos racismos, lesbofobias, misoginias e fatores estruturais que nos relegam a contextos de vulnerabilidades, existir e resistir enquanto negra e lésbica é ser potência [...] Enquanto mulheres negras lésbicas ativistas, conseguimos enxergar nos movimentos sociais um propulsor de mudanças e transformações, uma forma de se manter a esperança de que podemos ser protagonistas de nossas próprias histórias. Os movimentos sociais, no entanto, ainda são lugares de violência, resultado do projeto necropolítico racista, lesbofóbico e classista do Estado brasileiro. É com este olhar diferenciado e privilegiado que nossas presenças nestes ambientes se tornam necessárias. E, enquanto houver luta, terá sapatão preta combativa pensando e reinventando estratégias de resistência – em diversos ambientes. Nós estamos e estaremos lá. (ALVES, 2019, p. 118)

3.3. COLONIALIDADE: SEXUALIDADE E GÊNERO

Ao dialogar criticamente com o trabalho de Quijano sobre a colonialidade do poder e suas implicações relativas à raça como categoria de classificação entre humanos e não humanos, Maria Lugones propôs o conceito do sistema moderno/colonial de gênero, que foi por ela assim descrito:

> Dada a colonialidade do poder, penso que também podemos afirmar que ter um lado oculto/escuro e um lado visível/claro é característico da co-construção entre a colonialidade do poder e o sistema de gênero colonial/moderno. Problematizar o dimorfismo biológico e considerar a relação entre o dimorfismo biológico e a construção dicotômica de gênero é fundamental para a compreensão do alcance, da profundidade e das características do sistema de gênero colonial/moderno. A redução do gênero à esfera privada, ao controle sobre o sexo e os seus recursos e produtos, é uma questão ideológica apresentada ideologicamente como biológica, parte da produção cognitiva da modernidade que conceitualizou a raça como "generizada" e o gênero como racializado de maneiras particularmente diferenciadas entre os/as europeu/ias brancos/as e pessoas colonizadas/não brancas. A raça não é nem mais mítica nem mais fictícia que o gênero – ambas são ficções poderosas. (LUGONES, 2014, p. 35)

Considerando os aspectos ficcionais de raça e gênero, e suas imbricações, notamos que, para além da imposição e vigilância no que tange à binariedade masculino/feminino de expressão de gênero (vestimenta, corte de cabelo, modo de andar e sentar, uso ou não de maquiagem e manicure, dentre outros aspectos relativos ao visual) e papéis de gênero (provedor/cuidadora, agressividade/docilidade, expansividade/introspecção, dentre outros aspectos comportamentais), essas duas concepções são, geralmente, associadas de forma direta.

A percepção da expressão e do papel de gênero de forma indissociada tem implicações nas vivências lésbicas. As raízes dessa percepção se encontram no processo de colonialidade do saber que, por meio do "saber científico", patologizou lesbianidades de acordo com essa categorização binária.

> Beatriz – Brasília – 35 anos – raça/etnia: socialmente parda – expressão de gênero: não se aplica - nível de renda médio
> **Beatriz:** Nenhum desses nomes, rótulos, como eu poderia me identificar na minha expressão de gênero, me parece adequado.
> **Cláudia:** Por quê?
> **Beatriz:** Porque eu entendo que isso é uma coisa, posso estar equivocada mas, como você se coloca socialmente. Se eu falo: eu acho que eu sou uma pessoa feminina, meu ser, assim, fisicamente, eu perco quase todo, as pessoas me mostram que não. Mas pela minha aparência e não pela minha pessoa. Eu ligo à pessoa.
> **Cláudia:** E o que é ser uma pessoa feminina?
> **Beatriz:** Eu vejo as coisas, eu vejo como uma polaridade de características que pessoas desenvolvem ao longo das existências. Pra mim pode ser homem, pode ser hetero, pode ser a porra toda. Eu vejo pessoas trabalhadas na agressividade, num lidar um pouco grosseiro, um pouco de atropelo. Pensando em relações amorosas, eu acho que... Não sei, estou tentando traçar um paralelo do que eu não sou para te responder o que é ser feminina. Eu acho que eu tenho mais características associadas a cuidado, a prestar atenção nas coisas, a me preocupar, meus gostos. Porque é isso também, né, vou falar de andar de skate. Pode ser feminino também, né? Sei lá, Clau.

Beatriz questionava se poderia ser caracterizada como feminina ou masculina, visto que se reconhecia como desempenhando papeis do gênero feminino (a exemplo de um lugar de cuidado), mas não com as expressões relacionadas ao gênero feminino (como a forma de se vestir, o corte de cabelo, dentre outros). Esses apontamentos de Beatriz também foram notados em uma pesquisa realizada com lésbicas brancas de Brasília sobre relacionamentos inter-raciais, uma das interlocutoras apontou para as implicações de sua vivência enquanto lésbica branca não feminina e a associação imediata feita entre expressão e papel de gênero, desde uma perspectiva da binariedade:

> Eu não me visto do jeito que eu me visto porque eu quero ser identificada de uma forma mais masculina. Eu me visto assim porque eu posso. Tenho incômodo com as expectativas vinculadas à masculinidade. Uma expectativa de que eu seja violenta, uma expectativa de que eu seja grosseira, uma expectativa que eu seja territorialista, possessiva. Mais do que isso... expectativa que eu conserte a antena da tv, a máquina de lavar que quebrou. Esses saberes não podem pertencer a mulheres ou homens. Ao mundo masculino, ao mundo feminino. (MACEDO; ALVES, 2017, p. 10)

É possível identificar uma correlação entre o que narra a entrevistada e as origens da colonialidade do saber, que estabeleceu a não heterossexualidade enquanto doença, que distinguia as mulheres não heterossexuais entre aquelas consideradas mais femininas (por contágio) e as mais masculinas (congênitas), sendo que estas últimas eram de maior interesse desde uma construção do discurso "científico":

> Para o higienista espanhol, do final do século XIX, Pedro Felipe Monlau, as caminhoneiras (*marimachos* em espanhol) eram mulheres viris, de hábitos masculinos, voz rouca, barba e clitóris muito volumoso. E o higienista da época, Suárez Casañ, dizia que "costumam ter um exterior viril e desajeitado, e imitam os homens de igual para igual. Eles brincam, fumam e xingam; vulgarmente as distinguem com o nome de caminhoneiras."(NÚÑES *Apud* CORDOVA, 2017, p. 131)

Diante da binariedade dos pólos do que chamou de ativa (expressão e papel de gênero considerados masculinos) e de passiva (expressão e papel de gênero considerados femininos), identificou aquelas que estão na fronteira entre esses pólos e as nomeou de participativas:

> No extremo masculino, estariam as chamadas "caminhoneiras" e/ou "ativas". Nas palavras de uma entrevistada (20 anos, negra, "entendida", moradora do Meier), essas "são as tão masculinas que não dá para dizer se são homens ou mulheres", são "totalmente ativas". No outro extremo, as "ladies" ou "passivas", consideradas muito femininas, "tão feminina que chega a ser viado" e "totalmente passivas". Logo, esta maneira de classificar as mulheres faz alusão direta à atividade e passividade que, por sua vez, remetem tanto a práticas sexuais quanto a atributos estéticos, corporais e gestuais. Entre os dois extremos, estão as "participativas", que circulam entre os dois pólos e podem se aproximar mais de um ou de outro. Em relação às práticas sexuais, as "ativas" são as que "não gostam de ser tocadas", as "passivas", as que "só gostam de ser tocadas", e as "participativas" desempenhariam os dois papéis. (AGUIÃO, 2008, p. 301)

Mais uma vez, ressaltam-se as pressões geradas sobre as vivências lésbicas pela percepção generalizada de correlação direta entre expressão e papel de gênero:

> A adopção de uma imagem masculinizada não implica, pois, obrigatoriamente, o desejo por parte das mulheres que a adoptaram de serem homens ou de serem confundidas com homens. Mas elas poderão ter-se servido dos quadros de referência dominantes para criar um modelo identitário distinto dos modelos sexuais e de gênero dominantes, o que se verifica ainda nos nossos dias. (BRANDÃO *Apud* KRAINITZKI, 2013, p. 15)

Outro fator importante de ser ressaltado é como a perspectiva de gênero (tanto expressão quanto papel) das lesbianidades está em in-

tersecção com raça e com o processo de racialização de quem pode ser considerada/o como outra/o, como afirma Zami ao explicar por que marcou "não se aplica" na pergunta sobre autoidentificação de expressão de gênero no formulário:

> Zami – Brasília – 29 anos – raça/etnia: negra –expressão de gênero: não se aplica – nível de renda alto
> Zami: Então, eu fiquei reflexiva nessa parte, confesso. Mas é porque isso tem a ver com a questão do lésbica, por exemplo. Vivendo enquanto uma mulher negra sapatão, Zami, eu nunca, apesar de performar feminilidade no meu conceito do que é feminilidade, que parte um pouco do olhar da branquitude, do que a branquitude espera que eu performe, e gente tá sempre no lugar, a gente, sempre foi negada às mulheres negras a mulheridade. Então, apesar de, na minha cabeça, eu performar uma dita feminilidade, do ponto de vista hegemônico branco do que é ser mulher, e já ter quebrado muito isso, desde a minha compreensão da minha identidade sexual, da minha orientação sexual, me ajudou muito nesse processo de quebrar muito e de me vestir do jeito que eu me sinto confortável. Mas, ainda assim, eu já fui confundida com homem duas vezes, sem ter cabelo curto, que eu tenho agora, né. Na época, eu tinha um rasta, uma vez, e na outra eu tava de turbante. Então, eu não tenho lugar nessa mulheridade, eu não tenho lugar nessa expressão de gênero [...] Então, eu coloquei não se aplica, porque eu tava pensando, na verdade. Porque, é isso, a expressão de gênero mais feminina é a expressão que eu tenho, que eu acho que o mundo me vê. Mas, isso não impediu que dois homens me confundissem com um homem. Eu tava num restaurante, assim, com minha namorada na época, e o cara foi atender e falou "o que a senhora deseja?", pra ela, e virou pra mim "e o senhor?", aí ele olhou de novo, aí ele viu que eu era uma mulher, aí ele falou: "ah, não, nossa, desculpa, é que você parece aquele jogador de basquete americano". E eu fiquei, tipo, véi, eu nem respondi. E aquilo mexe, mexeu comigo na época. E é isso, né, por mais que você tente alcançar esse ideal de mulheridade, a gente nunca vai tá lá. Nunca. Então, por isso que eu coloquei não se aplica.

Mais adiante na conversa, quando pergunto como mexeu com ela esse episódio, Zami apresenta como, desde sua experiência, estavam interseccionadas sexualidade, gênero, raça e classe:

> Cláudia: E mexeu como?
> Zami: Mexe a partir do momento que tem em mim uma parte que trabalha com questão de raça desde a aparência, entendeu? Minha mãe nunca deixou eu sair desarrumada na rua. Nunca. E a gente não tem muita escolha, mesmo tendo uma condição de classe privilegiada, assim, aparência é uma questão. Não andar de sandália havaiana. Pra você ver, eu ainda tenho essas coisas. Não consigo sair de havaiana, não consigo. É uma coisa muito... [chega a comida]. Mexe muito comigo. E aparência, hoje eu reflito,

> sempre me esforcei pra alcançar essa coisa de ser feminina, principalmente depois que eu me entendi sapatão, no início lésbica, eu pensei "ah, então, beleza, mas não vai virar homem", eu já ouvi isso, né, "não vai virar homem" e, eu: "quê? virar homem?". Enfim, são amarras que ainda estão bem engendradas e eu vou desnaturalizando, às vezes. Mas, mexeu muito comigo porque, por que nunca confundiram minha namorada que era, na época, uma mina branca, que tinha cabelo curto, com homem? Então, a experiência da mulher branca que corta o cabelo, e aí [uma moça vem avisar que o restaurante está fechando], que vão experienciar isso a partir de quando saem dessa lógica da mulheridade, eu nunca saí, e sempre experimentei, saca? É mais essa pegada.

Com exceção de Zami, que aponta as implicações raciais nesse contexto, nenhuma outra entrevistada que tivesse uma expressão de gênero lida socialmente como feminina desenvolveu, mesmo quando perguntada, essa percepção durante as conversas. Como afirmou Zami, a sua identidade racial enquanto negra a colocava à parte de ter sua expressão de gênero ser lida como feminina, reforçando a perspectiva apresentada por Yuderkys Espinosa que os atributos de gênero não se aplicariam para pessoas não brancas.

Desde uma perspectiva oposta, uma das entrevistadas na Cidade do México (chamaremos Fernanda), cujo relato não está incorporado nesta pesquisa, abordou a questão de expressão de gênero e sexualidade durante a entrevista quando perguntei sobre sua autoidentificação no formulário e mencionou o incômodo do questionamento, tanto fora quanto dentro da comunidade lésbica sobre sua identidade sexual, afirmando que sua sexualidade enquanto lésbica era constantemente questionada devido à sua expressão de gênero ser considerada – por ela e pela sociedade – como feminina, conforme o trecho a seguir:

> **Fernanda:** Ahhh... bem, eu me identifico como uma pessoa cisgênero muito feminina.
> **Cláudia:** : O que faz tu te identificares como feminina?
> **Fernanda:** Ahhh, bem, acho que o salto alto, o cabelo comprido, a maquiagem, o cabelo pintado, as unhas, assim... entre... como eu me identifico mais... entre muitas lésbicas eu sou tipo a extrema , onde eu até chego a questionar meu lesbianismo... "onde está o seu lado sapatão [*machorra em espanhol*]?" Bem, eu não me identifico, não gostaria de me ver como mais masculina, me sinto muito bem assim.
> **Cláudia:** E como te sentes quando questionam tua lesbianidade?
> **Fernanda:** Bem, isso me incomoda muito, porque é como... por que eu teria que parecer mais masculina para você acreditar que eu gosto de mulher? Porque essa é uma pergunta que vem de hétero para homo... tipo... ah, você não é tão lésbica porque parece muito feminina. Ou será que você

não é heterossexual e só fica confusa porque é muito feminina... então... é isso que me me incomoda [...] me irrita mais quando eles chegam e me dizem "é que você não é tão lésbica assim" e isso partiu até de garotas feministas, de garotas não feministas, de todos os lugares, mas... enfim, isso não me causa problemas...

Retomando a conceitualização do sistema moderno/colonial de gênero, em que raça e gênero estão imbricados, e que as noções e expectativas de gênero (seja quanto ao papel, seja quanto a expressão) são distintas entre brancas e não brancas, é possível notar as distintas compreensões dadas às suas vivências por Zami e Fernanda. Yuderkys Espinosa explica mais detalhadamente essa percepção:

> María Lugones (2008), completando e ampliando a análise de Aníbal Quijano (2000a e 2000b) para quem a raça é uma categoria de classificação social desenvolvida no processo de colonização, propõe considerar o que chama de sistema colonial moderno de gênero como aquele por meio do qual o colonizador produz e impõe aos povos colonizados, ao mesmo tempo e sem dissociação, um regime epistêmico de diferenciação hierárquica dicotômica que distingue inicial e fundamentalmente entre o humano e o não humano e do qual emergem as categorias de classificação social da raça – gênero. Para ela, essas categorias seriam co-constitutivas da episteme colonial moderna e não podem ser pensadas fora desta episteme nem separadamente umas das outras. Isto porque para Lugones, ao contrário do que o feminismo clássico tem sustentado, **a categoria de gênero corresponde apenas ao humano, ou seja, aos seres de razão cuja origem, segundo esta classificação racial, é europeia**. (ESPINOSA, 2016, p. 152)

Por outro lado, o que Fernanda narra sobre os questionamentos de sua lesbianidade, devido à sua expressão de gênero considerada feminina dentro e fora da comunidade lésbica, pode ser compreendida pelo processo que a binariedade de gênero associada à sexualidade traz como carga para as vivências lesbianas.

> Um sentimento de alteridade e uma vontade de se diferenciarem de uma feminilidade heteronormativa pode explicar a continuidade de uma visibilidade centrada em masculinidades lésbicas. Interessa aqui apontar para a verdadeira problemática, que consiste num entendimento heteronormativo e binário da feminilidade e da masculinidade. (KRAINITZKI, 2013, p. 15)

Uma das obras mais conhecidas nesse campo de estudo é *Masculinidades Femininas*, de professor de literatura comparada estadunidense não-binárie branque Judith Jack Halbertam, em que aborda o padrão hegemônico da masculinidade – homem, branco e classe média, em relação aoqual outros padrões de masculinidade são patologizados e subalternizados, inclusive o que nomeia como "masculinidade feminina":

> A masculinidade das mulheres em geral é percebida pelas culturas normativas heterossexuais e gays como um sinal patológico de identificação equivocada, como uma inadaptação, como uma aspiração de ser e ter um poder que está sempre fora de seu alcance. Num contexto lésbico, a masculinidade feminina tem sido interpretada como um lugar onde o patriarcado intervém na mente da mulher e reproduz a misoginia dentro dela. (HALBERSTAM, 2008, p. 31)

Desse modo, Halberstam aponta a percepção social de introjeção e reprodução da misoginia em lésbicas que não adotam expressões e papéis considerados femininos, e propõe um conceito para designar um modo de viver o gênero, desde uma perspectiva *queer*:

> A masculinidade feminina cria uma ponte entre o "problema feminista" e o problema da "procura de lésbicas" porque é um conceito muito mais flexível do que a categoria "lésbica" e não gera as mesmas expectativas sobre a equivalência entre feminismo e "a neutralidade de gênero." A masculinidade feminina pode descrever formas de identificação de gênero para muitos grupos que foram classificados como "lésbicos" e permite uma descrição deles, em vez de absorver esses grupos queer em uma categoria pré-existente [...] A categoria de "lésbicas ", como confirmam trabalhos atuais, é limitado e não serve para descrever as complexidades das práticas sexuais e da diversidade de gênero, nem modalidades especiais de gênero orientadas para o trabalho, que são frequentemente chamadas de "desejo por pessoas do mesmo sexo" em vários lugares [. ..] Proponho a expressão "masculinidade feminina" como um marcador, como um índice e como um termo para estudar as formas criativas de ser pessoas gênero queer, que casais e grupos cultivam numa ampla variedade de contextos translocais. (HALBERSTAM, 2008, p. 15)

O rechaço de autore estadunidense à categoria lésbica para práticas não concebidas como femininas não encontra eco nos encontros desta pesquisa, as interlocutoras reivindicam sua lesbianidade desde o não reconhecimento da binariedade de expressões e papéis relativos ao que socialmente se atribui aos distintos gêneros. Em Bogotá, Tatiana, por exemplo, reivindica sua lesbianidade a partir da fluidez entre o que nomeia masculino e feminino.

> **Tatiana – Bogotá – 53 anos – raça/etnia: *mestiza* - expressão de gênero: masculina – nível de renda baixo**
> **Tatiana:** Usamos o termo *calao* para fazer referência a mulheres que são muito masculinas. Eu nunca mudei meu nome. Assumi muitas posturas de menino, mas na maneira como me vestia. Mas nunca gostei de mudar meu nome ou de ser chamada de homem. Me sinto incomodada. Quer dizer, tenho algumas partes masculinas, mas quero preservar as femininas, as poucas que tenho.

Sandra, na Cidade do México, nos explica sobre seu processo de construção de sua mulheridade distanciada das expressões de gênero e, por mais que seja confundida com homem, reivindica seu ser mulher, desde uma politização do ser *machorra (sapatão)*:

> Sandra – Cidade do México – 28 anos – raça/etnia: não – expressão de gênero: *machorra* – nível de renda baixo
>
> **Sandra:** Penso nisso a partir do meu jeito de me vestir e da forma como tenho desconstruído meu ser mulher, talvez um pouco afastada dos padrões de feminilidade vistos socialmente, pois não uso maquiagem, não uso vestidos, não uso salto alto, nenhum elemento feminino em termos de roupa. Acho que na minha personalidade tenho muitos elementos culturalmente mais femininos, mas a minha aparência física é muito fácil até de ser confundida com um homem.
>
> **Cláudia:** Já aconteceu contigo?
>
> **Sandra:** Já aconteceu comigo muitas vezes. Acontece comigo o tempo todo que me chamem no masculino, ou que me vejam como homem, e às vezes até me negam espaços exclusivos de mulheres. Então, é como se você tivesse que dizer: "peraí, mesmo que você não me leia como uma, eu sou uma mulher".
>
> **Cláudia:** E como te sentes?
>
> **Sandra:** No começo soava como estranho, mas agora **meu ser sapatão** [*machorra* em espanhol] **está muito politizado, é uma forma de resistência e de ruptura com o padrão cultural que tem sido atribuído às mulheres**. E às vezes isso me dá medo, porque já conversei com algumas companheiras que dizem que eu ter passabilidade como homem me dá certos privilégios, e de repente fica difícil para mim entendê-los, tipo... privilégio masculino de onde estamos vendo, para mim, receber a conta para pagar não parece um privilégio, ou se estamos em um restaurante e eu estou com minha companheira, todas as garçonetes vêm em minha direção, indo fazer o pedido. E todas as perguntas são dirigidas a mim. E isso acontece comigo com muita frequência. Então, no final das contas, acho que às vezes me coloco em uma **tripla vulnerabilidade porque não apenas sou uma mulher e sou lésbica, mas para as pessoas sou mulher, sou lésbica e quero parecer um homem sem ser**. Isso faz com que, se bem que há momentos nos quais posso me sentir segura, quer dizer, caminho na rua à uma hora, eu sozinha, e uso roupa folgada e pareço um homem, me dá certa tranquilidade no sentido de que melhor que pensem que sou um homem e não uma mulher, e o que aconteça seja que me assaltem, também penso que se perceberem que sou uma mulher, virá a tripla vulnerabilidade, porque vão me ler como uma mulher, uma lésbica e, além disso, que quer parecer um homem, porém sem ser, então acho que isso me coloca meio que mais fácil de sofrer violência e também, por isso, eu o atribuo como uma forma de resistência, como quebrar um paradigma cultural de ser uma mulher e de, todo o tempo, estar repetindo que sou uma mulher e que tenho que ser tratada como uma e que, por ter atribuições ou as características culturais de ser uma mulher, se as tenho ou não, isso não teria que ser uma diferença com respeito o tratamento que tenham que me dar.

Cláudia: Já sofreste algum tipo de ameaça ou aconteceu alguma coisa contigo na rua?
Sandra: Felizmente não. Inclusive em algumas ocasiões tenho usado isso como mecanismo de defesa quando saio muito de madrugada, e se estou com minha namorada ou uma amiga, pergunto: se me chamarem no masculino, não os corrija, se for à noite, não os corrija. Porque se acontece de ser chamada de "jovem" ou algo assim durante o dia, e minha namorada, principalmente, responde "não, ela é uma garota", e eles dissessem "desculpe, senhorita", algo assim. Mas à noite... eu sei que sou mulher, você sabe, essa é a minha postura, mas é melhor que sejamos lidas como um casal heterossexual do que lidas como duas mulheres. Às duas da manhã na rua me parece mais arriscado, então faço como forma de proteção. Não gosto disso, mas às vezes é o contexto. Principalmente quando vou a Puebla, e por algum motivo andamos tarde da noite, porque parece que... Puebla tem uma taxa de feminicídio muito alta, então isso me deixa nervosa..
Cláudia: Quando dizes que tua namorada corrige, por que isso acontece de ela corrigir e não tu?
Sandra: Às vezes fico exausta de corrigir e as pessoas acabam percebendo, por causa da minha voz ou por causa dos meus seios. Mais cedo ou mais tarde eles acabam se corrigindo e dizendo "ah, desculpe, pensei... qualquer coisa". Mas de repente eu penso que minha namorada entra em conflito por causa de sua posição política como lésbica, ser lida como heterossexual é como um retrocesso, então é algo como «eu não ando de mãos dadas com um homem, ando de mãos dadas com uma mulher." Acho que é por isso que ela faz esse exercício de corrigir as pessoas. Quando eu acho conveniente eu faço, chega uma hora que eu já corrijo cinco vezes ao dia, é tipo para que? As pessoas acabam percebendo, e se não, tanto faz.

Nesse trecho do relato, Sandra destaca um processo de tripla vulnerabilidade em ser *machorra*: mulher, lésbica e "querer parecer ser homem sem ser". Esse relato se assemelha ao constatado sobre lesbofeminicídios no Brasil entre os anos de 2014 e 2017 (PERES; SOARES; DIAS, 2018), em que se destaca o percentual muito superior de assassinato de lésbicas não feminilizadas, conforme o gráfico a seguir:

Figura 11 - Expressões de Gênero e Lesbofeminício no Brasil

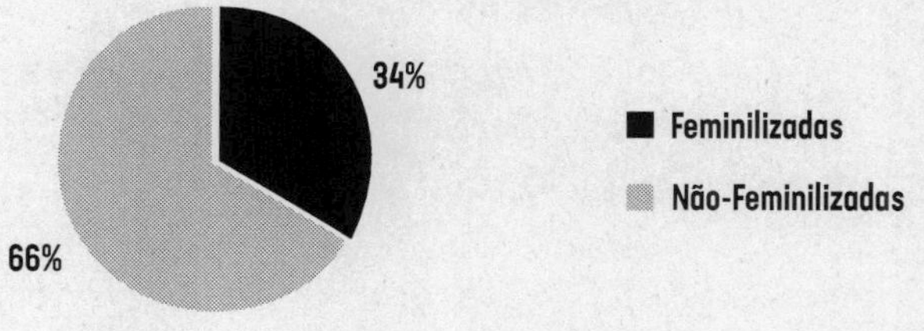

- 34% Feminilizadas
- 66% Não-Feminilizadas

Fonte: *Lesbocídio - As histórias que ninguém conta*

Fonte: PERES; SOARES; DIAS, 2018

Essa lesbofobia baseada em expressão de gênero, descrita por Sandra, gera também um tensionamento na sua relação com a namorada, que ao ter sua companheira "confundida com homem" deixa de ter reconhecida sua identidade sexual de lésbica. Esse é um dos exemplos de tensionamento sobre os relacionamentos lésbicos decorrentes da colonialidade da sexualidade, neste caso, em intersecção com a de gênero.

> Mariana – Cidade do México – 36 anos – raça/etnia: *mestiza* – expressão de gênero: não feminina – nível de renda médio
> **Mariana:** Só sei que sou mulher, que me considero lésbica, que a sociedade me lê como mulher. Às vezes, bem, eu acho que sou, vamos chamar de "homem à primeira vista", ou seja, ao me ver, me chamam de "rapaz", e aí em um momento dizem "não, desculpe, senhorita", é isso, tipo, "tudo certo" [...] Às vezes acontece isso comigo, me chamam "ei, rapaz" e eu respondo "pode me chamar de moça", simplesmente gosto de fazer isso [risos] ... Bem, eu **me identifico como uma "mulher não feminina"**, não gosto de me chamar de masculina, porque não gosto de nada do masculino [...] Para mim, tudo tem um conteúdo social ou histórico, não é um produto da natureza, tudo que existe é construído pelas pessoas, e eu acho que isso é modificável, é histórico, é em certo ponto uma decisão coletiva. Então, eu entendo a masculinidade como uma construção social que eu não gosto, e é por isso que não gosto de me referir a mim mesma como masculina e sim como não feminina.
> **Cláudia:** [...] O que é esse feminino para o qual dizes não?
> **Mariana:** Bom, eu acho que certas características muito físicas, muito observáveis e um corpo: cabelo comprido, a forma de se arrumar, sei lá, maquiagem, decotes, o jeito de andar, o jeito de vestir, certas atividades que eu não costumo fazer, não, isso "não é feminino"... E a verdade é que **não gosto nem me identifico com o** *queer*, basicamente porque aqui no México percebo que quem se autodenomina *queer* dentro do movimento LGBTI é um segmento com privilégios de classe, então não me sinto identificada aí [...] E, além disso, acho que no México as mulheres sofrem muita violência de gênero, sim, sofremos, e não gosto de abandonar essa categoria, não gosto de deixar outras mulheres sozinhas.

Neste trecho da conversa, Mariana fala sobre seu distanciamento da expressão de gênero concebida como feminina como um ato político, em consonância com a proposta de abandono do essencialismo vinculado ao ser mulher em rebeldia ao que Margarita Pisano chamou de "triunfo da masculinidade":

> Abandonar o nicho confortável da feminilidade, que tem sido um dos conceitos mais manipulados pela masculinidade e por nós mesmas. Ao abandonar a feminilidade como construção simbólica, como conceito de valores, como modos de comportamentos e costumes, abandonamos também o modelo ao que servimos tão fielmente e que instalamos nas nossas

memórias corporais, a tal ponto que acreditamos que esta é a nossa identidade e que, ao mesmo tempo, enfrentamos como um sinal de rebelião contra a masculinidade. Não esqueçamos que esta construção da feminilidade tem sido o que nos instala no espaço intocável, imóvel e privado da maternidade masculinista [...] **Ao propor o abandono da feminilidade e a exaltação dos seus valores, proponho o abandono de uma modelo impregnado de essencialismo e que leva consigo o desafio de nos assumirmos como sujeitos políticos, pensantes e atuantes.** (PISANO, 1998, p. 5)

Sobre o medo de vivências lésbicas não femininas Maria Elena Cordova associou ao temor de homens heteropatriarcais verem seu sistema contestado e diminuído:

> pânico à masculinidade das mulheres, para citar o medo das escritoras de serem consideradas libertinas, degeneradas ou doentes mentais por suas atividades de escrita no final do século XIX e início do século XX, o medo de algumas feministas e lésbicas de serem consideradas patriarcais no último terço do século XX, mas também o medo constante dos homens heteropatriarcais de verem o seu sistema diminuído. (CÓRDOVA, 2017, p. 129)

Mariana, em seu relato, reivindica um pertencimento de classe e territorial para politizar sua lesbianidade não feminina desvinculada das concepções *queer*. Em concordância com Mariana e Margarita Pisano está a dupla de reggaeton lesbofeminista chilena Torta Golosa que, ao cantar sobre Las Camionas, apontam o feminino como uma armadilha ("una trampa") e que as camionas são um contraponto às imposições de papel de gênero atribuído como a docilidade ("hembra dulce") e a maternidade compulsória ("llenar de crias"). São também a recusa das expressões de gênero como usar salto alto ("taco"). Demonstram a colonialidade do poder por meio da lesbofobia social que se acirra em relação às camionas quando dizem que são temidas pelas mães ("Yo soy esa machorra que tu madre te advertia"). Afirmam que essa subversão aos papéis e expressões impostos às mulheres poderá criar fissuras na heteronorma ("heteronormal – temblarás con nuestras ganas"), desde um saber situado latino-americano e caribenho que não se define pelas concepções do Norte global ("No somos *queer*, estamos en Abya Ayala").

Las Camionas
(Torta Golosa)

Levanta La Mano se te gusta las camionas
Prende la radio que se vienen las camionas
Que empieze el perreo que llegaron las camionas
In the house, las camionas
Machorras, Chongas, las Camionas

Soy camiona feminista pa cumplir tus fantasias
lo femenino es una trampa ¿no sabías?
no soy esa hembra dulce que se va a llenar de crías
Yo soy esa machorra que tu madre te advertía
[...]
Nunca tuve clóset desde chica fui tortilla
No sé correr con taco uso pura zapatilla
Lesbianas feministas -antes muertas que sencillas -
No hay hetero que aguante el poder de nuestras rimas

Nos gusta que de lejos se nos note lo lesbiana
No somos queer, estamos en Abya Yala
No damo explicaciones si el deseo se derrama
heteronormal - temblarás con nuestras ganas

"Las Camionas" (Torta Golosa)

3.4. COLONIALIDADE: SEXUALIDADE E CLASSE

Em diálogo com as teorizações sobre a conformação de um sistema-mundo capitalista e sua configuração como um padrão do processo de colonização, a teórica materialista francesa branca lésbica Jules Falquet lança luz sobre seus desdobramentos na contemporaneidade e suas imbricações com sexualidade, gênero e raça.

> e esta co-formação das relações de produção capitalista (as relações de exploração assalariada) e das relações de produção "não capitalistas", as relações de apropriação— servidão, escravidão e "sexagem"[74] [...] o, toda a questão é de saber como são co-construídas a extração de trabalho mediante salário, a extração do trabalho gratuito e, principalmente, tudo o que se encontra entre estes dois "extremos" e que denominaremos "trabalho desvalorizado". (FALQUET, 2008, p. 124-125)

Ao longo dos encontros, pouco se falou sobre a questão de classe econômica-social. No capítulo 6, nos relatos de violência, entretanto, é possível notar como algumas das colaboradoras da pesquisa associam seu poder econômico e sua classe social tanto para se desresponsabilizar de práticas violentas adotadas, quando de classes mais altas; quanto como forma de controle exercido sobre elas e a pressão para sair de uma situação de violência, quando de classes mais baixas, deixando nítido como o fator estrutural de classe tem implicações nas relações intersubjetivas entre lésbicas.

---

[74] "Em um de seus principais livros, Sexe, race et pratique du pouvoir. L'idée de nature, Colette Guillaumin cunha a idéia de que as mulheres constituem uma classe social de sexo apropriada pela classe dos homens através da relação social de sexagem, tanto individual (matrimônio heterossexual) quanto coletiva (por exemplo, o caso das mulheres solteiras ou das freiras). Sexagem é a apropriação do corpo, dos produtos do corpo, do tempo e da energia psíquica da classe das mulheres por parte da classe dos homens (GUILLAUMIN, 1992 [2005], primeira edição é de 1978). Guillaumin constrói o conceito de sexagem (sexage em francês) para se referir a relações de apropriação física direta de pessoas de um grupo social por pessoas de outro grupo social; logo, sexagem é uma relação social "oposta" à exploração salarial, em que ocorre um pagamento em dinheiro e cuja apropriação é só a da força de trabalho e não a do corpo e da pessoa inteira. O conceito de sexagem recorda outros dois casos históricos de relações de apropriação física direta: a servidão, que era a condição de quase escravidão de servas e servos da época feudal da Europa do Oeste durante a Idade Média, e a escravidão (esta se refere ao sistema escravista de plantações que se desenvolveu no auge da colonização do continente americano e do tráfico negreiro, cujo apogeu coincicide com o século XVIII). (FALQUET, 2008, p. 124)

Um dos depoimentos, em Brasília, chamou atenção por relacionar nível de renda e identidade racial, quando foi questionado se seria um privilégio uma pessoa negra ter um nível de renda alto.

> Zami – Brasília – 29 anos – raça/etnia: negra –expressão de gênero: não se aplica – nível de renda alto
> Zami: Hoje eu sou de classe alta. Venho de uma origem de boas também. Nunca fui, nunca passei muitas necessidades e tal. Mas é outra relação, né. O privilégio eu coloco entre aspas por conta de... eu tô tentando fazer um exercício pra mim de que todas as pessoas negras que alcançam um determinado ponto de classe se acham super privilegiadas, e esse privilégio não é um privilégio. Esse rolê de não tratar como um privilégio e sim como um direito. Então, tipo, um direito que todo mundo deveria ter e não tem, então, quem alcança, só porque é negro é privilegiado, entendeu? É mais uma coisa de quebrar essa barreira, essa coisa que pra mim ainda não tá formada.

O relato de Zami pode ser interpretado a partir da constatação da socióloga brasileira Ângela Figueiredo (2004) sobre a associação da população negra à pobreza, desconsiderando a possibilidade de distinções de classe social: existe uma "construção socioantropológica da categoria negro que tem construído uma incompatibilidade entre ser negro e poder desfrutar dos bens associados à modernidade" (FIGUEIREDO, 2004, p. 202).

Por outro lado, em Bogotá, Tatiana, ao narrar suas primeiras socializações após a saída do armário, falou sobre uma divisão territorial da cidade e os diferentes valores atribuídos pela comunidade lésbica a depender do nível social.

> Tatiana – Bogotá – 53 anos – raça/etnia: mestiza - expressão de gênero: masculina – nível de renda baixo
> Tatiana: Você não poderia ser lésbica em Bogotá se não tivesse dinheiro. Tinhas que estar no bar, estar com as amigas, sempre em Chapinero ou ao norte [área mais nobre da cidade], mas nunca ao sul. Sim? Em outras palavras, presumia-se que ser lésbica era do norte.

Esse aspecto levantado por Tatiana, sobre a possibilidade de frequentar ou não espaços de convivência lésbicos de acordo com o nível de renda, foi abordado pelas companheiras colombinas da Corporación Femm como um dos fatores de tensionamento nas relações afetivo-sexuais:

> A lógica de classes tem a ver com valores internalizados e naturalizados que mantêm uma ordem de marginalização [...] Mergulhamos em uma série de configurações simbólicas que atingem até nossos critérios de seleção sobre

> o que queremos de uma companheira, buscando nela os valores produtivos que se enquadram na nossa compreensão de classe [...] Esses elementos econômicos são reconhecidos como geradores de momentos dolorosos que não foram conceituados em muitas experiências como violência. Destacam-se duas formas pelas quais essa relação se estabelece nas narrativas: as estruturas de classe como obstáculos no relacionamento e os laços econômicos como geradores de dependência. (CORPORACIÓN FEMM, 2015, p. 25)

As diferentes vivências das lesbianidades de acordo com suas imbricações com raça, gênero e classe terão implicações em suas formas de se relacionar afetivo-sexualmente e nas experiências de violência no âmbito dessas relações. Não ignorar e falar sobre essas diferenças pode ser um dos primeiros passos para transformar nossas formas de nos relacionar.

4. MODELOS AMATÓRIOS E RELAÇÕES LÉSBICAS

Não há, de onde vejo, nenhuma diferença entre escrever um poema maravilhoso e me mexer na luz do sol junto ao corpo de uma mulher que amo.
(Audre Lorde)

Quero que vislumbres mais caminhos entre o tudo e o nada, onde a liberdade caiba sem dor.
(Norma Mogrovejo)

Teríamos que começar a fazer as perguntas que têm sido definidas como não perguntas.
(Adrianne Rich)

Para iniciar a abordagem da temática das implicações do modelo amatório casal-família (*parejilfamilista*) proposto por Margarita Pisano nos processos de violência em relacionamentos lésbicos, apresentam-se brevemente a perspectiva materialista histórica dialética do filósofo e cientista social alemão branco heterossexual Friedrich Engels (1820-1895) e a antropologia estruturalista do antropólogo francês branco heterossexual Claude Lévi-Strauss, em *A Origem da Família, da Propriedade Privada e do Estado*, de 1884, e *As Estruturas Elementares do Parentesco*, de 1949, respectivamente, visto que são considerados autores e obras que carregam em si bases explicativas que justificam e corroboram o modelo familiar moderno.

Engels busca em sua obra demonstrar como a monogamia não é algo natural e que tem suas origens, como modelo normativo para a constituição de famílias, associadas à construção sócio-histórica do Estado, da propriedade privada e da subjugação das mulheres. Apesar de corroborar com a perspectiva da heterossexualidade como forma natural de relacionamento afetivo-sexual e de apresentar uma perspectiva evolutiva civilizacional dos distintos modos em que se dão esses relacionamentos, o autor fundamenta uma crítica às bases de naturalização da monogamia como sustento do capitalismo.

Baseia seu trabalho nas obras de um dos fundadores da antropologia moderna e um dos primeiros a conceituar os sistemas de parentesco, o estadunidense Lewis Henry Morgan (1818-1881), em que é feita uma análise das modificações das estruturas familiares em três épocas, subdivididas em fases inferior, média e superior: i) selvagem, ii) barbárie e iii) civilização. A primeira, em sua fase inferior, era caracterizada pela economia de coleta de raízes e frutos e pela formação da linguagem articulada; na fase média, pelo aproveitamento dos peixes na alimentação e pelo uso do fogo; na fase superior, pela invenção do arco e da flecha. A segunda, em sua fase inferior, caracteriza-se pela introdução da cerâmica e domesticação e criação de animais, além do cultivo de plantas; na fase média, pela domesticação de animais; na fase superior, pela fundição do minério de ferro e pela agricultura em grandes extensões. Engels resume a classificação de Morgan da seguinte forma:

> *estado selvagem* – período em que predomina a apropriação de produtos da natureza já prontos; os produtos artificiais do homem são, sobretudo, instrumentos destinados a facilitar essa apropriação; *barbárie* – período em que se domina a criação de gado e a agricultura se aprende a incrementar a produção da natureza por meio da atividade humana; *civilização* – período de aprendizagem de novas formas de trabalhar os produtos naturais, período da indústria propriamente dita e da arte. (ENGELS, 2012, p. 34)

Ao mencionar o filósofo e historiador alemão Karl Marx (1818-1883), que estudou os estágios evolutivos dos sistemas políticos, jurídicos, religiosos e filosóficos, associa à afirmação de Morgan que se debruçou sobre as modificações históricas das estruturas familiares imbricadas nos sistemas analisados por Marx: "A família é um princípio ativo. Nunca permanece estacionária, mas passa de uma forma inferior a uma forma superior, à medida que a sociedade evolui de uma condição inferior para outra superior" (MORGAN apud ENGELS, 2012, p. 37). De acordo com o autor, o estado primitivo das relações ocorria por meio do que chama de estágio da promiscuidade, como descreve o casamento grupal: "forma em que grupos inteiros de homens e grupos inteiros de mulheres se possuem mutuamente, deixando bem pouca margem para os ciúmes [...]. Se há algo definitivamente certo é que o ciúme se desenvolveu relativamente tarde." (ENGELS, 2012, p. 41)

A partir do "estágio da promiscuidade" surgiram quatro modelos familiares: i) a família consanguínea, em que o vínculo de irmão e irmã pressupunha a relação sexual entre ambos; ii) a família punualuna, caracterizada por uma comunidade de maridos e mulheres dentro de um determinado círculo familiar, do qual passaram a ser excluídas as relações sexuais entre mães/pais e filhas/os e posteriormente entre irmãs/ãos. Nesse período surgiram as *gens*, comunidades formadas por parentes consanguíneos da linhagem das mulheres, que não poderiam casar entre si. Prevalecia o direito materno, com reconhecimento exclusivo de filiação materna, inclusive para fins de herança. Nesse contexto, o autor menciona, sem se aprofundar, os relatos de Heródoto e outros escritores da Antiguidade, que descrevem e narram comunidades de mulheres no que ele denomina de povos selvagens e bárbaros. Esses dois tipos familiares são descritos como característicos do "estado selvagem".

Além da criação de gado e da agricultura, marcou a transição do estado "selvagem" para "barbárie" a consolidação da família pré-monogâmica, caracterizada pela consolidação da vinculação conjugal entre homem e mulher. Nesse formato, a poligamia e a infidelidade ocasional eram direito dos homens, enquanto que às mulheres eram previstos castigos cruéis para casos de infidelidade. Os vínculos conjugais, contudo, nas fases inferior e média, podiam ser dissolvidos com facilidade por qualquer uma das partes e às mulheres permaneciam os direitos sobre as/os filhas/os. Os casamentos não ocorriam de forma voluntária, mas ainda por meio da decisão das mães.

Essa situação foi modificada, segundo Engels, na fase superior da barbárie, com a transição do direito materno para o direito paterno, que, segundo ele, foi "a derrota do sexo feminino na história universal", o que, nesse período, ele afirma ser a "forma intermediária da família patriarcal". Caracteriza ainda esse período, em que as riquezas iam aumentando em decorrência da expansão da agricultura e da criação do gado, como a fase em que a escravidão se consolida, dando origem ao termo família.

> *Famulus* quer dizer escravo doméstico e família é o conjunto dos escravos pertencentes a um mesmo homem. No tempo de Gaio, *a família, id est patrimonium* (família, isto é, a herança) era legada por testamento. A expressão foi inventada pelos romanos para designar um novo organismo social, cujo chefe mantinha sob seu poder a mulher, os filhos e certo número de escravos, com o pátrio poder romano e o direito de vida e morte sobre todos eles. (ENGELS, 2012, p. 60)

Cabe destacar que o autor diferencia as Américas do período pré-invasão dessa transição para a família pré-monogâmica, e, portanto, do domínio dos homens sobre as mulheres a ela inerente: "não há indícios que nos permitam afirmar que nela [América] se tenha desenvolvido alguma forma superior de família, que nela, antes da descoberta e da conquista, tenha existido a monogamia estável em qualquer tempo ou lugar." (ENGELS, 2012, p. 57)

O aprofundamento do processo de concentração de grandes riquezas e da necessidade de transmitir essas riquezas para os filhos, por meio da herança, com a garantia de se tratarem realmente do filho do proprietário, estão nas bases da consolidação do modelo da família monogâmica, na qual é destacada a relevância da propriedade privada, sem qualquer vinculação com amor sexual da/o cônjuge, e transição para o período conhecido como civilização. Nas palavras do autor, a família monogâmica:

> Baseia-se no domínio do homem com a finalidade expressa de procriar filhos cuja paternidade fosse indiscutível e essa paternidade é exigida porque os filhos deverão tomar posse dos bens paternos, na qualidade de herdeiros diretos. A família monogâmica se diferencia do casamento pré-monogâmico por uma solidez muito maior dos laços conjugais que já não podem ser rompidos por vontade de qualquer dos pares. Agora, como regra, só o homem pode rompê-los e repudiar sua mulher. Ao homem, igualmente, é concedido o direito à infidelidade conjugal, sancionado ao menos pelo costume (o Código de Napoleão outorga-o expressamente ao homem, desde que ele não traga a concubina ao domicílio conjugal), e esse direito se exerce cada vez mais amplamente, à medida que se processa o desenvolvimento social. Quando a mulher, por acaso, recorda as antigas práticas sexuais e tenta renová-las, é punida mais rigorosamente do que nunca. (ENGELS, 2012, p. 64)

Para resumir a instituição da família monogâmica como unidade econômica da sociedade moderna, o autor cita Marx:

> A família moderna contém em germe não apenas a escravidão (*servitus*) como também a servidão, pois, desde o começo, está relacionada aos serviços da agricultura. Ela contém em si, em miniatura, todos os antagonismos que se desenvolverão mais tarde na sociedade e em seu Estado. (*Apud* ENGELS, 2012, p. 60)

Desde uma perspectiva estruturalista, derivativa da escola linguística, Lévi-Strauss realizou uma análise crítica às elaborações das ciências sociais e da psicanálise sobre a temática, para analisar a formação das estruturas do parentesco, considerando o tabu do incesto como base para assegurar a troca de mulheres entre grupos, sendo este o marco para a passagem do estágio da natureza para o estágio da cultura. O autor distinguiu os atributos da natureza (o instinto, o equipamento anatômico, a transmissão hereditária das condutas necessárias para a sobrevivência) daqueles que define como modelo cultural universal (baseado em estruturas coletivas de linguagem, instituições sociais e sistemas de valores éticos, morais e religiosos) (STRAUSS, 2001, p. 42), e baseou-se nessa distinção para classificar dois estágios, sendo o primeiro baseado na herança biológica e a universalidade; e o segundo, na tradição externa com limitações históricas e geográficas.

Segundo o autor, a proibição do incesto seria ao mesmo tempo uma instituição humana universal e social, por isso demarcaria a transição entre os dois estágios. Essa proibição, como regra universal, é a base para as estruturas de parentesco por ele descritas, que tinham em comum a reciprocidade na troca de mulheres realizada por homens de distintos grupos. Para o autor, desse modo, a existência social está baseada no matrimônio entre mulher e homem de distintos grupos, a primeira passando da posse de homens de um grupo para a posse de um homem de outro grupo. Como essa troca é natural, de acordo com a perspectiva do autor, a heterossexualidade e a subordinação da mulher ao homem são ahistóricas, estão relacionadas à herança biológica e são a base para o casamento, a família e a vida social, estabelecendo as estruturas elementares do parentesco.

A essa perspectiva produzida a partir de um saber situado de homens que não questionam o que ela chama de "operação do domínio", a teórica feminista chilena branca lésbica Margarita Pisano (1932-2015) chama atenção para o reposicionamento de mitos de modo a reinstalar poderes e estruturas no inconsciente coletivo, conforme passagem a seguir:

> Os homens não questionam tal operação de dominação a que nos submeteram desde o início da história, da mesma forma que as mulheres, quando atravessam certos espaços de liberdade, esquecem que esta mitologia, com a qual a nossa intra-história foi sendo construída, é uma parte constituinte da nossa cultura contemporânea e que, não importa quantas fundações de direitos humanos ou de paz cidadã sejam implementadas, é e continuará a ser uma cultura fracionária, alienante e dominante. Lévi-Strauss sustenta que o mito se modifica ao longo da história, produzindo certas variantes, porém, a partir de uma perspectiva feminista, poderíamos assegurar que os mitos não mudam em sua profundidade, o que a cultura realmente faz é posicioná-los de uma forma contemporânea, para instalar e reinstalar, por sua vez, seus próprios poderes e estruturas no inconsciente coletivo. (PISANO, 2004, p. XII)

Em uma análise crítica às teorias de Lévi-Strauss, a filósofa pós-estruturalista, linguista e feminista lésbica estadunidense branca Judith Butler (1956-) afirma que o tabu do incesto assegura não apenas a reprodução exogâmica de crianças, mas mantém a unidade do "clã", por meio da heterossexualidade compulsória[75] e de uma miscigenação proibida[76]. Para a autora, parentesco pode ser definido como:

---

[75] Ver debate sobre o conceito de heterossexualidade compulsória no Capítulo 5.

[76] "Encurralada, então, entre uma heterossexualidade compulsória e uma miscigenação proibida, algo chamado cultura, saturada de ansiedade e identidade da 'brancura' européia, se reproduzia na, e como a, própria universalidade". (BUTLER, 2003, p. 249-250) Neste trecho, a autora faz um paralelo entre os argumentos utilizados

um conjunto de práticas que estabelece relações de vários tipos que negociam a reprodução da vida e as demandas da morte, então as práticas de parentesco são aquelas que emergem para dirigir as formas fundamentais da dependência humana, que podem incluir o nascimento, a criação das crianças, as relações de dependência e de apoio emocional, os vínculos de gerações, a doença, o falecimento e a morte (para citar algumas). (BUTLER, 2003, p. 221)

A partir deste conceito de parentesco, vinculado às formas de dependência humana, Butler afirma que as regras de parentesco são estabelecidas culturalmente, de modo imbricado em relações de poder, e não podem ser reduzidas às regras estabelecidas. Segundo ela, na visão de Lévi-Strauss, a história do parentesco é tanto uma alegoria da origem da cultura, que, por meio de um processo de naturalização, ocorre em nome da própria cultura. (BUTLER, 2003, p. 255)

Desse modo, segundo a autora, ao referir-se a abordagens sociológicas que analisam a realidade estadunidense, as relações de parentesco não estão necessariamente associadas ao casamento e ao modelo de família nucelar, calcado em relações biológicas e não biológicas. Ocorrem a partir de regras não formalizáveis e não se restringem, portanto, a concepções jurídicas atuais. Menciona etnografias e análises sobre parentesco não sanguíneos de afro-americanas/os e pessoas não heterossexuais que podem ser consultadas em estudos das antropólogas estadunidenses Carol Stack (1974) e Kath Weston (1991).

Existiam outras formas de se relacionar afetivo-sexualmente prévias ao modelo moderno monogâmico, nuclear e heterossexual que foram limadas de legitimidade pelo único modelo aceitável e necessário para a existência da atual configuração de Estado-nação. As outras conformações familiares ou de parentesco foram concebidas e descritas por discursos "científicos" como estágios primitivos da existência humana, categorizadas e hierarquicamente situadas como inferiores ou simplesmente omitidas das narrativas (como o caso das relações não heterossexuais).

Sobre essa manifestação da colonialidade do ser, a teórica feminista chilena lésbica branca Margarita Pisano (1932-2015) reafirmou que família nuclear sistematiza a sociedade, sendo este o lugar onde é ensinado o poder sobre as pessoas e o pertencimento como propriedade privada.

---

para contestar a "legalização" do casamento "igualitário" e os debates sobre imigração que ocorrem na França. Destaca-se esse ponto para diferenciar de como essa questão é tratada na América Latina, onde tentou-se legitimar o mito da democracia racial (FREYRE, 2005 [1933]), utilizado, inclusive, como argumento de justificativa para os estupros contra mulheres negras e indígenas ocorridos nos períodos de colonização, já minunciosamente analisados por Lélia Gonzalez (1984; 1988).

> Para reconhecer a nossa história de desumanização, devemos enfatizar a análise crítica da construção ideológica dos desejos, marcados a fogo nos corpos. Passar a compreender o sistema de casal não como um instinto, mas como um mau produto cultural do desejo e suas diferentes variantes. (PISANO, 1998, p. 34-35)

Esse modelo de parentesco, ao qual a autora relaciona o modelo amatório, é calcado em uma sociedade em que não são estimuladas a liberdade e a autonomia, em que se constrói uma ideia de completude a partir do relacionamento com o/a outro/a. Não se incentiva a liberdade de estar ao lado, de amar e acompanhar e ser acompanhada/o pela/o outra/o, mas se forma a projeção de infinidade do matrimônio, nos moldes da propriedade privada. Como afirma a autora:

> [são] necessidades tão profundamente inscritas, com argumentos culturais e biologistas de complementariedade, nos têm levado a entender o amor somente em sua dimensão reprodutiva, protetora e cuidadora do casal heterossexual, tão funcional a um sistema capitalista e neoliberal que necessita deste ordenamento de posse. (PISANO, 2004, p.46-47)

Para manutenção da propriedade privada, o/a outro/a se torna alvo de uma constante vigilância, em um jogo de poder para obter o controle do outro/a.

> O casal (matrimônio) se arma de tal maneira que um tem o poder e o outro o contrapoder, papéis que se invertem às vezes, mas que se fixam aos indivíduos na ambição de domínio, embriagando-se deste jogo de ter um pequeno poder. Cativa as pessoas com o mandato da segurança que proporciona a fidelidade = vigilância, com o qual essa construção baseada no amor sistêmico, termina por prender o amor e matá-lo. (PISANO, 2004, p. 46)

Esse modelo se reafirma sob o discurso de amor:

> O amor é simbolizado no sistema de casal e reprodutivo, situando-se no mundo do casamento-família-consanguinidade com sua projeção de fidelidade para toda a vida. É uma espécie de cercadinho que prende de uma forma ou de outra. (PISANO, 1998, p. 94)

Mesmo que Engels e Lévi-Strauss apresentem uma perspectiva heterossexual da conformação da monogamia, por meio de duas pesquisas realizadas pelas organizações lesbofeministas colaboradoras desta pesquisa, El Clóset de Sor Juana, na Cidade do México, e Coturno de Vênus, em Brasília, é possível perceber que o padrão culturalmente construído da monogamia também prevalece em relacionamentos lésbicos nessas duas cidades.

Em 2017, El Clóset de Sor Juana realizou uma pesquisa sobre os determinantes sociais que impactam no exercício do direito à saúde de lésbicas e mulheres bissexuais, como parte do projeto "Direito à saúde, direito de todas: pesquisa e serviços de saúde para lésbicas e mulheres bissexuais", em conjunto com o Instituto das Mulheres da Cidade do México, como parte do Programa Coinvestimento para o Desenvolvimento Social da Cidade do México[77]. O instrumento utilizado para a pesquisa tratava-se de um questionário, composto de 247 perguntas, aplicado em pontos de encontro de lésbicas e mulheres bissexuais na Cidade do México. Ao todo, houve 250 respostas ao questionário. Para fins desta pesquisa, foram utilizados apenas os dados das respostas daquelas que se auto-identificaram como lésbicas, 77 participantes, descartando as demais informações.

Em suas análises sobre os dados relativos aos tipos de relação que compunham a pesquisa, as pesquisadoras lesbofeministas Sinayini Ruiz e Josefina Valencia (2018) classificaram dois tipos de relações: Monogâmicas e Não Monogâmicas Consensuadas (CNM), este último sendo um termo utilizado para descrever relações que são sexual e/ou emocionalmente não exclusivas (relações múltiplas e abertas). As relações monogâmicas e relações duplas (sem o consentimento de uma das parceiras: a infidelidade) foram classificadas como relações monogâmicas. Seguindo esse critério, o resultado da pesquisa aponta que 81% das lésbicas entrevistadas estão em uma relação monogâmica, 11% encontram-se em relações não monogâmicas consensuadas e 8% encontram-se em relações ocasionais, sem se enquadrar em uma das duas categorias acima descritas.

Figura 12 - Tipos de Relacionamento Lésbico na Cidade do México

Fonte: Elaboração própria para a pesquisa, com dados de El Clóset de Sor Juana (2017).

---

[77] A pesquisa ocorreu com a colaboração da Dra. Tania Esmeralda Rocha Sánchez, professora titular do Programa de Mestrado e Doutorado da Faculdade de Psicologia da Universidade Nacional Autônoma do México (UNAM).

Em Brasília, a Coturno de Vênus realizou, ao longo de 2018 e 2019, a pesquisa "LesboCenso"[78] com a participação de 1.000 lésbicas do Distrito Federal e Entorno, com o objetivo de obter informações sobre educação, acesso aos serviços de saúde, trabalho e renda, dentre outros desse grupo populacional. O formulário foi construído a partir de um encontro de diversas lideranças comunitárias lésbicas que discutiram cada uma das variáveis. Na questão que será apresentada adiante, durante o debate, foi questionada a utilização do termo monogamia para referir-se a relacionamentos lésbicos, visto que esta é uma tipologia vinculada à conformação da família nuclear heterossexual – como demonstrado pelas análises de Engels e Lévi-Strauss. Desse modo, optou-se pelo termo "relacionamentos exclusivos"[79] para nomear as relações conformadas por apenas duas pessoas.

Foi disponibilizado um formulário no formato virtual e realizada a divulgação em diversos pontos de encontro de lésbicas na unidade federativa. Dentre as entrevistadas, 62% encontravam-se em algum relacionamento no momento da aplicação do questionário. Dentre elas, 84% estavam em um relacionamento monogâmico e 16% em um relacionamento não monogâmico consensuado.

Figura 13 - Tipos de Relacionamentos Lésbicos em Brasília

Fonte: Elaboração própria para a pesquisa, com dados da Coturno de Vênus (2019).

---

[78] A cartilha com o extrato das informações formuladas a partir dos dados do LesboCenso DF estão disponíveis em: https://issuu.com/coturnodevenus/docs/lesbocenso

[79] Parte da fundamentação para a utilização dessa terminologia no LesboCenso apoiou-se no texto *Monogamia e não-monogamia em relacionamentos lésbicos*, disponível em: https://medium.com/qg-feminista/sobre-n%C3%A3o-monogamia-e-relacionamentos-exclusivos-l%C3%A9sbicos-391ebc50c274.

Apesar da diferença do universo de análise em cada pesquisa – 77 no caso da pesquisa realizada por El Clóset e 1.000 no da Coturno – nota-se uma semelhança no percentual de alta prevalência, acima de 80%, de monogamia (exclusividade) nos relacionamentos lésbicos tanto em Brasília quanto na Cidade do México. Não foi possível identificar pesquisa em Bogotá em que se pudesse obter esses dados. Pelas observações realizadas na cidade e a partir dos diversos diálogos (não apenas nas entrevistas) realizados no território, deduz-se que na capital colombiana também prevalece esse tipo de relacionamento entre lésbicas. Esses dados são importantes para a posterior análise sobre as implicações da monogamia (exclusividade) no fenômeno de violência nos relacionamentos lésbicos.

4.1. A FAMÍLIA NORMATIZADA: O QUE REGULAMENTAM AS CONSTITUIÇÕES DO BRASIL, DA COLÔMBIA E DO MÉXICO

Tomando como base a definição apresentada por Ochy Curiel (2013) sobre a Nação Heterossexual, as bases sócio-históricas-culturais de constituição da família nuclear monogâmica refletem-se e são regulamentadas nas normativas constitucionais que atuam como regras sociais a regerem as relações sociais com base na heterossexualidade compulsória. Para fins desta análise, apresenta-se um quadro comparativo sobre as Constituições Federais dos países nos quais a pesquisa foi realizada.

Quadro 7 - Estruturas da Constituições do Brasil, Colômbia e México

	Brasil	Colômbia	México
Carta Magna	Constituição da República Federativa do Brasil	Constitución Política de Colombia	Constitución Política de los Estados Unidos Mexicanos
Ano de Promulgação	1988	1991	1917
	Brasil	Colômbia	México
Constituições Antecedentes	1824 1891 1934 1937 1946 1967	1811 1843 1853 1858 1886	1824 1857

	Brasil	**Colômbia**	**México**
Estrutura	Preâmbulo 09 Títulos, divididos em Capítulos 250 Artigos Constitucionais Ato das Disposições Constitucionais Transitórias	Preâmbulo 13 Títulos, divididos em artigos 380 Artigos Constitucionais 67 Artigos Transitórios	09 Títulos, divididos em capítulos 136 Artigos Constitucionais 19 Artigos Transitórios
Extensão (posição no ranking e número de palavras)[90]	3º 64.488 palavras	6º 57.087	17º 46.902
Contexto Político de Promulgação	Marco do fim da ditadura civil-militar no Brasil (1964-1985). Conhecida como "Constituição Cidadã".	Decorrente da Assembleia Constituinte, convocada no processo de negociações de paz. Conhecida como "Constitución de los Derechos"	Promulgada no contexto da Revolução Mexicana, que marcou o fim da ditadura exercido por Porfirio Díaz, entre 1876 e 1911, conhecido como Porfiriato.
Menções ao Termo "família" nos artigos constitucionais	26	17	21

Fonte: Elaboração própria para pesquisa.

De estrutura semelhante, com divisão em preâmbulo, títulos divididos em artigos, e artigos transitórios, de grande extensão, e com marco contextual de consolidação em períodos de transição para resolução de conflitos (sejam vinculados a períodos ditatoriais, como no caso do Brasil e no México, seja de conflitos armados, como no caso da Colômbia), apresentam entre si uma grande diferença. As constituições brasileira e colombiana foram promulgadas em um contexto de fins da chamada "década perdida", com a consolidação de diretrizes econômicas neoliberais, por meio do Consenso de Washington[81], e paralelamente de efervescência de temas sociais, na denominada "década das conferências"[82]; em 1988 e 1991, respectivamente.

---

80 A contagem de número de palavras contidas nas constituições de 190 países pode ser consultada nos dados consolidados sobre constituições elaborados pelo Comparative Constitutions Project, disponível em: https://comparativeconstitutionsproject.org/ccp-rankings/ [consulta: 24/01/2020].

81 Uma análise sobre a consolidação de temáticas dos direitos humanos em um contexto neoliberal pode ser consultada em Macedo (2008).

82 Termo utilizado para descrever os anos 1990, em que ocorreram diversas conferências internacionais com temáticas vinculadas aos direitos humanos – a exemplo

A considerada "Constituição Cidadã" do Brasil já é a sétima desde a primeira Carta Magna promulgada dois anos após a independência do país. De modo semelhante, a "Constituição dos Direitos" colombiana é a sexta. Por outro lado, a constituição mexicana diferencia-se por ser uma das mais antigas ainda em vigência (completou um século em 2017), a terceira do país, e é considerada como uma das pioneiras a prever direitos sociais[83]. Ao longo desses anos tem sofrido diversas alterações por meio de reformas constitucionais, com o aumento da extensão de seu texto.

Considerando semelhanças e diferenças, cabe destacar que ambas as constituições do Brasil e da Colômbia contam com um artigo específico voltado para a definição, caracterização e normatização das famílias nesses países. Por outro lado, as menções à família encontram-se dispersas ao longo do texto constitucional mexicano, sendo o artigo 4º o que mais se aproxima de uma definição. Para facilitar a visualização e comparação sobre a normatização das famílias nestes três países, elaborou-se o quadro a seguir:

Quadro 8 - Conceito de família nas Constituições do Brasil, Colômbia e México

Constituição da República Federativa do Brasil	Constitución Política de Colombia	Constitución Política de los Estados Unidos Mexicanos
Capítulo VII: Da Família, da Criança, do Adolescente, do Jovem e do Idoso[84] Art. 226. A família, **base da sociedade**, tem **especial proteção do Estado**. § 1º O casamento é civil e gratuita a celebração.	Capítulo II: Dos direitos sociais, económicos e culturais ARTIGO 42. **A família é o núcleo fundamental da sociedade**. É constituída pelos vínculos naturais ou jurídicos, pela decisão livre de um homem e uma mulher de se casarem ou pela vontade responsável de formá-la.	Artigo 4º A mulher e o homem são iguais perante a lei. Esta **protegerá a organização e o desenvolvimento da família**.

---

da Conferência Mundial da Criança (Conferência de Nova Iorque, 1990), II Conferência Mundial de Direitos Humanos (Conferência de Viena, 1993), III Conferência sobre População em Desenvolvimento (Conferência de Cairo, 1994), IV Conferência Mundial sobre as Mulheres (Conferência de Beijing, 1995), Conferência Mundial contra o Racismo, Discriminação Racial, Xenofobia e Intolerância Conexas (Conferência de Durban, 2001), analisadas no livro A década das conferências: 1990-1999, de José Augusto Lindgren-Alves (2018).

83 Para uma análise mais detalhada das singularidades da Constituição mexicana, ver Michalon (2018).

84 A denominação do Capítulo VI, do Título VIII da Constituição Federal Brasileira de 1988, foi alterado mediante a Emenda Constitucional nº 65/2010, para inclusão da temática da juventude.

Constituição da República Federativa do Brasil	Constitución Política de Colombia	Constitución Política de los Estados Unidos Mexicanos
§ 2º O casamento religioso tem efeito civil, nos termos da lei. § 3º Para efeito da proteção do Estado, é reconhecida a união estável entre o homem e a mulher como entidade familiar, devendo a lei facilitar sua conversão em casamento. (Regulamento) § 4º Entende-se, também, como **entidade familiar a comunidade formada por qualquer dos pais e seus descendentes**. § 5º Os **direitos e deveres referentes à sociedade conjugal são exercidos igualmente pelo homem e pela mulher**. § 6º O casamento civil pode ser dissolvido pelo divórcio[85]. § 7º Fundado nos princípios da dignidade da pessoa humana e da paternidade responsável, o planejamento familiar é livre decisão do casal, competindo ao Estado propiciar recursos educacionais e científicos para o exercício desse direito, vedada qualquer forma coercitiva por parte de instituições oficiais ou privadas. § 8º O Estado assegurará a assistência à família na pessoa de cada um dos que a integram, **criando mecanismos para coibir a violência no âmbito de suas relações**.	**O Estado e a sociedade garantem a proteção integral da família.** A lei poderá determinar o patrimônio familiar inalienável e inconfiscável. A honra, a dignidade e a privacidade da família são invioláveis. As relações familiares se baseiam na igualdade de direitos e deveres do casal e no respeito recíproco entre todos os seus membros. **Qualquer forma de violência na família é considerada destrutiva em sua harmonia e unidade e será punida nos termos da lei.** Os filhos nascidos do casamento ou fora dele, adotados ou procriados naturalmente ou com assistência científica, têm iguais direitos e deveres. A lei regulamentará a progenitura responsável. O casal tem direito a decidir, livre e responsavelmente, o número de seus filhos, devendo sustentá-los e educá-los enquanto forem menores ou com deficiência. As formas de casamento, a idade e a capacidade para o contraí-lo, os deveres e direitos dos cônjuges, a sua separação e a dissolução do vínculo, regem-se pelo direito civil. Os casamentos religiosos produzirão efeitos civis nos termos estabelecidos pela lei. Os efeitos civis de cada casamento cessarão com o divórcio, de acordo com a lei civil. Também terão efeitos civis as sentenças de anulação de casamentos religiosos proferidas pelas autoridades da respectiva religião, nos termos estabelecidos na lei.	
	A lei determinará o que diz respeito ao estado civil das pessoas e seus respectivos direitos e deveres.	

---

[85] Redação modificada pela Emenda Constitucional nº 66/2010, excluindo do texto que o casamento poderia ser dissolvido pelo divórcio "após prévia separação judicial por mais de um ano nos casos expressos em lei, ou comprovada separação de fato por mais de dois anos".

Constituição da República Federativa do Brasil	Constitución Política de Colombia	Constitución Política de los Estados Unidos Mexicanos
Outras Menções: Artigos: 5º (inc. XXVI, LXII, LXIII), 7º (inc. IV, XII), 183, 191, 195 (inc. IV, § 8º), 201 (inc. II, IV e § 12), 203 (inc. I, V), 205, 220 (inc. II), 221 (inc. IV), 227, 230.	Outras Menções: Artigos: 5, 13, 28, 43, 44, 46, 49, 67 e 68.	Outras Menções: Artigos: 2º (B, VIII), 3º (II, c), 16, 18, 27 (XVII), 29, 70 (XXX), 107 (III, c), 123 (A, VI, XXII, XXIV, XXV, XXVII, XXIXe XXXI).

Fonte: Elaboração própria para a pesquisa.

As constituições brasileira e colombiana explicitam que a família é a unidade fundamental e basilar da sociedade, que deverá ter proteção especial ou integral do Estado e que deverá haver leis para coibir a violência no âmbito familiar. Explicitam também que é constituída pela união entre homem e mulher. A constituição mexicana, com sua afirmação de que homens e mulheres são iguais perante a lei, e esta deve proteger a organização e desenvolvimento da família, em seu art. 4º, apesar de não definir explicitamente a família heterossexual como base da sociedade, por meio de menções em outros artigos relativos a direitos trabalhistas, saúde, educação, seguridade social, também enfatiza a centralidade da família nuclear heterossexual para a formação e manutenção do Estado-Nação.

Retoma-se aqui a análise realizada por Ochy Curiel (2013) sobre o discurso jurídico da nuclearização e biologização da família, cujas origens remontam ao período colonial, que se explicitam na Carta Magna colombiana. Pode-se expandir essa compreensão para os contextos brasileiro e mexicano, considerando os artigos mencionados na tabela acima.

> Um dos pilares do regime político da heterossexualidade tem sido a ideologia que estabelece um ideal de família baseado na união de um homem e uma mulher, com filhos e filhas, e que é legalmente legitimada por meio de um contrato (o casamento, preferencialmente, ou uma união estável, conforme previsto no artigo 42). Isso esconde uma realidade social e cultural, uma vez que, tanto historicamente como atualmente, existem outras formas de família no país. (CURIEL, 2013, p. 126-7)

4.2. O PARADOXO POLÍTICO-CRÍTICO OU A ARMADILHA DO CASAMENTO "IGUALITÁRIO"

> Em diversos artigos constitucionais dos três países, o acesso a diversos direitos, como saúde, seguridade social, trabalhista, dentre outros, está associado à instituição familiar, concebida como a união entre homem e mulher, negando assim a possibilidade de acesso a esses direitos e o reconhecimento (além de jurídico, social) de casais não heterossexuais.
> Esse tipo de "desrealização" certamente provoca consequências que vão mais longe do que ferir o sentimento de alguém ou do que ofender um grupo de pessoas. Isso significa que ao chegar para visitar seu amante no hospital, o acesso lhe é negado. Isso significa que quando seu amante entra em coma, você não pode assumir certos direitos executórios. Isso significa que quando seu amante morre, você não pode ser aquele que recebe o corpo. Isso significa que se a criança é deixada com o pai ou mãe não-biológico/a, esse/essa pode não ser capaz de contrapor-se às reivindicações de parentes biológicos na corte e que se perde a custódia e até mesmo o direito de visita. Isso significa que se pode não ser capaz de prover mutuamente benefícios de atenção à saúde. Essas são formas muito significativas de perdas de direitos, as quais se tornam ainda piores pelos "apagamentos" pessoais que ocorrem na vida cotidiana e pelas quais o relacionamento, invariavelmente, paga caro. (BUTLER, 2003, p. 238)

Uma alternativa possível ao processo excludente das relações não heterossexuais é a luta pelo casamento "igualitário", que se tornou uma das principais bandeiras dos movimentos hegemônicos nas comunidades LGBTs e conseguiu avanços. Na tabela a seguir, apresentam-se informações sobre a regulamentação atual do casamento entre pessoas do mesmo sexo no Brasil, Colômbia e México.

Note-se que há também uma diferença em relação à forma de governo constitucionalmente prevista nesses países, sendo a Colômbia um Estado Unitário; o Brasil, um Estado Federal com diversos aspectos centralistas; e o México um Estado Federal, com mais aspectos pluralistas. Nesse sentido, tanto no Brasil quanto na Colômbia, compete à União legislar sobre matéria de direito civil; enquanto, no México, essa é uma atribuição de cada um de seus estados federados.

Quadro 9 - Casamento "Igualitário" no Brasil, na Colômbia e no México

	Brasil	Colômbia	México
Decisão/ Legislação	Ação Direita de Inconstitucionalidade - ADI nº 4277 e Arguição de Descumprimento de Preceito Fundamental - ADPF nº 132	Sentencia C-029/09	Decreto que reforma o art. 146 do Código Civil da Cidade do México
Data	2011	2009	2009[86]
Votação	Unanimidade (dos 11 Ministrxs, 10 votaram, estando 01 impedido)	06 votos a favor e 03 contrários	39 votos a favor, 21 contra e 09 abstenções.
Trechos de Destaque	"Pelo que dou ao art. 1.723 do Código Civil interpretação conforme à Constituição para dele excluir qualquer significado que impeça o reconhecimento da **união contínua, pública e duradoura** entre pessoas do mesmo sexo como "entidade familiar", entendida esta como sinônimo perfeito de "família". Reconhecimento que é de ser feito segundo as mesmas regras e com as mesmas conseqüências da união estável heteroafetiva" [Voto do relator da ADI 4277, Ministro Carlos Ayres Britto].	"o casal, como **projeto de vida em comum, que tem vocação de permanência e implica assistência recíproca e solidariedade** entre seus membros, goza de proteção constitucional, independentemente de serem casais heterossexuais ou casais homossexuais" [Sentença C-029/09]	"Como **a finalidade do matrimônio não é a procriação**, não há razão justificada para que a união seja heterossexual, nem que se enuncie como sendo entre um só homem e uma só mulher. Tal enunciação é discriminatória em sua mera expressão [...], pois exclui injustificadamente o acesso ao casamento aos casais homossexuais que estão situados em condições semelhantes aos casais heterossexuais" [Sentença da Suprema Corte de Justicia de la Nación em votação, de 09 a 02, indeferindo a ação de inconstitucionalidade apresentada pelo Partido de Acción Nacional - PAN][87]

---

86 Em 2006, já havia sido aprovada a Ley de Sociedad de Convivencia para el Distrito Federal, na qual a sociedade de convivência é definida como "un acto jurídico bilateral que se constituye, cuando dos personas físicas de diferente o del mismo sexo, mayores de edad y con capacidad jurídica plena, establecen un hogar común, con voluntad de permanencia y de ayuda mutua" (Art. 2º). Disponível em: http://www.sideso.cdmx.gob.mx/documentos/legislacion/ley_de_sociedad_de_convivencia_para_el_distrito_federal.pdf

87 A reforma consistiu na substituição dos termos "de um homem e uma mulher" para "duas pessoas" do art. 146 do Código Civil.

	Brasil	Colômbia	México
Direitos previstos na decisão		Direitos relativos a alimentos (obrigação de assistência entre o casal), residência na Colômbia para companheirxs estrangeirxs, "salário-família", indenizações por acidentes e medidas de proteção contra a violência doméstica (Sentencia C-029/09).	Direitos a adoção de crianças, a herança, a união patrimonial para obtenção de crédito bancário e a possibilidade de receber benefícios do seguro social.
Fonte de Consulta	Site do Supremo Tribunal Federal[88]	Site da Corte Constitucional[89]	Site da Asemblea Legislativa del Distrito Federal[90].

Diferentemente do Brasil e da Colômbia, como afirmado anteriormente, no México são os códigos civis estaduais[91] que regulamentam o casamento, não havendo, portanto, uma normativa nacional. Porém foi na Cidade do México que se conseguiu uma aprovação legislativa para a matéria. Tanto na Colômbia quanto no Brasil a decisão ocorreu por meio do poder judiciário. Ainda sobre o processo de regulamentação, nota-se que no Brasil não houve divergência entre os votos (a decisão foi por unanimidade) e que na Colômbia e na Cidade do México, apesar da vitória de uma maioria a favor da regulamentação, os votos apresentaram grande divergência de opiniões.

Apesar de estar para além do escopo desta pesquisa, aponta-se como indicativo para pesquisa futura uma análise mais detalhada dos votos nos julgamentos pela aprovação do "casamento igualitário", es-

---

88 Toda a tramitação do processo e os votos estão disponíveis em: http://portal.stf.jus.br/processos/detalhe.asp?incidente=11872

89 A decisão da Corte Colombiana está disponível em: https://www.corteconstitucional.gov.co/relatoria/2009/c-029-09.htm

90 O Código Civil está disponível em: http://www.aldf.gob.mx/archivoc9d-c6843e50163a0d2628615e069b140.pdf

91 Em 2019, 17 unidades federativas mexicanas reconhecem o "casamento igualitário" em suas legislações, 12 por meio de reforma aos códigos civis (Baja California Sur, Ciudad de México, Campeche, Coahuila, Colima, Hidalgo, Michoacán, Morelos, Nayarit, San Luis Potosí, Oaxaca y Quintana Roo) e 05 por meio de ações de inconstitucionalidade julgadas no SCJN (Aguascalientes, Chiapas, Jalisco, Nuevo León y Puebla). Informação disponível em: https://www.gob.mx/segob/prensa/matrimonio-igualitario-a-10-anos-de-su-aprobacion-en-la-ciudad-demexico?idiom=es

pecialmente no que tange a uma análise comparada dos argumentos utilizados nessa votação para legitimação de relacionamentos não heterossexuais. Essa análise poderia lançar luz aos discursos do poder jurídico – ou seja, de legitimação social junto ao Estado – utilizados em cada país e suas possíveis consequências para os modelos aceitáveis e não aceitáveis, as regras implícitas e explicitadas, para controle e vigilância sobre essas relações em cada um desses territórios. Porém, como dito, esta análise não será possível agora, ficando, entretanto, um direcionamento para pesquisas futuras.

O debate de famílias legitimadas também está muito atrelado à responsabilidade familiar de criação de crianças, modo considerado como primordial de transmissão cultural no âmbito do Estado-Nação (ALTHUSSER, 1991; ANDERSON, 2008). Nesse aspecto, seria importante vincular tal debate às temáticas de adoção e reprodução assistida para casais não heterossexuais, a como se deu o processo de construção política nesses três países e qual a vinculação temporal e argumentativa com os processos de julgamento sobre o casamento "igualitário". Trabalhos das lesbofeministas peruana Norma Mogrovejo (2017) e estadunidense Judith Butler (2003) – de perspectivas teórico-políticas muito distintas – dão pistas sobre como se relacionam esses temas entre si. Um estudo mais detalhado dessas imbricações seria de grande contribuição para as perspectivas de parentesco e família lésbicas, contudo, também fogem do escopo deste trabalho.

Interessa-nos refletir sobre as implicações do casamento "igualitário", não em termos de escolhas individuais ou de luta por uma equidade de direitos civis, mas lançar perguntas sobre este modelo amatório, regulado pelo Estado, como o melhor ou o único caminho a ser seguido. E, em caso afirmativo, quais sombras desse modelo serão trazidas para nossas vivências. Como afirma Curiel:

> Embora a reivindicação de direitos nas sociedades democráticas seja válida como um questionamento do que se assume como legítimo ou não e, sobretudo, como uma forma concreta de resolver dificuldades emocionais e materiais (maiores entre grupos marginalizados e racializados), tal reivindicação se inscreve em uma "normalização" dessas populações e do seu novo interesse pela interlocução com o Estado (que até agora tem sido, precisamente, um dos organizadores da sua marginalização). A norma do casamento ou da união livre heterossexual se estende aos grupos ilegitimados, como forma de subsistir. E essa normalização significa aceitar o modelo legitimado: o regime heterossexual. (CURIEL, 2013, p. 140-1)

Esse paradigma é imposto como o único possível para nossas existências, como uma redenção às nossas formas de nos relacionarmos afetivo-sexualmente pecadoras. Existências e humanidades que só são reconhecidas quando vinculadas a direitos nos restringe e nos conforma, limitando as possibilidades de diferentes formas de ser. A cidadania de pessoas não heterossexuais é condicionada à colonialidade da sexualidade. A necessidade de busca do reconhecimento do Estado nos moldes do sistema colonial-moderno nos empurra para um processo de adaptação e "compra" de um discurso e de símbolos-concretos que, por princípio, nos excluem. Como se fosse algo de nosso desejo. Como se nossos desejos e afetos pudessem ser reconhecidos como "normais" dentro dos parâmetros da normalidade do regime da heterossexualidade e sendo essa normalização a condicionante para o acesso a direitos e políticas públicas.

> O Estado se torna o meio pelo qual uma fantasia se torna literal; desejo e sexualidade são ratificados, justificadas, conhecidas, declaradas publicamente instaladas, imaginadas como permanentes, duradouras. E, nesse mesmo momento, desejo e sexualidade são despossuídos e deslocados, de modo que o que alguém "é" e o que o relacionamento desse alguém "é" não são mais assuntos privados; de fato, ironicamente, poder-se-ia dizer que, através do casamento, o desejo pessoal adquire um certo anonimato e intercambialidade, torna-se mediado publicamente e, nesse sentido, um tipo de sexo público legitimado. Mais do que isso, o casamento conduz, pelo menos logicamente, ao reconhecimento universal: todos devem deixá-lo adentrar a porta do hospital, todos devem honrar sua reivindicação de pesar; todos respeitarão seus direitos naturais sobre um bebê; todos considerarão sua relação como elevada para a eternidade. Dessa maneira, o desejo por reconhecimento universal é um desejo de se tornar universal, de se tornar intercambiável na própria universalidade, de esvaziar a particularidade solitária da relação não-ratificada e, talvez, acima de tudo, de ganhar tanto o lugar como a santificação naquela relação imaginada com o Estado. (BUTLER, 2003, p. 234)

Trata-se, primeiramente, do processo de escolha desta pauta como politicamente prioritária e, por meio dessa escolha, quais outras pautas deixam de tomar o cenário de discussão política na sociedade. Sobre o processo dessa escolha, na apresentação da edição brasileira do livro *Casamento Igualitário* (2013), do jornalista argentino (naturalizado brasileiro) e assessor parlamentar branco gay Bruno Bimbi (1978-), o ex-deputado federal e primeiro homossexual declarado e orgulhoso[92]

---

[92] Adotam-se aqui as nomenclaturas declarado e orgulhoso em detrimento de "assumido" para evitar a correlação que a sexualidade divergente da norma seria algo

a ocupar uma cadeira no Congresso Nacional do Brasil, Jean Willys (1974-) remete-se à afirmação de que "o direito de casar com quem quiser é um direito elementar do homem", de Hannah Arendt em *Reflexões sobre Little Rock*, para argumentar que era preciso inverter a ordem das prioridades no combate à discriminação de lésbicas e gays: em vez da insistência na 'criminalização da homofobia' (que inevitavelmente leva à ampliação e ao endurecimento do estado penal, reduzindo um problema que é sistêmico a apenas 'caso de polícia'), em vez da insistência nessa pauta negativa, a entrega à luta positiva pelo direito ao casamento civil como forma de pôr fim à discriminação jurídica contra homossexuais e transexuais. (WILLYS *Apud* BIMBI, 2013, p. 10)

Concorda-se com o ex-deputado sobre a perspectiva crítica do endurecimento do estado penal e, em última instância, do encarceramento como forma exemplar de punição, tendo em vista todas as análises já feitas sobre o racismo inerente ao encarceramento em massa (BORGES, 2019), à "nova segregação" promovida por esse instrumento punitivo (ALEXANDER, 2017), e como essas estratégia são incompatíveis com a democracia abolicionista, desde uma perspectiva do contrato racial, da rotulação social e extração do capital (DAVIS, 2019). Em diálogo sobre essa temática, durante a entrevista, Zami comentou:

> Zami – Brasília – 29 anos – raça/etnia: negra –expressão de gênero: não se aplica – nível de renda alto
> Zami: A partir do momento que esses relacionamentos não são reconhecidos pelo Estado, e não são, não adianta falar que tem uma resolução do CNJ, não tem um reconhecimento formal. Constitucionalmente, a união é entre homem e mulher. Uma interpretação tá aqui hoje, mas a configuração do STF pode mudar. E como a gente vê as coisas e, sei lá, o CNJ tirar a resolução. Olha que coisa. Que garantia constitucional a gente tem? Que garantia de existência? E pra além da existência, o reconhecimento dos afetos, reconhecimento das pessoas, tipo, não tem um reconhecimento positivo, em termos de garantia de direitos, né. Então, ao invés de a gente comemorar, eu não comemoro a criminalização da homofobia. Porque a gente sabe principalmente em quem o couro come, né. Da galera preta, da galera pobre, da sapatão que performa mais masculinidade, enfim, da sapatão trans. E o papel do Estado era só reconhecer que pessoas são diversas. E, sei lá, uma emenda constitucional já taria suficiente para mudar, não mudar, mas para dar essa sensação de reconhecimento. Eu sei que a galera fica: sim! Vai ter diversidade, sim! Vai ter LGBT, sim! Não vai ter não, com a decisão da homofobia. Não vai ter não... com a criminalização. Vai ter cada vez menos. Tipo assim, a gente vai se encarcerar. Das siglas,

---

a ser assumido, como algum delito cometido.

quem é que vai mais preso? Pessoas trans, véi, mulheres trans, as travestis. Então, a gente vai continuar nessa lógica. Pra mim, é esse reconhecimento. Mas, antes disso, informar. Imagina que louco isso? Imagina um SUS que desse continuidade à política de saúde integral da mulher lésbica! Nó, que louco, imagina! Uma fala de 2010, imagina, que saudades, que saudades de criticar essa política [risos].

É importante notar que estas reflexões se dão em um contexto de ameaças diante de ataques conservadores contrários à possibilidade de regulamentação das relações afetivo-sexuais não heterossexuais pelo Estado. Argumentos estão vinculados à legitimidade do sujeito que pode desejar a intervenção estatal e reconhecimento contratual nessas relações.

> O que é esse desejo de impedir o Estado de dar reconhecimento a parceiros não- heterossexuais, e o que é esse desejo de forçar o Estado a dar tal reconhecimento? Para ambos os lados do debate, o problema não é só a questão de quais relações de desejo devem ser legitimadas pelo Estado, mas de quem pode desejar o Estado, quem pode desejar o desejo do Estado. (BUTLER, 2003, p. 233)

Questionam-se os termos em que o debate é posto, uma simples oposição binária de priorização da pauta "negativa" da "criminalização da LGBTfobia" vs. a pauta "positiva" do casamento "igualitário". Há uma série de direitos ainda não legalmente garantidos e/ou de fato implementados que também poderiam ser alçados e destacados como agendas prioritárias. No que tange ao direito de lésbicas, menciona-se o exemplar trabalho realizado por El Closet de Sor Juana durante quatro anos consecutivos (2015 a 2018) no México com defensoras de direitos humanos lésbicas e bissexuais para a consolidação da *LesBiAgenda 2019-2024*, na qual são apresentadas mais de 100 (cem) propostas específicas, precedidas de definição e diagnóstico, para os eixos temáticos: igualdade e não discriminação (14); saúde (10); educação (8); trabalho (12); vida livre de violência (12); acesso à justiça (22); defesa de direitos (16); e acesso à informação (10).

Trata-se também de não relegar a um segundo plano as análises e debates realizados por feministas sobre parentesco, família nuclear, monogamia e amor romântico. Fica nítida essa priorização de legitimação e normatização das relações não heterossexuais pelo Estado, em um trecho do livro de Bimbi (2013) que narra em um de seus diálogos travados com Pedro Zerolo, então vereador de Madri, ex-presidente do Coletivo Gay de Madri e da Federação Estadual de Lésbicas, Gays, Transexuais e Bissexuais (FELGTB), considerado um dos maiores defensores da legalização do casamento igualitário na Espanha, e assessor do então presidente espanhol José Luis Rodrígues Zapatero quando foi aprovada a lei na Espanha, em 2005[93]. O jornalista argentino apresentou argumentos de lideranças do movimento social LGBT argentino de que "a lei do casamento argentina era machista, patriarcal e permitia ao Estado intrometer-se na vida particular das pessoas", para expor a defesa de Zerolo:

> A lei do casamento pode ter muitos defeitos, que será preciso corrigir no futuro, junto aos heterossexuais e, sobretudo, junto às feministas, que sempre serão nossas aliadas, mas a única coisa que importa hoje é a igualdade de direitos. O direito de nos casarmos ou não porque nós decidimos. De sermos cidadãos e cidadãs. Do resto falamos depois. (*Apud* BIMBI, 2013, p. 27)

Zarolo faz uma distinção entre "nós" – pessoas não heterossexuais – e as feministas, descartando a possibilidade e, desse modo, discursivamente invisibilizando e negando a existência fronteiriça (ANZALDÚA, 1987) e interseccionada (CRENSHAW, 2002) de lésbicas feministas. Questiona-se a viabilidade e a estratégia de "corrigir no futuro" as premissas que embasam a normatização do casamento – com suas características heteronormadas, monogâmicas, nuclear e vinculadas ao amor romântico. É decidir "falar depois" e desse modo relegar a segundo nível de importância reivindicações históricas de lutas lesbofeministas. Como afirma Butler (2003, p. 225):

> o argumento em favor da aliança legal pode funcionar em paralelo com uma normalização pelo Estado das relações de parentesco reconhecíveis, um requisito que estende os direitos de contrato, mas não rompe as suposições patrilineares de parentesco ou o projeto de nação unificada por ele apoiado.

Interessante também analisar quais os argumentos utilizados pelas/os juízas/es do Supremo Tribunal estadual de Massachusetts (EUA), para aprovar o "casamento entre pessoas do mesmo sexo", no julgamento do caso "Hillary Goodrige e outros contra o Departamento de Saúde Pública":

> O casamento é uma instituição social vital: o compromisso exclusivo de dois indivíduos entre si, que nutre o amor e o apoio mútuo e que traz estabilidade a nossa sociedade. Para aqueles que decidam se casar e para seus filhos, o casamento traz abundantes benefício no nível social, financeiro e legal. Por outro lado, impõe obrigações nos mesmos níveis. A questão que se nos coloca é se, de acordo com a Constituição de Massachusetts, o Tribunal de Justiça pode negar a proteção, benefícios e obrigações conferidos ao casamento civil a dois indivíduos do mesmo sexo que desejam se casar. Concluímos que não pode. A Constituição de Massachusetts afirma a

---

[93] Antes da Espanha, apenas na Holanda (2001), Bélgica (2003) e no estado estadunidense Massachusetts (2004) havia ocorrido a legalização do casamento igualitário.

dignidade e a igualdade de todos os indivíduos e proíbe que haja cidadania de segunda classe. (*Apud* BIMBI, 2013, p. 38-9)

Nota-se que a decisão está baseada na perspectiva de que o casamento é monogâmico, "compromisso exclusivo de dois indivíduos entre si", vinculados ao amor e que promovem a estabilidade social. Também enfatizam, além do caráter legal e social da instituição, a motivação de uma perspectiva financeira para a decisão tomada, reforçando a análise de Engels sobre as origens da naturalização da monogamia como sustento do capitalismo.

Fica nítido que, para a legitimação dos casais não heterossexuais por meio do casamento, é necessária a correspondência aos padrões considerados legítimos de casamento. Ou seja, ao regime heterossexual, diferenciando, então, aqueles relacionamentos que se recusam a seguir esses padrões, gerando hierarquias entre os próprios relacionamentos não heterossexuais. Gerando, possivelmente, uma distinção entre aquelas relações devidamente adequadas, moldadas, vigiadas e, portanto, legitimadas, daquelas que podem vir a ser consideradas cada vez menos aceitáveis socialmente, cada vez mais "abjetos"[94], aberrações dentro do sistema, levando à reflexão se não pode ser um fator a mais de justificação da violência LGBTIfóbica.

Desde uma perspectiva de que foi concedida a possibilidade de adequação ao modelo socio-histórico-cultural do casamento, ao não aceitá-lo demonstra inaptidão para vivência em sociedade, portanto, a maiores índices de exclusão dos direitos regulamentados. Butler levanta esse questionamento:

> Para um movimento sexual progressista, mesmo alguém que deseje tornar o casamento uma opção para não-heterossexuais, a proposição de que o casamento deva se tornar a única maneira de sancionar ou legitimar a sexualidade significa um conservadorismo inaceitável. E mesmo se a questão não é em relação ao casamento, mas aos contratos legais, ainda surgem certos questionamentos: por que o casamento ou os contratos legais se tornariam a base segundo a qual os benefícios de atenção à saúde seriam concedidos? Por que não existiriam maneiras de se organizar os direitos de atenção à saúde de modo que todos, independente do estado civil, tenham acesso a eles? Se defendermos que o casamento é uma maneira de assegurar esses direitos, não estaríamos afirmando também que um direito tão importante quanto

---

[94] Em uma explicação sobre seu conceito de corpos abjetos, Butler afirma que "não se restringe de modo algum a sexo e heteronormatividade. Relaciona-se a todo tipo de corpos cujas vidas não são consideradas 'vidas' e cuja materialidade é entendida como 'não importante'".

a atenção à saúde deve continuar sendo alocado com base no estado civil? Como isso afeta acomunidade dos não-casados, dos solteiros, dos divorciados, dos não interessados em casamento, dos não-monogâmicos – e como o campo sexual torna-se assim reduzido, em sua própria legibilidade, se o casamento se torna a norma? (BUTLER, 2003, 231)

Trata-se de uma individualização dos processos de legitimação. Ao assinar o contrato e ter o reconhecimento de um par, de um casal, os direitos adquiridos não se expandem à totalidade da comunidade, que, segundo percepções dos dados obtidos nas pesquisas já mencionadas realizadas pelas organizações parceiras nessa pesquisa, Coturno de Vênus, em Brasília, e El Clóset de Sor Juana, no México, relacionam-se (seja por falta de acesso, seja por divergência político-ideológica) em outros formatos que não o casamento, conforme gráficos a seguir.

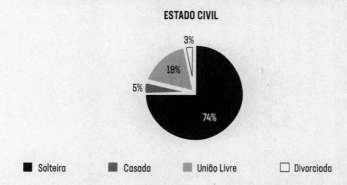

Figura 14 - Estado civil de lésbicas na Cidade do México

Fonte: Elaboração própria para pesquisa, com dados de El Clóset de Sor Juana (2017).

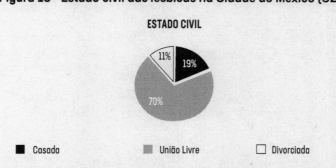

Figura 15 - Estado civil das lésbicas na Cidade do México (02)

Fonte: Elaboração própria para pesquisa, com dados de El Clóset de Sor Juana (2017).

Figura 16 - Estado civil das lésbicas em Brasília

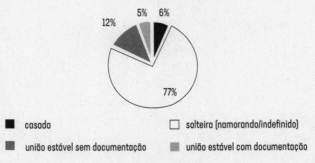

Fonte: Elaboração própria para pesquisa, com dados da Coturno de Vênus[95] (2019).

Figura 17 - Estado civil das lésbicas em Brasília (02)

Fonte: Elaboração própria para pesquisa, com dados da Coturno de Vênus[96] (2019).

Nota-se, a partir dos dados apresentados, que a grande maioria das lésbicas entrevistadas afirmaram estar solteiras, tanto na pesquisa realizada no Distrito Federal e Entorno no Brasil (77%), quanto na realizada na Cidade do México (74%). Mesmo dentre as que habitam na mesma residência, as casadas são minoria nas duas pesquisas: Brasília

---

[95] Os resultados do *LesboCenso DF* ainda não haviam sido divulgados ao término desta pesquisa. Tendo sido uma das idealizadoras do referido Censo, tive acesso prévio aos dados, e registro agradecimento pela autorização para utilizar as informações da pesquisa neste trabalho"

[96] Os resultados do *LesboCenso DF* ainda não haviam sido divulgados ao término desta pesquisa. Tendo sido uma das idealizadoras do referido Censo, tive acesso prévio aos dados, e registro agradecimento pela autorização para utilizar as informações da pesquisa neste trabalho"

(26%), Cidade do México (19%). Desse modo, dentre as que coabitam a mesma residência, prevalecem modelos não correspondentes ao "casamento igualitário": Brasília (52%) e Cidade do México (70%).

Esses dados alertam, a partir da amostragem das duas cidades, que a maioria dos relacionamentos lésbicos permanecem "ilegítimos", visto que não foram estabelecidos por contratos, e, portanto, inexistentes em termos de suas sexualidades. Seguem sem acesso a direitos e políticas públicas. Aqui está a armadilha da colonialidade da sexualidade no paradoxo do casamento "igualitário": se foi concedida a possibilidade de adequação ao modelo socio-histórico-cultural do casamento, se foi concedido o acesso a esse direito (de adesão a essa instituição), não aceitá-lo é forjado como inaptidão para vivência em sociedade, portanto, podendo levar a maiores índices de exclusão dos direitos regulamentados. É uma reinterpretação e reformulação, com roupagens mais atualizadas, da colonialidade do ser (o pecado).

Diante de uma conjuntura de avanços conservadores, fundamentalistas e militaristas em todo o mundo, o objetivo deste capítulo foi contribuir para reflexões que vão para além da escolha binaria de se posicionar a favor ou contra o casamento "igualitário". Por meio desse olhar sobre o resgate das construções discursivas sobre modelos amatórios monogâmicos, sobre a normatização da família e do casamento nos três países, sobre os tipos e modos de se relacionarem de lésbicas, a partir de pesquisas disponíveis, buscou-se contribuir para uma reflexão crítica e alertar sobre a necessidade de um debate amplo e comunitário sobre os processos normatizadores e excludentes que a pauta do casamento "igualitário", elencada como prioritária por determinados setores do movimento LGBTI, pode trazer para a humanidade e existência de distintas formas de relacionamentos não-heterossexuais. Contribuir para reflexão de que simultaneamente às lutas por transformação do sistema mundo colonial é preciso nos transformar e descolonizar nossos amores. Contribuir para a reflexão de que a colonialidade da sexualidade é um dos pilares do sistema moderno-colonial capitalista Norte Global e de que migalhas de cidadania, como o casamento "igualitário", não podem ser suficientes para nos cooptar e nos distanciar da luta decolonial.

5. IDEAL DE AMOR ROMÂNTICO E LESBOFOBIA

A colonialidade da sexualidade nos deixa marcas e se reinventa de modo a subalternizar nossas lesbianidades, de maneira imbricada a outras opressões sofridas em termos de raça, gênero e classe. Ao longo deste capítulo, busco compreender colaborativamente como a não heterossexualidade como crime (colonialidade do poder), como pecado (colonialidade do ser) e como doença (colonialidade do saber) se atualiza, respectivamente, por meio da consolidação da heterossexualidade compulsória na lesbofobia social; do modelo amatório casal-família (*parejilfamilista*) no ideal de amor romântico em relações lésbicas; e do pensamento hétero na lesbofobia internalizada. São processos que ocorrem simultaneamente, de forma contínua, e têm implicações uns sobre os outros.

5.1. HETEROSSEXUALIDADE COMPULSÓRIA E LESBOFOBIA SOCIAL

No seu clássico texto para as perspectivas lesbofeministas *Heterossexualidade Compulsória e a Existênica Lésbica*, a ensaísta e professora universitária de artes branca lésbica Adrienne Rich (1929-2012), ao criticar o apagamento da existência lésbica da produção acadêmica, inclusive feminista, apresentou a perspectiva da heterossexualidade como uma instituição política que retira o poder das mulheres, lésbicas e não lésbicas.

Criticou a propriedade emocional e sexual dos homens sobre as mulheres e como a autonomia das mulheres era considerada como uma ameaça à família, à religião e ao Estado. E fez um convite às feministas heterossexuais a adotarem uma posição crítica à ideologia da heterossexualidade. De acordo com a autora, as mulheres são tradicionalmente controladas por meio da família nuclear, das instituições da maternidade em um contexto patriarcal, da exploração econômica e da heterossexualidade compulsória. Esta última promove a percepção da experiência lésbica como desviante, odiosa ou invisibilizada. É preciso, portanto, ter em mente enquanto produções feministas que:

> Qualquer teoria ou criação cultural/política que trate a existência lésbica como um fenômeno marginal ou menos "natural", como mera "preferência sexual", como uma imagem espelhada de uma relação heterossexual ou de uma relação homossexual masculina seria, portanto, profundamente frágil, independente de qualquer contribuição que ainda tenha. A teoria feminista não pode mais afirmar ou meramente declarar uma tolerância ao "lesbianismo" como um "estilo de vida alternativo", ou fazer alusão às lésbicas. Uma crítica feminista da orientação compulsoriamente heterossexual das mulheres já está longamente atrasada. (RICH, 2010, p. 22)

Baseada na obra da antropóloga feminista inglesa branca heterossexual Kathleen Gough (1925-1990), Adrienne Rich apresentou oito formas com que se manifesta o poder dos homens para consolidação da instituição política da heterossexualidade: i) negar a sexualidade das mulheres (restrições contra a masturbação; negação da sexualidade da mãe ou da mulher após a menopausa; punição, inclusive com morte, do adultério, punição; inclusive com morte, da sexualidade lésbica) ii) impor a vivência da sexualidade com homens (estupros, inclusive maritais; idealização do romance heterossexual por meio das artes e da propaganda; casamento infantil); iii) explorar o trabalho das mulheres a fim de controlar sua produção (atividades domésticas e de criação de crianças como trabalho não remunerado); iv) controlá-las no exercício da maternidade e seus direitos reprodutivos (poder médico da obstetrícia; criminalização do aborto; atribuição à mãe o papel de "torturadora" na mutilação genital ou em amarrar os pés das filhas, para que sejam mais desejadas para o casamento).

São também formas de manifestação e manutenção do poder dos homens: v) confinar os movimentos e a potência física das mulheres (restrição do direito à cidade, por meio do assédio sexual nas ruas; exclusão das meninas de brincadeiras que desenvolvem seu potencial físico, como subir em árvores e correr; códigos de vestimenta que limitam seus movimentos, como saltos altos e saias justas); vi) usá-las como objetos de transações masculinas (dote da noiva; casamento arranjado); vii) restringir sua criatividade (condenação à fogueira das mulheres consideradas bruxas; exploração intelectual de mulheres artistas por seus maridos); viii) retirá-las de áreas de conhecimento (negativa de educação das mulheres; apagamento de produções de mulheres, especialmente as lésbicas, barreiras para acesso a atividades profissionais consideradas "masculinas", como as "ciências duras" e tecnologias, diferença salarial entre homens e mulheres e discriminação de mulheres em determinadas profissões).

Como constata a autora, essas não são apenas formas de promoção da desigualdade sexual – como definiu Kathleen Gough –, são manifestações de poder que reforçam a heterossexualidade. Como afirmou a autora:

> as mulheres têm sido convencidas de que o casamento e a orientação sexual voltada aos homens são vistos como inevitáveis componentes de suas vidas – mesmo se opressivos e não satisfatórios. (RICH, 2010, p. 26)

Essas manifestações de poder dos homens subtraem as energias emocionais e eróticas das mulheres. Por meio da heterossexualidade compulsória, como forma da colonialidade do poder, não é mais necessário exterminar fisicamente ou criminalizar vivências lésbicas. Notam-se manifestações da colonialidade da sexualidade quando a criminalização dá lugar à lesbofobia social.

Nesse constante diálogo entre conceitos e elaborações produzidas por movimentos sociais, Estado e academia, apresentam-se, a seguir, algumas definições de lesbofobia. Inicia-se por definições elaboradas por colegiados de participação social, no Brasil e no México[97], no intuito de dar luz a elaborações feitas em lugares concebidos e legalmente regidos por princípios de diálogo entre sociedade civil organizada e instituições do Estado:

No Brasil:

> Intolerância, rechaço, temor, preconceito ou perseguições das mulheres que não cumprem com as normas de gênero estabelecidas culturalmente pelo poder masculino. Ela é agravada pelas relações desiguais que desqualificam as mulheres em geral. (CNCD/LGBT[98], 2018, p. 69)

---

[97] Apesar de não ter sido localizada uma conceituação de lesbofobia em um colegiado de participação social na Colômbia, acredita-se que essa ausência não prejudica a análise feita sobre o conceito neste capítulo.

[98] O Conselho Nacional de Combate à Discriminação e Promoção dos Direitos de Lésbicas, Gays, Bissexuais e Travestis (CNCD/LGBT) foi criado por meio do Decreto nº 3.952/2001, e foi a primeira instância de participação e controle social de defesa e promoção de cidadania a ter em sua composição organizações LGBT no Brasil. Durante o segundo mandato do governo do presidente Lula, por meio da edição do Decreto nº 7338/2010, o CNCD/LGBT passa a ter como finalidade formular e propor diretrizes de ação governamental, em âmbito nacional, voltadas para o combate à discriminação e para a promoção e defesa dos direitos de Lésbicas, Gays, Bissexuais, Travestis e Transexuais. Com a publicação do Decreto nº 9.759/2019, do governo Jair Bolsonaro, que extingue e estabelece diretrizes, regras e limitações para colegiados da administração pública federal, o CNCD, por meio do Decreto nº 9.883/2019, teve sua finalidade alterada para o combate à discriminação de "minorias étnicas

No México:

> rejeição, discriminação, invisibilidade, chacota e outras formas de violência baseadas em preconceitos, estereótipos e estigmas contra mulheres lésbicas ou que são percebidas como tal, contra as suas identidades sexuais ou contra práticas sociais identificadas como lésbicas. Pode levar a outras formas de violência, como crimes de ódio devido à orientação sexual. Os homicídios de mulheres lésbicas devido à sua orientação sexual são chamados de lesbofeminicídios, mesmo quando não existe a sua tipificação jurídica. Diferencia-se da homofobia, pois as formas de violência e opressão são muito específicas dependendo do componente de gênero, como nos casos de "estupros corretivos" de mulheres lésbicas, geralmente praticados por parentes e amigos de suas famílias. (CNPD[99]/2016)

Nota-se uma diferença entre essas conceituações no que tange ao fator principal para as implicações de discriminação, intolerância, invisibilização, "piadas" preconceituosas, preconceito, rechaço, temor, e outras formas de violência. Enquanto o colegiado brasileiro destacou o gênero, o mexicano enfatizou a identidade e orientação sexual (sem fazer distinção entre os conceitos) como fator primordial.

Acredita-se que nenhum desses fatores, em si, é o determinante. A lesbofobia é um instrumento de disciplina e punição que se pauta em um conjunto de fatores imbricados entre si, como uma violência interseccional, nos termos da professora sapatão feminista branca brasileira Zuleide Paiva da Silva, como um "nó que articula patriarcado, capitalismo e racismo":

> a lesbofobia é uma violência estrutural com faces que se alastram afetando a sociedade, ameaçando, agredindo, matando em função do gênero e da sexualidade não heterossexual, o que caracteriza esta violência não como uma face específica da homofobia ou da violência contra a mulher, mas

---

e sociais e vítimas de discriminação". Encerou-se, assim, o primeiro Conselho de Participação Social voltado para população LGBT do país (CNDH/2019). Por meio do Decreto nº 11.471, de 6 de abril de 2023, foi instituído o Conselho Nacional dos Direitos das Pessoas Lésbicas, Gays, Bissexuais, Travestis, Transexuais, Queers, Intersexos, Assexuais e Outras.

[99] "O Conselho Nacional de Prevenção à Discriminação, CONAPRED, é um órgão de Estado criado pela Lei Federal de Prevenção e Eliminação da Discriminação (LFPED), aprovada em 29 de abril de 2003, e publicada no Diário Oficial da Federação (DOF) em 11 de junho do mesmo ano. O Conselho é a instituição governante para promover políticas e medidas que visem a contribuir com o desenvolvimento cultural e social e promover a inclusão social e garantir o direito à igualdade, que é o primeiro dos direitos fundamentais da Constituição Federal." Informações disponíveis em: https://www.conapred.org.mx/

como violência interseccional, nó que articula gênero, sexualidade e raça, fenômeno social, cultural e político que exige uma soma de esforços da sociedade para a sua erradicação. (SILVA, 2017, p. 82)

Nesse sentido, a lesbofobia é um poderoso instrumento de manutenção do poder, essencial para dar continuidade à ordem do sistema moderno capitalista colonial, que se manifesta em distintas formas e é aplicado desde a infância, a depender das expressões ou papéis desempenhados, que não sejam correspondentes ou desejáveis nos padrões da colonialidade da sexualidade.

Diversas das participantes desta pesquisa, com suas peculiaridades de acordo com as cidades em que viviam, relataram situações de violência lesbofóbica vinculada à heterossexualidade compulsória.

Beatriz, por exemplo, contou experiências da imposição da heterossexualidade em tempos de escola, antes mesmo de completar 10 anos, que fazia com que ela sentisse que não se "encaixava" e contou que, inclusive, fugiu de casa por sentir que a situação estava insustentável para ela:

> Beatriz – Brasília – 35 anos – raça/etnia: socialmente parda – expressão de gênero: não se aplica - nível de renda médio
>
> **Cláudia**: Mas você lembra de alguma história? Você conversava com alguém sobre isso?
>
> **Beatriz**: Conversava. A mesma parada que rolava comigo era... tipo assim... eu era uma pessoa de poucas.. de um grupo... de pouca gente. A [amiga] era uma pessoa muito próxima de mim. Ela também era molecote assim. Então, caiam pra cima da gente. Daí chamava de sapatão mesmo, sei lá mais o quê. Jogavam bolinha de papel no nosso pé, assim, sabe, pra chutar. Enchiam o saco. Criança.
>
> **Cláudia**: Você tinha quantos anos nessa época?
>
> **Beatriz**: Isso durou anos. Bota aí de uns oito, nove até uns 14. Aí eu saí dessa escola (risos). Aí estava ficando insustentável.
>
> **Cláudia**: Mas o que estava se tornando insustentável?
>
> **Beatriz**: Eu não estava sabendo lidar com isso. Hoje em dia é muito diferente na escola, né? Tem muitos alunos, alunas, gays, lésbicas, bis. Antigamente era menos.
>
> **Cláudia**: E quando você fugiu de casa, você acha que tem a ver com a história da escola?
>
> **Beatriz**: Tinha total. Eu sempre achei que eu tinha, pra além dessa história do *bullying*, que eu não me encaixava. Que não, não sei, eu passei um bom tempo da vida procurando uma realidade, que parecia que era minha realidade, que eu tava indo atrás dela, que eu não sabia o que que era, mas também não era ali, não era nada daquilo.

Em outra fase da vida, já adulta, Beatriz se refere a manifestações e graus distintos de lesbofobia, por meio de "olhares", pelos quais passou em uma cidade pequena e em Brasília:

> **Cláudia**: E você viu alguma diferença entre estar num relacionamento lá [cidade pequena] e aqui? Um relacionamento lésbico...
> **Beatriz**: [cidade pequena] é um lugar, assim, relativamente tranquilo pra se relacionar. Acho que um pouco assim. Aqui em Brasília é mais tranquilo ainda. Pelo menos no Plano. Você não é tipo, atração.
> **Cláudia**: Lá era atração?
> **Beatriz**: Um pouco.
> **Cláudia**: Como era isso?
> **Beatriz**: Eu acho que as pessoas... ninguém ficava tipo enchendo o saco, comentando. Pelo menos não na frente, né. Comentários maldosos, nem nada. Mas todo mundo olhava. Aqui é mais de boas. Nem todo mundo olha.

Luiza contou sobre o processo de lesbofobia imbricada com o racismo direcionados a ela (ver capítulo 3), que tiveram implicações em uma série de eventos, como a mudança de cidade (do interior do Goiás para a capital Brasília), a expulsão de casa quando sua mãe teve conhecimento sobre sua lesbianidade, três tentativas de suicídio antes mesmo de completar 15 anos e como iniciou um relacionamento, como nos contou:

> **Luiza – Brasília – 29 anos – raça/etnia: negra – expressão de gênero: camaleoa – nível de renda baixo**
> **Luiza**: decidiram que era hora de me trazer pra Brasília, porque eu já estava em estado de catatonia, de tanta coisa que eu já vinha aguentando há tanto tempo, sem ninguém olhar nada, né... Então, quando eu cheguei aqui em Brasília, eu estava num quadro clínico agudo de depressão profunda, com crises existenciais. Tentei nessa época o suicídio por três vezes. E não consegui em nenhuma das vezes, como dá pra perceber (risos), mas cheguei bem perto.

Ao sair da cidade onde nasceu, Luiza foi morar com a tia, que impôs várias formas de punição por Luiza não se adequar às expectativas da heterossexualidade.

> **Luiza**: Só que essa tia me detesta por vários motivos que já sabemos, né? Afrontosa, sapatona, padrões que não respeitam os dogmas religiosos e que não segue à risca... tipo, quando escuta de um velho: ah, você é homem ou mulher? Que isso eu ouvi com 13 anos de idade (risos). Ah, você é homem ou mulher? Porque só homens usam calça. E dar uma puta de uma resposta com 13 anos, e aí o povo acha que quem tá certo é o velho de fazer esse tipo de questionamento pra uma criança. Aí, ela me odiava a ponto de ter me deixado meses passando fome. Toda vez que eu queria comer na casa dessa minha tia, a [irmã] tinha que esconder o próprio prato, pra eu poder comer, porque senão ela não deixava, sendo dona de um

restaurante. Ele dava comida pra todo mundo, só pra eu não comer. Aí, até que eu entrei nesse processo, né, de depressão [...] Eu não podia comer, eu mal dormia, porque ela começava com umas gritarias logo cedo e só parava tarde da noite, sabendo que era só pra me implicar. Toda vez que eu deitava, ela colocava música, o hino da igreja dela bem alto.
Cláudia: Qual a religião da tua tia?
Luiza: Ela é daquela CCB, sabe, a Congregação Cristã do Brasil? Aquela igreja do véu, que as mulheres usam véu. Ficam separadas, mulher de um lado, homem do outro [...] E foi nesse processo que eu vim parar aqui, fui morar com a minha mãe. Eu fiquei seis meses com a minha tia e, mais ou menos, seis meses com a minha mãe. **Aí descobriram, miraculosamente, com uma vizinha desgraçada, que eu era lésbica. Aí, uma vida que não era nada fácil, se tornou ainda mais difícil. Nessa, eu fui expulsa de casa pela minha mãe, fiquei na rua durante alguns meses.** Arrumei um emprego à noite, porque não queria ficar na rua, nem fodendo. Então, arrumei um emprego num bar à noite, continuei estudando. Então, eu ia pra escola de manhã, trabalhava no bar durante a noite e ficava à tarde na rua.
Cláudia: E onde você dormia?
Luiza: Na biblioteca pública de Taguatinga. Lá dentro. Eu entrava, pegava um livro, fingia que ia ler e dormia em uma das baias, só pra eu não ficar direto na rua. Mas eu ficava também lá no Taguaparque. Tinha umas churrasqueiras lá, as churrasqueiras eram todas cobertas, então eu ficava lá.

Em diferentes graus, com exceção de Anna, em Bogotá, e Mariana, na Cidade do México, todas as entrevistadas narraram como doloroso o processo em que a família tomou conhecimento sobre suas lesbianidades. Uma dolorosa "saída do armário". A esta expressão atribuímos uma conotação de ressignificação do caráter negativo para o sentimento de pertença atribuído a desejos, práticas e relacionamentos não heterossexuais vinculados ao contar, ao permitir, de forma voluntária.

Ademais de suas possíveis implicações materiais (permanência ou expulsão de casa, sendo esta última muito recorrente entre pessoas LGBT e vivenciada por Luiza) e subjetivas, ela pode implicar na ausência da família como uma possível rede de apoio ou como mais um lugar associado a um tipo de violência entre lésbicas (a ameaça ou a ação de "tirar alguém do armário" – este assunto voltará a ser abordado no próximo capítulo).

Ainda sobre esse aspecto familiar, também há uma pressão sobre o relacionamento quanto aos diferentes níveis de publicidade da lesbianidade. Se uma das pessoas na relação está "no armário", é possível que essa exerça uma pressão para que a outra – mesmo que seja publicamente lésbica – volte a ter essa postura. Sandra contou sobre esse aspecto em seu relacionamento.

> Sandra – Cidade do México – 28 anos – raça/etnia: não – expressão de gênero: *machorra* – nível de renda baixo
> **Sandra**: E eu dizia: "bem, então como você quer que a gente lide com isso?" É que você não faz nada para defender nem o relacionamento, nem a si mesma, nem sua orientação, nem nada, e eu entendo que você permite que eles sejam violentos com você, mas eles também são comigo, e nem na minha casa eu sofro violência por ser lésbica, nem da minha mãe... Por que eu permitiria isso dos seus pais?"

Além dos relatos de lesbofobia no ambiente escolar e na família, também houve o relato de lesbofobia no espaço de trabalho de Tatiana, que precisou alterar suas vestimentas, corte de cabelo, dentre outros aspectos de sua expressão de gênero para poder manter o emprego.

> Tatiana – Bogotá – 53 anos – raça/etnia: *mestiza* - expressão de gênero: masculina – nível de renda baixo
> **Tatiana**: Sempre tive cabelo curto. Apesar de que teve um tempo na minha vida em que eu tinha cabelo comprido, muito, muito comprido, porém era mais por motivos de trabalho. Mais pelas imposições do trabalho do que porque gostasse. Porque tínhamos que ter unhas compridas, ótimas manicures e todo esse tipo de coisa. Era mais por isso.

O relato de Tatiana corresponde a uma das oito manifestações do poder dos homens, para o estabelecimento da heterossexualidade compulsória, descritas por Adrienne Rich, como afirmou a autora:

> Uma lésbica "no armário", devido ao preconceito heterossexista no trabalho, não é simplesmente forçada a negar a verdade sobre suas relações no mundo exterior ou na sua vida privada. Seu emprego depende de que ela finja ser não apenas heterossexual, mas também uma mulher heterossexual em termos de seu vestuário, ao desempenhar um papel feminino, atencioso, de uma mulher "de verdade". (RICH, 2010, p. 28)

Em outro momento, Tatiana falou sobre outra lesbofobia sofrida no âmbito do trabalho, conta que foi demitida por ser lésbica, à qual atribui mudanças nas divisões dos trabalhos domésticos e nas relações de poder econômico no casal.

> **Tatiana**: Eu tinha parado de trabalhar naquela época. Eu era como uma dona de casa, vamos colocar nesses termos.
> **Cláudia**: Por que paraste de trabalhar?
> **Tatiana**: Porque me demitiram por ser lésbica [...] Não me demitiram por motivos profissionais. Me demitiram por ser lésbica.

Outra implicação da lesbofobia social nas pressões sobre os relacionamentos lésbicos é uma das estratégias de defesa que muitas vezes ocorre, por medo de comentários, fofocas e mesmo de agressões ex-

ternas: o isolamento do casal. Em Bogotá, Brenda narra uma das experiências de lesbofobias vivenciadas, ainda na adolescência, dessa vez no âmbito de uma instituição religiosa:

> **Brenda – Bogotá – 24 anos – raça/etnia: negra – expressão de gênero: normal – nível de renda médio**
> **Brenda**: Em Bogotá, há setores, há bairros no sul que são mais conservadores que outros e obviamente (há pessoas) que podem dizer "ah, não se aproxime da minha filha, ou não vá a reuniões do bairro, não trabalhe em tal lugar." De onde moro, por exemplo, tive que sair... Nunca fui muito crente, mas minha mãe vai à missa todo domingo....
> **Cláudia**: Católica?
> **Brenda**: Sim, e eu tinha o hábito de acompanhá-la, mas tive que deixar de ir à missa por causa de comentários do tipo "não existe paraíso para as bichas, e mulher que dorme com mulher blá blá blá". Acho que já estou em um ponto em que não tenho paciência para lidar com essas coisas. E menos ainda numa cidade que pensamos estar avançando no ritmo que avança, não, uma das cidades nas quais há políticas LGBT mais avançadas que em outras, onde a diversidade é muito mais ampla e onde se assume que é uma cidade para todos e para todas. As escolas e universidades estão tentando quebrar os preconceitos que temos, mas na realidade é como se fosse muito bonito no papel, mas na realidade isso é um caos.

Essa e outras experiências de agressões lesbofóbicas e racistas que havia sofrido, Brenda associa ao medo de perder seu relacionamento como o "único que tinha", como seu refúgio.

> **Brenda**: Foi como quando você esconde o lixo debaixo do tapete. Eu não me sentia totalmente segura com ela, mas quando não se tem confiança em ninguém mais, bem, ela era tudo, então sim, **ela era meu refúgio naqueles tempos**.
> **Cláudia**: Aprendeste alguma coisa com essa relação? Já faz uns seis anos que terminaram, certo?
> **Brenda**: Graças a deus (risos).
> **Cláudia**: E achas que aprendeste algo?
> **Brenda**: Sim acho que, por pior que eu estivesse, eu não merecia tantos abusos, nem merecia ter acrescentado outros problemas aos que já tinha. Agora, com a idade vem a maturidade. Então agora eu entendo que estava procurando conforto no lugar errado, estava tentando esquecer coisas que aconteceram comigo em um lugar que não era, e concordando com coisas que eu obviamente não queria, porque ela sabia das coisas pelas quais eu havia passado, e fazendo coisas que eu não queria. Mas também foi, eu acho, porque sentia aquele medo de perder a única coisa que eu tinha naquele momento. E aprendi que nem tudo é bom, embora algo de bom saia do mau, nem tudo é bom.

O medo de sair às ruas também fez com que Mariana, na Cidade do México, ficasse cada vez mais em casa, ao que sua companheira propõe estratégias para evitar as violências lesbofóbicas:

> **Mariana – Cidade do México – 36 anos – raça/etnia:** *mestiza* **– expressão de gênero: não feminina – nível de renda médio**
> Mariana: Sair na rua me deixa muito ansiosa, quero evitar, vejo muita violência em todo lugar, e vejo muita dessa violência contra mim. Uma das primeiras vezes que saí com ela para passear pelo centro da cidade, de mãos dadas, um cara se aproximou de mim e disse "ei, esse homem está com vocês?", e nós dissemos "não, qual?", "Bem, ele está tirando fotos." Então foi uma coisa, porque eu estava, senti uma divisão em mim, entre querer ir bater no cara, no homem, e em me segurar porque ela estava ali. Sabe, também tem uma coisa que tem a ver com a sociedade patriarcal, da qual eu tenho que cuidar, não, e outra coisa patriarcal, eu vou e bato, alguma coisa assim, o que está acontecendo comigo, e me sentindo muito atacada lá fora, é disso que me lembro muito. Então agora eu prefiro não sair, prefiro ficar na minha casa, você sabe que é difícil para mim [...] somos duas pessoas que podem ser agredidas, e isso me dá muito medo. A verdade é que ela me explicou que na sua experiência não é que ela normalize o medo, ou seja, ela diz que tem que viver, então tenta encontrar a sua estratégia para ser livre.

Há uma anedota para se referir aos relacionamentos lésbicos, segundo a qual o segundo encontro já é a mudança para morarem juntas. Poucas vezes, contudo, se faz uma correlação entre esse "tempo lésbico" acelerado e os processos de lesbofobia social vivenciado. Mariana contou um pouco sobre essa "fusão lésbica", compartilhamento de moradia, trabalho, projetos. Como Brenda havia mencionado, um refúgio diante da colonialidade do poder da heterossexualidade compulsória.

> **Mariana**: e foi... isso, de nós duas mergulhando, compartilhando o tempo todo e se um dia não compartilhássemos, e essa piada, não, de "o que a lésbica faz no segundo encontro?", assim, assim mesmo, Ela veio morar comigo uns 3 meses depois que nos conhecemos, já estávamos morando juntas. Saíamos muito raramente e passávamos mais tempo na cama, ou em casa, ou convivendo, ou fumando, ou tomando alguma coisa, ou assistindo a alguma coisa, nós duas juntas. E depois de 3 meses, mais ou menos, eu falei para ela "aqui, vou te dar as chaves da minha casa para você vir quando quiser", e a partir daí começou, ou seja, convidei ela para morar comigo, convidei ela para morar na minha casa, e a verdade é que ela nem hesitou, a verdade é que no geral estávamos gostando de morar juntas, gostamos muito, então a partir daquele momento já começamos a morar juntas. E ela começou a trabalhar aqui também, ou seja, ela não foi só minha companheira, mas começou a trabalhar aqui [na empresa da Mariana].

O "tempo lésbico" pode ser ainda mais acelerado a depender do grau de vulnerabilidade em que esteja sendo vivenciado, como contou Luiza sobre sua própria experiência após ter sido expulsa de casa pela mãe.

> Luiza – Brasília – 29 anos – raça/etnia: negra – expressão de gênero: camaleoa – nível de renda baixo
> Luiza: Aí, depois disso, eu conheci, nesse processo, a [ex-companheira], me casei com ela, fui morar com ela. Ela tinha 38 anos, eu tinha 17.
> Cláudia: E onde você conheceu ela?
> Luiza: No Barulho. O antigo bar Barulho, naquela joça daquele Parque da Cidade. **Eu a conheci lá e 13 dias depois a gente se casou. Ainda nesse processo da minha mãe me por pra fora de casa.** Porque ela tinha me posto pra fora de casa, eu tinha arrumado um lugar pra ficar. Aí, quando eu arrumei esse lugar pra ficar, ela ameaçou o dono da casa. Um cara que a gente tinha feito um acordo. Ele era pai de dois meninos. E só morava ele e os meninos. Aí ele falou: tem um quarto vago na minha casa, você estuda de manhã, e eu trabalho à tarde. Não tem quem fique com meus meninos durante a tarde pra mim. Se você ficar com eles, o quarto é seu. Eu falei: topo, uai (risos). Aí, minha mãe quando descobriu que isso, ela pensou que eu ia voltar me arrastando, ela foi lá e ameaçou ele. Como eu era menor ainda, ela falou: você vai preso. Daí ele falou pra mim: não posso ir preso, eu tenho dois filhos pra cuidar. Aí, eu voltei pra casa da minha mãe, porque ela foi me buscar na escola. Quando deu duas semanas, quando deu um mês, vamos ser honestas, **começaram todas as brigas de novo, porque ela viu que me por pra fora de casa não adiantou, que eu ia me virar na rua mesmo. Me bater não adiantou, porque quando ela descobriu, porque no processo do descobrir dela, ela me bateu durante horas seguidas** [...] E aí, depois disso, conheci a [ex-companheira], 13 dias depois, nesse processo da casa da minha mãe, do meu retorno... conheci a [ex-companheira] e falei vou passar, foi na época de fim de ano, falei: vou passar o ano novo em Planaltina, que era onde ela morava. Aí minha mãe de novo, sabendo pra onde eu estava indo, de novo, ela disse: se você sair por esse portão, não precisa nunca mais voltar. Aí, eu liguei pra [ex-companheira] e perguntei: quanto tempo eu posso ficar na sua casa? Ela falou: quanto tempo você quiser. Nisso, duramos em um casamento de dois anos e meio.

5.2. IDEAL DE AMOR ROMÂNTICO

Como abordado no capítulo anterior, há uma pressão para adoção do modelo de relacionamento heteronormativo – do modelo amatório casal-família (*parejilfamilista*) – nos relacionamentos lésbicos. Esse processo se dá, em grande parte, pela idealização do amor romântico. Consolidou-se um discurso de naturalização da monogamia como modo mais evoluído de relacionar-se, vinculado ao tabu do incesto e na base da consolidação das famílias nucleares heterossexuais como instituições primordiais da sociedade, por sua vez vinculadas à propriedade privada. Instituições com origens coloniais regulamentadas nas Cartas Magnas vigentes dos países associam acesso a direitos – como seguridade social, saúde, dentre outros – a esse modelo de família. Nesse contexto, para acessar a esses direitos, supostamente universais, o "casamento igualitário" tornou-se uma das bandeiras prioritárias de distintos movimentos LGBTs, constituindo-se em um paradoxo político-crítico ou mesmo uma armadilha para esses movimentos diante de um contexto neoliberal.

Se os relacionamentos lésbicos já são em si uma dissidência da heterossexualidade enquanto norma, são também idealizados e vivenciados na colonialidade da sexualidade e carregam o imaginário e idealização de "almas gêmeas", complementariedade e da tríade sublime-refúgio-irracionalidade. Enxergar-se na outra, enquanto seu espelho, ali encontrar sua possibilidade de identificação e parceria, também contém em si o medo extremo da perda desse relacionamento e encarar-se mais uma vez só diante de uma sociedade heteronormada e suas violências sociais e institucionais.

> O casal lésbico deveria romper com esta construção cultural, mas se embaraça, se confunde: por um lado se mantém em um meio totalmente hostil que faz com que se unam, se protejam, se fechem em si numa condição de sobrevivência e, por outro lado, ao sairmos da estrutura do amor reprodutivo e de domínio, tomamos para nós o discurso romântico amoroso sentimental. O homem, infiel por natureza, já não é requisitado no jogo amoroso, consequentemente, se nos juntamos duas mulheres que somos as fiéis por natureza, as que sim sabemos amar, as que amamos sem limites, traduzimos essas fidelidades em clausuras, salvamos o sistema. Nos enclausuramos, nos sistematizamos, nos ordenamos em casais e nos perdermos como pessoas individuais, simbiotizando-nos com a outra em um gesto siamês. Todas as alternativas de liberdade, de amor, de vida, de Eros acabam presas, pois o amor é um dos lugares de expressão mais direto do poder, por isso está sempre em crise e há cada certo tempo voltará a aparecer a necessidade de outro Eros, outros despertares corporais, outros desejos de liberdade. (PISANO, 2004, p. 47)

A naturalização e normatização do amor romântico nos relacionamentos afetivo-sexuais está nas bases da utilização da violência como forma de manutenção do controle, da posse e das relações com base na propriedade privada dos seres. Da individualização e privatização da vida de casal. A monogamia já pressuposta, não dialogada e tácita, dificulta a promoção de diálogos e acordos a serem negociados de modo intersubjetivo, independentemente de um contrato já pré- normatizado e não questionável.

A idealização do amor romântico também cria mitos, possibilitando um por meio de grandes gestos de abnegação. Essa abnegação e resiliência em nome do amor pode ser cobrada, mesmo em casos de situações de violência, como ocorreu e nos contou Beatriz:

> Beatriz – Brasília – 35 anos – raça/etnia: socialmente parda – expressão de gênero: não se aplica - nível de renda médio
> Beatriz: a [ex-companheira] sempre, ela sempre, ela tem um mecanismo de parecer que você, tipo assim, você investiu, eu me doei, eu tô aqui, eu sou o amor em pessoa e de fazer você se sentir mal, assim, mal, culpada, né. Acho que desde, sei lá, desde essa época aí, eu já comecei a ficar com muito medo de falar que não e colocar limites. E isso foi aumentando, sabe? Não sei, eu tava me sentindo só, eu queria estar numa relação. Eu achava que a gente podia se acertar. E que podia ser bom.

A esse processo, Pisano chama de armadilha do sacrifício:

> Para que o sistema e sua engrenagem de relações funcionem, deve existir uma proprietária ou proprietário, uma depositária do sacrifício de nos entregar. Insisto que o sacrifício é uma armadilha e enquanto não descobrirmos o quão nocivo é essa forma de amar sofrendo, seguiremos permeadas de sacrifício de uns por outros... e não estaremos saindo de toda a hipocrisia antagônica do sistema. Não necessitamos ser mártires, nem crer em cruzes para construir o respeito do humano, pois recriando casais sacrificados, não se constrói nenhum respeito e isso sim é um gesto político. (PISANO, 2004, p. 46)

Resgatando a análise feita pela antropóloga basca branca Maria Luz Esteban (1959-), a pesquisadora chilena sobre violência em relacionamentos lésbicos Angelina Rojas (2015) identificou três idealizações relacionadas ao amor romântico. A primeira refere-se ao amor em si, considerado com um sentimento e uma experiência sublimes, que toma a centralidade e um grau de importância acima de outros aspectos da vida, como o sentimento humano mais genuíno. O segundo está relacionado ao medo da solidão e – como Brenda havia contado, relacionando ao processo de lesbofobia vivenciado – ao amor como refúgio, como a salvação. A terceira idealização trata do discurso da irracionalidade do amor de que tudo pode e deve ser feito em nome do amor, que atos cometidos em nome de amor diminuem a responsabilização de quem os pratica. Em diálogo com as análises feitas por Pisano:

A leitura superficial de quem não vive essa infelicidade de casal é a imagem e, pior ainda, a autoimagem de uma pessoa solitária e pela metade, nunca completa. Diante dessa perspectiva, as pessoas permanecem agarradas ao companheiro por medo de transitar por essas solidões, que expressam – conforme o estabelecido – a falta de sentido do viver. Esse mundo social é pensado e sustentado no casal-conjugal, portanto, um ser só, sem companheiro estabelecido, começa a se sentir à margem. Assim, o amor nasce mal e nestas condições é lugar de violência física, intelectual e psicológica. Assim entendido, o amor é o grande espaço das decepções, das esperanças nunca alcançadas. (PISANO, 1998, p. 95)

Não mais em um modelo em que os papéis de gênero estavam necessariamente explicitados com base em uma hierarquização social entre homem e mulher, mas no formato de uma romantização do amor entre mulheres. Como se estes amores não estivessem passíveis de serem atravessados por sentimentos de posse e propriedade. Em uma forma machista de avaliar e não imaginar violência em relações lésbicas. Se somos uma sociedade formada com base na violência, tanto em macroestruturas [HOBBES, 2014 (1651)] quando nas relações intersubjetivas [CLASTRES, 2004 (1980)], o imaginário racista e machista de mulheres[100] amorosas e serenas não comportaria as violências nessas relações, invisibilizando esse fenômeno, e gerando uma lacuna para o debate e construções de soluções para o problema. É necessário, portanto, uma

> análise crítica de como estruturamos nossas relações dentro da dinâmica do domínio e de suas ideias, de como projetamos no ser amado o poder mágico de nos dar felicidade, assumindo assim a responsabilidade pela nossa vida e pela nossa busca por equilíbrio e sabedoria. Essa espécie de felicidade eterna e de varinha mágica chega a nós, sem a intervenção da nossa vontade; Então ocorrem grandes decepções, que resolvemos sacrificando-nos por amor e alienando-nos. (PISANO, 2004, p. 93)

---

100 O discurso da fragilidade das mulheres como um ato racista foi questionado pela primeira vez no discurso proferido por Soujourner Truth, durante a Women's Rights Convention em Akron, Ohio, Estados Unidos, em 1851. Após afirmações de que mulheres não poderiam ter os mesmos direitos que os homens, pois eram frágeis, Soujourner descreveu seu cotidiano do período em que foi escravizada e questionou: "Não Sou eu uma Mulher?". Uma tradução do discurso está disponível em: https://www.geledes.org.br/e-nao-sou-uma-mulher-sojourner-truth/ e a interpretação por Rogéria Cardeal de um trecho da fala de Soujouer está disponível em: https://www.youtube.com/watch?v=EnZjV_z-ARo. Para combater essa perspectiva racista da "fragilidade da mulher", Sueli Carneiro (2003) ressalta a importância de *Enegrecer o Feminismo*.

Ao se apresentarem questionamentos ao modelo de família nuclear monogâmica baseada na idealização do amor romântico, não se pretende, necessariamente, fazer uma defesa dos tipos de relacionamento vinculados à poligamia, relação aberta ou outra forma de não monogamia como modelo a ser adotado por lésbicas. Não se pretende uma outra forma de normatização das relações, pois há grandes chances de que, se não descolonizarmos nossos afetos[101], não importa o modelo adotado, ele possa ser permeado pelas raízes da colonialidade. Sobre isso, Anna nos falou:

> Anna – Bogotá – 33 anos – raça/etnia: "europeia desconstruída" – expressão de gênero: feminina às vezes – nível de renda médio
> Anna: Eu me dei conta de que quando você supera a questão das inseguranças que a monogamia te dá, porque a monogamia às vezes te dá muitas inseguranças, por quê? Porque se você está com uma pessoa e não pode estar com duas, se vier alguém você tem que escolher e tem alguém que vai perder. E é aí que a gente fica com ciúme, porque o ciúme no final das contas representa muitas coisas, mas é o medo de perder, de ser trocada, de perder privilégios de um monte de coisas, mas são muitos medos, não é só essa questão de posse, então o poliamor tira isso de você, porque como você não precisa abandonar o que está [...] também tem relações super tóxicas no poliamor, ou seja, tem gente super nada a ver, que o utiliza de uma forma tão neoliberal, mais como um supermercado de afetos e depois tem também, quer dizer, tem coisas ruins em todos os lugares, eu sempre vejo isso como uma forma de cuidar para que as relações mudem, evoluam ou agora somos um casal ou agora somos amigas sim, mas o importante é continuarmos a cuidar de nós mesmas e também respeitar os tempos de mágoas, de sair, de insultar porque tudo isso é difícil para nós, porque me parece que em comunidade isso não é fácil (risos).

O que se busca é compreender como se configuraram e quais são as implicações dos modelos amatórios que se pautam no ideal do amor romântico, pois "repensar nossas formas políticas de nos relacionarmos é fundamental para não suplicarmos ao mesmo sistema que nos deslegitima, que nos legitime, fazendo dele duplamente poderoso." (PISANO, 2004, p. 48)

5.3. PENSAMENTO HÉTERO E LESBOFOBIA INTERNALIZADA

Como afirmamos anteriormente (capítulo 2), uma das formas de estabelecimento da heterossexualidade como norma universal se deu com o processo de colonização das Américas, por meio da colonialidade do saber que instituiu a não heterossexualidade como doença. Esta percepção está

---

[101] Sobre a proposta de descolonizar afetos, de Geni Núñez, ver capítulo 7.

em diálogo com outro texto clássico da epistemologia lesbofeminista *O Pensamento Hétero,* da teórica feminista francesa lésbica branca Monique Wittig (1935-2003). De acordo com a autora, um sistema de ideias (representado pelas religiões, pela psicanálise, pela pornografia, sexologia, ciência, medicina e pelas ciências sociais) fundado no "pensamento hétero" ("the straight mind"), ou seja, construídos pela heterossexualidade e sua dinâmica de dominação e submissão. Esse pensamento hétero é universalmente difundido nos sistemas de ideias da supremacia masculina.

> Os discursos que acima de tudo nos oprimem, lésbicas, mulheres, e homens homossexuais, são aqueles que tomam como certo que a base da sociedade, de qualquer sociedade, é a heterossexualidade. Estes discursos falam sobre nós e alegam dizer a verdade num campo apolítico, como se qualquer coisa que significa algo pudesse escapar ao político neste momento da história, e como se, no tocante a nós, pudessem existir signos politicamente insignificantes. Estes discursos da heterossexualidade oprimem-nos no sentido em que nos impedem de falar a menos que falemos nos termos deles. Tudo quanto os põe em questão é imediatamente posto à parte como elementar. A nossa recusa da interpretação totalizante da psicanálise faz com que os teóricos digam que estamos a negligenciar a dimensão simbólica. Estes discursos negam-nos toda a possibilidade de criar as nossas próprias categorias. (WITTIG, 1992, p. 8)

Dentro dessa lógica discursiva imposta do pensamento hétero, a lesbianidade é incompreensível e a única forma de pensar e entender a si mesma é pelas lentes da heterossexualidade.

> estes processos inconscientes são historicamente cada vez mais imperativos naquilo que nos ensinam sobre nós próprio(a)s através da instrumentalidade dos especialistas. A retórica que expressa estes processos (e cuja sedução eu não subestimo) reveste-se de mitos, recorre ao enigma, caminha pelo acumular de metáforas, e a sua função é a de poetizar o caráter obrigatório do "serás-hetero-ou-não-serás". (WITTIG, 1992, p. 11)

Esta colonialidade do saber do pensamento hétero pode ter implicações profundas sobre as subjetividades das lésbicas, gerando um processo de lesbofobia internalizada. Para esta definição de lesbofobia internalizada, a psicóloga especializada em gênero argentina Alejandra Sardà (2007), adaptou para vivências lésbicas o conceito de racismo internalizado proposto no livro *Internalized Racism* (1987), da psicóloga estadunidense Suzanne Lipsky, segundo o qual vítimas de opressões estruturais adotam um "modelo de sofrimento", quando as dores das violências sofridas não são curadas, revivendo e reproduzindo experiências opressoras em relação a si ou a suas semelhantes:

> Sabemos que toda a dor ou todo o maltrato que a gente sofre, se não é descarregado (curado), cria na vítima o que se chama de um "modelo de sofrimento" (sentimento ou conduta rígidos, destrutivos ou ineficazes). Esse modelo de sofrimento, quando volta a ser estimulado, tende a levar a vítima a voltar a viver a experiência de dor ou maltrato original, seja colocando a outra pessoa no luar da vítima ou, quando isso não é possível, tomando a si mesma como objeto desse modelo de sofrimento. A lesbofobia internalizada é uma forma de opressão que se viu sistematicamente iniciada, incentivada e reforçada pelos modelos de sofrimento das pessoas pertencentes à cultura majoritária (heterossexual) e de suas instituições. Nós lésbicas temos sido vítimas de várias formas de maltrato, invalidação, opressão e exploração. (SARDÁ, 2007)

Baseando-se na perspectiva do interacionismo simbólico[102], Paulina Guerrero explica como se dá o processo de internalização da lesbofobia:

> O Interacionismo Simbólico nos ajuda a entender esses processos nos quais a heterossexualidade é vista como a norma generalizada, a qual é ensinada, compartilhada, esperada e, até certo ponto, reproduzida em nossa sociedade, assim como que de qual maneira a lesbofobia que existe como consequência de tal heteronormatividade é internalizada pelas mulheres lésbicas. (GUERRERO PADILLA, 2024, p. 93)

De acordo com a autora argentina, a lesbofobia internalizada pode se manifestar por meio de raiva, medo, indignação e por meio de críticas e violências nas relações individuais, em relações de amizade e afetivo-sexuais; direcionadas a lideranças lésbicas, gerando, desse modo, a recusa de conviver com outras lésbicas. Nesse aspecto, pode ser associado ao conceito de colonialismo interno (CASANOVA, 2018), segundo o qual, como parte do processo de colonialidade, há formas de exploração e opressão reproduzidas nas relações sociais de colonizadas/os, por meio de um processo de diferenciação e rechaço, conscientes ou inconscientes.

Também pode gerar estereótipos internalizados, desconfiança dos próprios pensamentos. À lesbofobia internalizada, Alejandra Sardà também associa a necessidade de "nos sentirmos bem agora mesmo",

---

[102] O interacionismo simbólico é uma corrente da psicologia social, cujo maior expoente foi Georde Mead, da Escola de Chicago, nos Estados Unidos. Essa corrente "dá grande importância aos fatores simbólicos antes que dos fatores biológicos, porém não os deixa de lado completamente. Um dos principais postulados do Interacionismo Simbólico é que a sociedade precede o indivíduo e isso resulta da assunção das regras, normas, leis e costumes da sociedade em que se está imerso." (GUERRERO PADILLA, 2014, p. 43)

por meio, por exemplo, do uso prejudicial de álcool e outras drogas e à reprodução e internalização de outras formas de opressões. São gerados intensos sofrimentos ético-políticos, que:

> abrange as múltiplas afecções do corpo e da alma que mutilam a vida de diferentes formas. Qualifica-se pela maneira como sou tratada e trato o outro na intersubjetividade, face a face ou anônima, cuja dinâmica, conteúdo e qualidade são determinados pela organização social. Portanto, o sofrimento ético-político retrata a vivência cotidiana das questões sociais dominantes em cada época histórica, especialmente a dor que surge da situação social de ser tratado como inferior, subalterno, sem valor, apêndice inútil da sociedade. Ele revela a tonalidade ética da vivência cotidiana da desigualdade social, da negação imposta socialmente às possibilidades da maioria apropriar-se da produção material, cultural e social de sua época, de se movimentar no espaço público e de expressar desejo e afeto. (SAWAIA Apud CFP, 2019, p. 11)

A lesbofobia internalizada também promove um sentimento de não legitimidade, baixa autoestima e, consequentemente, de medo, de sentir-se indefesa e merecedora das violências que sofre e das diferentes formas de maus tratos, humilhação, sofrimento e exploração pelas quais as lésbicas passaram. "O modelo de sofrimento da cultura majoritariamente heterossexual e suas instituições recai sobre as lésbicas, iniciando de forma sistemática a internalização da lesbofobia, como resultante da opressão de uma dita maioria" (SARDÀ, 1996, p. 2).

Em seu relato sobre reconhecer-se lésbica, Sandra contou como tentou negar seus desejos, seus afetos, sua sexualidade, em um processo de negação ao "problema", inclusive relacionando-se com garotos em decorrência da pressão social.

> **Sandra – Cidade do México – 28 anos – raça/etnia: não – expressão de gênero:** *machorra* **– nível de renda baixo**
> **Sandra**: Eu sabia que gostava [das meninas] e que elas me chamavam a atenção, mas no começo tive muitos sentimentos negativos, era tipo não, não é legal ser assim. Teve uma espécie de construção sobre ser homossexual nessa época, ser gay, como algo que não era correto e não era bem visto. Ao longo de toda a minha adolescência, dos doze aos quinze anos, houve uma recusa categórica e então tive namorados, e foi muito pela pressão social de "por que você não tem um, se todas as amigas têm namorado e procuramos os meninos." Porque havia uma negação de que "eu não sou assim, não sou assim, não sou assim, isso não está certo, isso não é legal..." Até entrar no ensino médio. No primeiro ano tive outros dois relacionamentos, que na minha cabeça foram como se fossem minhas duas últimas tentativas de ver se dava certo ou se não havia mais solução para o meu problema [risos].

Contou que, em seu primeiro relacionamento lésbico, mesmo sem utilizar esses termos, a lesbofobia internalizada, sua e de sua namorada, influenciava no rechaço ao convívio com outras lésbicas, para além do casal.

> **Sandra**: Também não assumíamos que éramos lésbicas e que gostávamos de mulheres, era apenas um "estou apaixonada por você e você é linda e é a coisa mais linda que já me aconteceu", mas antes eu tinha muita resistência em relação à orientação, até o tempo todo era um "eu e você não somos assim, eu e você não somos lésbicas, se um dia eu e você terminarmos, eu vou me relacionar com homens e você também se relacionará com homens." Duramos muito tempo, quase quatro anos de relacionamento e, mais ou menos na metade do relacionamento, eu sim assumi que era lésbica e um dia disse a ela "se você e eu terminarmos não vou mais me relacionar com homens, a verdade é, eu gosto de mulheres" E naquele momento eu já tinha saído do armário. [...] A gente se tinha, ela e eu. Havia muita rejeição ao tema LGBT, muito preconceito, muito "eles são os esquisitos e nós não". Então quando entrei no ensino médio, logo depois de conhecer um grupo de lésbicas e começar a namorar uma garota de lá, comecei a fazer amizade com lésbicas e a conhecer todo o mundo lésbico, gosto do *cotorreo* a e da vivência das lésbicas..
> **Cláudia**: *Cotorreo*?
> **Sandra**: Sim, como ir a lugares LGBTI, lugares de socialização de lésbicas... Meu mundo era completamente heterossexual até que eu as conheci e comecei a conhecer esse outro mundo, não, e eu estou começando a gostar, não sou a única e também não é tão feio.

Relato semelhante ao de Beatriz:

> **Beatriz – Brasília – 35 anos – raça/etnia: socialmente parda – expressão de gênero: não se aplica - nível de renda médio**
> **Cláudia**: E me conta uma coisa, como é que, no meio disso aí tudo, você se percebeu lésbica? Foi nessa etapa da vida?
> **Beatriz**: Cara, eu passei muito tempo da minha vida numa negação profunda. Aí veio o advento da internet, né (risos). Dos chats, msn, chat da uol. E aí eu fazia muitas amizades virtuais com mulheres.
> **Cláudia**: Quantos anos você tinha?
> **Beatriz**: Uns 14 talvez. Só que era muito doido. Como era na internet, parecia que era outro mundo, entendeu? Parecia que, num sei. Eu ficava... Eu não sei como eu gerenciei isso na minha cabeça pra achar que eu não era lésbica naquele tempo. Mas era total.
> **Cláudia**: Como eram essas conversas? Como eram essas amizades?
> **Beatriz**: Eram amizades profundíssimas de contar da vida. Eu fiz uma... E aí, não era que eu falava com mulheres lésbicas. Não ia procurar. Só depois, bem mais tarde. Não ia exatamente nessa procura. Mas eu acabava me "relacionando" com mulheres virtualmente.
> **Cláudia**: E como foi quando vocês se encontraram?

Beatriz: Foi massa. Eu não, não, não tinha uma expectativa que acontecesse alguma coisa física. Era mais uma coisa de intimidade, de tipo, caraca, eu sei tudo dessa pessoa, essa pessoa sabe tudo de mim. Mas, pelo menos não da minha parte. Engraçado pensar nisso. Sei lá. Tinha outra menina que eu falava pela internet, que também era mais velha, não sei se eu lembro o nome dela. Uma vez ela me chamou pra ir ao cinema. E ela estudava, ela já estava na faculdade. Era o cinema do Largo do Machado. Aí, eu fui ver assim, era um filme bem lésbico, sabe (risos). E eu fiquei assim, boladona, sabe. Boladona. E não aconteceu nada. Mas essa eu já acho que tinha alguma história, sabe?

Depois dessas aproximações com mulheres pela internet, Beatriz conta que, no período da faculdade, começou a namorar um rapaz, com quem tinha muitas afinidades. Foram mais de dois anos de relacionamento. Nesse período, também desenvolvia uma relação profunda de amizade com uma das colegas de faculdade. Conta como não compreendia por que se incomodava tanto com os namoros dessa amiga, ao que atribuía um "ciúmes de amiga". E narra um episódio que foi o divisor de águas em relação à sua autopercepção de sexualidade:

Beatriz: Aí a gente era tipo assim, era uma amizade tipo de escola, coladas, coladas, coladas. Um tempo depois, sei lá, ela foi. Um belo dia, a gente só fazia merda, né, nesse período, só fazia besteira. Aí um belo dia, a [amiga] sempre teve essa história dela com uns caras, umas histórias sempre muito estranhas, sempre uns caras muito estranhos. Aí, um belo dia, ela me liga de madrugada, eu tava em casa. Aí ela disse, "Bia, vamo pra Chapada amanhã". Eu falei: "quê?" Ela: é, porque o [namorado da amiga] apareceu [...] "ele me chamou pra viajar, e aí o primo dele vai, aí tu fica com o primo dele e eu fico com ele, vambora, não sei o quê". Aí eu falei: "não, tá doida? Não vou, não. Primeiro não tenho dinheiro, segundo que não é assim não. Não vou viajar amanhã". Aí, acabou que ela veio pra Chapada e voltou grávida [...] Então, nesse processo que ela ficou grávida e que ela ia se mudar, eu comecei a entrar em crise, em parafuso, comecei a sofrer muito com ela se mudar. E foi nesse período que eu comecei a me questionar: "velho, será que eu tô... que que tá rolando aqui, sabe?" E eu tentava falar, tipo na minha cabeça, né, construir o que eu conseguia relatar o que eu tava sentindo pra ela, e não conseguia. Não conseguia falar o que que era. Aí teve a despedida da [amiga], que foi lá em casa. O [namorado da amiga] foi. E aí, o [namorado da amiga] ficava me dando várias alfinetadas, sabe, e eu já tava puta que ele ia levar minha amiga embora, e eu não sabia como, tava com os sentimentos confusos. Ele sempre implicou comigo, sabe? E aí foi isso. Nesse período da história da [amiga], eu tava muito puta. E teve um dia que eu ia dormir na casa dela, eu desci prum boteco que a gente sempre ia ali, perto da casa dela, que tinha música e tal, eu fiquei lá. Tomando cerveja e pensando na vida. E aí tinha uma mulher muito sapatão, assim, sapatão, sapatão, sapatão. Pesado, sabe? Caminhoneiraça. Tocava violão lá. Aí eu falei: quer saber, eu vou conversar com essa mulher. Aí fiquei conversando, conversando, conversando, toma uma cerveja daqui. Aí quando ela tava indo embora, eu tinha que ir embora também, ela pegou e me deu um beijo. Assim, um selinho. Não foi um beijão não. Aí eu fiquei parada assim. Aí foi quando eu me liguei, né. Fudeu. Sabe? (riso) Aí, foi isso. A [amiga] se mudou pra cá e eu conheci minha primeira namorada pelo chat da uol.

Mesmo neste relato de sua primeira experiência lésbica, Beatriz deixa transparecer um certo distanciamento de si e o que poderia ser interpretado como a "lésbica ativa" – condenável em tempos do Santo Ofício pelo pecado da molície (como vimos no capítulo 2) – ao descrevê-la: "aí tinha uma mulher muito sapatão, assim, sapatão, sapatão, sapatão. Pesado, sabe? Caminhoneiraça. Tocava violão lá". Neste breve trecho é possível notar, mesmo após anos de se relacionar afetivo-sexualmente apenas com mulheres, o quão difícil é desvencilhar-se da lesbofobia internalizada.

De modo esquemático, Angelina Rojas apresentou uma interrelação do que ela nomeia como âmbitos e processos críticos relacionados à lesbofobia social e à lesbofobia internalizada, que reproduzimos a seguir:

Figura 18 - Processos críticos em vivências lésbicas

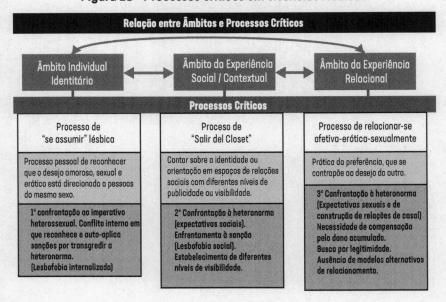

Fonte: ROJAS, 2009, p. 77 [tradução nossa]

Associado a este esquema de interrelação dos âmbitos individual-identitário, de experiência social-contextual e de experiência relacional, a partir de entrevistas realizadas com lésbicas chilenas, a autora apresenta um mapa de tensões aculumadas sobre as relações lésbicas em decorrência da lesbofobia social e da lesbofobia internalizada, que reproduzo a seguir:

Figura 19 - Tensões acumuladas sobre as relações lésbicas

Mapa de Tensões Acumuladas sobre a Relação

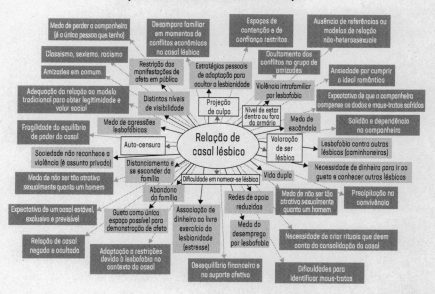

Fonte: ROJAS, 2009, p. 176 [tradução nossa]

6. CONCEITOS, TIPOS E MANIFESTAÇÕES DAS VIOLÊNCIAS

A Convenção Interamericana para Prevenir, Punir, Erradicar a Violência contra a Mulher – Convenção de Belém do Pará[103] define violência contra a mulher[104] como "qualquer ato ou conduta baseada no gênero, que cause morte, dano ou sofrimento físico, sexual ou psicológico à mulher, tanto na esfera pública como na esfera privada".

> A Convenção de Belém do Pará é o primeiro tratado específico sobre combater a violência contra a mulher, oriundo do continente sul-americano, e que está repercutindo de forma crucial em diversos países do globo terrestre. A América Latina é a região do mundo que mais avançou na criação de mecanismos sociojurídicos- legislativos para combater a violência contra a mulher. [...] A Convenção representa o avanço do desenvolvimento democrático, oferecendo instrumentos conceituais e legais para o combate das bases assimétricas de poder existentes nas estruturas sociais, assim como das formas de poder e discriminação contra as mulheres que se retroalimentam permanentemente. (BANDEIRA; ALMEIDA. 2015, p. 513)

A violência contra as mulheres é um tema cujos estudos acadêmicos iniciaram na década de 1970, especialmente nos Estados Unidos e na Inglaterra, quando e onde foram criadas as primeiras casas de abrigamento a mulheres em situação de violência. A maioria da literatura analisa o fenômeno da violência contra as mulheres sob uma perspectiva heteronormativa. Parte-se do pressuposto de que se tratam de relações entre homens e mulheres e que as agressões, em suas diversas formas, são decorrentes dessa desigualdade de gênero.

Considerado como um *continuum* da violência das mulheres por questões de gênero está o assassinato intencional – o feminicídio. Em

---

[103] A Convenção de Belém do Pará foi oriunda do 24º período ordinário de sessões da Assembleia Geral da Organização dos Estados Americanos (OEA), em Belém do Pará, Brasil, em 9 de junho de 1994. Dentre os países que ratificaram a Convenção estão Brasil (16/11/1995), Colômbia (10/03/1996) e México (19/06/1998). O Brasil internalizou este normativo internacional por meio do nº 1.973/1996; a Colômbia, pela Ley 248 de 1995; e o México pela Ley General de Aceso de las Mujeres a una Vida Libre de Violencia, de 1º de febrero de 2007.

[104] Utilizamos o termo "violência contra as mulheres", no plural, na busca de chamar atenção para a necessidade da não universalização das mulheres, levando em consideração suas diferenças em âmbito sócio-histórico- cultural.

uma análise de dados da Organização Mundial de Saúde (OMS) sobre 83 países, constatou-se que dentre os 10 países com os maiores índices de feminicídio, sete são da América Latina e Caribe, dentre eles Brasil, Colômbia e México.

Figura 20 - Feminicídio: ranking internacional

País	Ano	Taxa	Pos
El Salvador	2012	8,9	1º
Colômbia	2011	6,3	2º
Guatemala	2012	6,2	3º
Federação Russa	2011	5,3	4º
Brasil	2013	4,8	5º
México	2012	4,4	6º
Rep. da Moldávia	2013	3,3	7º
Suriname	2012	3,2	8º
Letônia	2012	3,1	9º
Porto Rico	2010	2,9	10º

Fonte: Mapa da Violência 2015 (WAISELFISZ, 2015)

As dinâmicas de violência são analisadas e explicadas a partir do contrato sexual (PATEMAN, 1993), por meio do qual é criado o direito político dos homens sobre as mulheres e no qual se baseia e justifica o acesso ao corpo das mulheres pelos homens. Soma-se ao contrato sexual, a análise, pela perspectiva de gênero heterossexual, do contrato conjugal:

> [O] contrato conjugal é construído, prioritariamente, sobre a sexualidade da mulher. De fato, não se contrata a fidelidade... O que se acerta, o que se pactua é o olhar masculino, que assegura ou não a respeitabilidade da companheira. Se não é diretamente sua fidelidade que é contratada, é o olhar masculino que outorga ou retira da mulher a sua respeitabilidade, isto é, o suposto de exercer uma sexualidade virtuosa modelar tal como a entende o marido. (MACHADO e MAGALHÃES Apud PEREIRA, 2016, p. 80)

O contrato conjugal descrito relaciona-se com o modelo da família nuclear monogâmica heterossexual, aliada às perspectivas da formação das estruturas elementares de parentesco heterossexual (LÉVI-STRAUSS, 2011) e a origem da família heterossexual e da propriedade propriedade privada (ENGELS, 2012), já abordadas em capítulo anterior.

A partir desta perspectiva da violência como um fenômeno derivado das desigualdades de gênero entre homens e mulheres e devido ao caráter vinculante da Convenção de Belém do Pará, foram publicados os marcos legislativos para o enfrentamento à violência contra as mulheres na América Latina e Caribe. Apresenta-se, a seguir, um quadro-resumo dessas legislações:[105]

Quadro 10 - Marcos legislativos para o enfrentamento à violência contra as mulheres na América Latina e Caribe

País	Ano	Legislação	Nome
Antígua e Barbuda	1999	Act 1999	Domestic Violence (Summary Proceedings) Act
Argentina	2009	Lei nº 24.485/2009	Ley de Protección Integral para Prevenir, Sancionar, y Erradicar la Violencia contra las Mujeres em los Ámbitos en que Desarrollen sus Relaciones Interpersonales
Bahamas	2007	Act 2007	Domestic Violence (Protection Orders) Act
Barbados	1993	Act 1993	Domestic Violence (Protection Orders) Act
Belize	2007	Act 2007	Domestic Violence Act
Bolívia	1995	Ley nº 1.674/1995	Ley contra la Violencia em Familia o Domestica
Brasil	2006	Lei nº 11.340/2006	Lei para Coibir a Violência Doméstica e Familiar contra a Mulher
Chile	2005	Ley nº 20.066/2005	Ley de Violencia Intrafamiliar
Colômbia	2008	Ley nº 1.257/2008	Ley de Sensibilización, Prevención y Sanción de Formas de Violencia y Discriminación contra las Mujeres
Costa Rica	2007	Ley nº 9.589/2007	Ley de Penalización de la Violencia contra las Mujeres
Cuba			
Dominica	2001	Act 2001	Protection against Domestic Violence Act
El Salvador	2011	Decreto nº 520/2011	Ley Especial Integral para uma Vida Libre de Violencia para las Mujeres

---

105 O quadro Marcos Legislativos para o Enfrentemanto à Violência contra as Mulheres na América Latina e Caribe foi formulado com base nas informações do Observatorio de Igualdade de Género de América Latina y el Caribe da Cepal - disponível em: https://oig.cepal.org/es/leyes/leyes-de-violencia - e no portal da Onu Mulheres Leis Caribenhas de Violência Baseada em Gênero – disponível em: https://caribbean.unwomen.org/es/caribbean-gender-portal/caribbean-gbv-law-portal.

País	Ano	Legislação	Nome
Equador	1995	Ley nº 103/1995	Ley contra la Violencia a la Mujer y la Familia
Granada	2010	Act 2010	Domestic Violence 2010
Guatemala	2008	Decreto Ley nº 22/2008	Ley contra el Femicidio y otras Formas de Violencia contra la Mujer
Guiana	1996	Act 1996	Domestic Violence Act
Haiti	2005	Décret 2005	Décret Modifiant le Régime des Agression Sexuelles et Éliminant em la Matière les Discriminations contre la Femme
Honduras	1997	Ley nº 132/1997	Ley contra la Violencia Domestica
Jamaica	1995	Act 1995	Domestic Violence Act
México	2007	Ley de 1º de febrero de 2007	Ley General de Aceso de las Mujeres a una Vida Libre de Violencia
Nicarágua	2012	Ley nº 779/2012	Ley Integral contra la Violencia hacia las Mujeres
Panamá	2013	Ley nº 82/2013	Ley de Prevención contra la Violencia em las Mujeres y Feminicidio
Paraguai	2000	Ley nº 1.600/2000	Ley contra la Violencia Domestica
Peru	1993	Ley nº 26.260/1993	Ley de Protección frente a la Violencia Familiar
Porto Rico	1989	Ley nº 54/1989	Ley de Prevención e Intervención con la Violencia Doméstica
República Dominicana	1997	Ley nº 24/1997	Ley de Violencia Domestica o Intrafamiliar
Santa Lúcia	1995	Act 1995	Domestic Violence (Summary Proceeding) Act
São Critóvão e Nevis	2010	Act 2010	Domestic Violence Act
São Vicente e Granadinas	1995	Act 1995	Domestic Violence (Summary Proceeding) Act
Suriname	2009	Wet 2009	Wet bestrijding huiselijk geweld (Lei de Combate à Violência Doméstica)
Trinidade e Tobago	1999	Act 1999	Domestic Violence Act
Uruguai[106]	2002	Ley nº 17.514/2002	Ley de Violencia Doméstica
Venezuela	1998	Ley de 3 de septiembre de 1998	Ley sobre la Violencia contra la Mujer y la Familia

Fonte: Elaboração própria para a pesquisa.

---

[106] Foi aprovada, no Uruguai, a Ley de Violencia hacia las Mujeres Basada en Genero (Ley nº 19.580/2018).

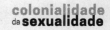

A partir do quadro acima, nota-se que a maioria (quase 80%) dos países Latino Americanos e Caribenhos adotou uma legislação sobre a temática da violência contra as mulheres durante a década de 1990 (38,23%) e 2000 (41,17%). Porto Rico foi o pioneiro, lançando a Ley nº 54, em 1989. Para uma melhor visuzualição da trajetória histórica da promulgação de leis de enfrentamento à violência contra as mulheres na América Latina e Caribe, adiante seguem dois mapas:

Figura 21 - Trajetória histórica da promulgação de leis de enfrentamento à violência contra as mulheres na América Latina e Caribe

Fonte: Elaboração própria para a pesquisa, com elaboração de mapa por Fernanda Nunes.

Figura 22 - Trajetória histórica da promulgação de leis de enfrentamento à violência contra as mulheres na América Latina e Caribe (foco)

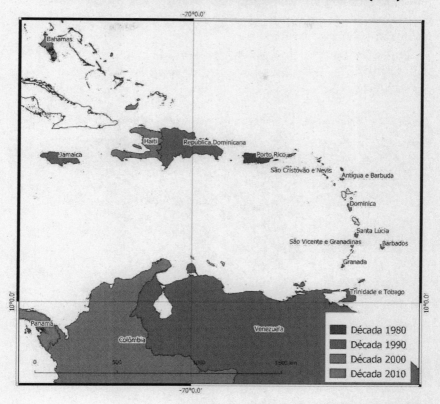

Fonte: Elaboração própria para a pesquisa, com elaboração de mapa por Fernanda Nunes.

Nota-se também que as legislações têm abrangência diferentes, sendo a maioria (cerca de 70%) voltada exclusivamente para violência doméstica e/ou (intra)familiar e a minoria (cerca de 30%) voltada para uma vida livre de violência ou o enfrentamento à violência contra as mulheres em diferentes âmbitos.

Estas são apenas algumas observações sobre semelhanças e diferenças das legislações latino-americanas e caribenhas relativas ao enfrentamento à violência contra as mulheres. Há uma lacuna ainda a ser preenchida nos estudos de gênero no que tange a análises comparativas desses marcos normativos e suas implicações nas vidas lésbicas do continente que pode vir a somar-se com os estudos exploratórios que vêm sendo desenvolvidos desde uma perspectiva heterocentrada (SA-

GOT, 2008; BANDEIRA e ALMEIDA, 2015; SILVA e GONÇALVES, 2016). Nesta pesquisa, contudo, me ative aos conceitos, tipologias, abrangência e previsões de prevenção e combate à violência contra as mulheres no Brasil, Colômbia e México.

No quadro a seguir, constam os conceitos de violência contra as mulheres utilizados na Convenção de Belém do Pará e nas legislações nacionais dos três países:

Quadro 11 - Conceitos de violência contra as mulheres no Brasil, Colômbia e México

O CONCEITO DE VIOLÊNCIA CONTRA AS MULHERES			
Convenção de Belém do Pará (Art. 1)	**Brasil Lei nº 11.340/2006 (Art. 5º)**	**Colômbia Ley nº 1.257/2007 (Art. 2º)**	**México LGAMVLV/ 2007 (Art. 5º)**
qualquer ato ou conduta baseada no gênero, que cause morte, dano ou sofrimento físico, sexual ou psicológico à mulher, tanto na esfera pública como na esfera privada.	qualquer ação ou omissão baseada no gênero que lhe cause morte, lesão, sofrimento físico, sexual ou psicológico e dano moral ou patrimonial. Parágrafo único: As relações pessoais enunciadas neste artigo independem de orientação sexual.	qualquer ação ou omissão que cause morte, dano ou sofrimento físico, sexual, psicológico, econômico ou patrimonial devido à sua condição de mulher, bem como ameaças de tais atos, coação ou privação arbitrária de liberdade, seja na esfera pública ou privada.	Qualquer ação ou omissão, com base no gênero, que cause dano ou sofrimento psicológico, físico, patrimonial, econômico, sexual, ou morte, tanto na esfera privada quanto na esfera pública.

Fonte: Elaboração própria para a pesquisa.

Observa-se que as três legislações conceitualizam de modo semelhante a violência como sendo uma ação ou omissão, de forma mais abrangente que a normativa internacional, que se restringe apenas ao ato ou conduta. Essas ações (ou omissões) causam "morte, dano ou sofrimento", de acordo com a normativa internacional, ao que segue a legislação colombiana. No caso do Brasil, modificou-se a terminologia dano por lesão; e, no caso mexicano, excluiu-se morte do conceito, mas a "violencia feminicida" está prevista no art. 21. Os âmbitos e as tipologias serão analisados comparativamente mais adiante neste capítulo. Por ora, destaca-se que Brasil e México, em consonância com a Convenção de Belém do Pará, adotaram a perspectiva de que se trata de uma violência baseada em gênero, diferentemente da perspectiva colombiana de que a violência ocorre por sua "condição de mulher".

Chama-se atenção para essa diferença, especialmente devido à conjuntura regional da atualidade em que a categoria social de gênero está sob ataque[107]. Apesar de a legislação brasileira de 2006 prever a violência baseada em gênero, quando da aprovação da Lei do Feminicídio (Lei nº 13.104/2015), em um impasse político que já dava a antever o golpe contra a presidenta Dilma Rousseff, que ocorreu em 2016, adotou-se a terminologia "condição do sexo femnino". A escolha pelas terminologias utilizadas demonstra o aumento das forças políticas de retrocesso à perspectiva essencialista da "condição de mulher" ou da "condição do sexo feminino".

Outra diferença na conceituação de violência contra as mulheres na legislação dos três países é o caso brasileiro, em que a intersecção com sexualidade está prevista, ao destacar em parágrafo único "as relações pessoais [...] independem de orientação sexual", desse modo, prevendo a violência familiar contra lésbicas ou a violência doméstica entre lésbicas. O Brasil, desse modo, foi o precursor regional na previsão legal do direito humano de uma vida livre de violência para lésbicas no âmbito doméstico e familiar. No quadro a seguir, ficam nítidas as diferentes perspectivas incluídas no âmbito legislativo dos três países no que tange ao direito de toda mulher a ser livre de violência.

---

[107] Utilizamos essa expressão em referência ao documentário *Gênero sob Ataque*, de 2018, dirigido pelo jornalista peruano Jerónimo Centurión, sobre campanhas anti-gênero no Brasil, Colômbia, Costa Rica e Peru. Disponível em: https://youtu.be/Aj3St_zUM7M.

Quadro 12 - Conceituando uma vida livre de violências no Brasil, Colômbia e México

Convenção de Belém do Pará (Art. 6)	Brasil Lei nº 11.340/2006 (Art. 2º)	Colômbia – Ley nº 1.257/2008	México Ley de 1º de febrero de 2007 (Art. 4º)
ser livre de todas as formas de discriminação • ser valorizada e educada livre de padrões estereotipados de comportamento e costumes sociais e culturais baseados em conceitos de inferioridade ou subordinação.	Toda mulher, independentemente de classe, raça, etnia, orientação sexual, renda, cultura, nível educacional, idade e religião, goza dos direitos fundamentais inerentes à pessoa humana, sendo-lhe asseguradas as oportunidades e facilidades para viver sem violência, preservar sua saúde física e mental e seu aperfeiçoamento moral, intelectual e social.	• uma vida livre de violência, tanto na esfera pública como na privada; • o exercício de direitos reconhecidos no ordenamento jurídico nacional e internacional • o acesso a procedimentos administrativos e judiciais para sua proteção e atenção; • a adoção das políticas públicas necessárias à sua concretização.	Os princípios norteadores para o acesso de todas as mulheres a uma vida livre de violência que deverão ser observados no desenvolvimento e execução das políticas públicas federais e locais são: a igualdade jurídica entre mulheres e homens; o respeito pela dignidade humana das mulheres; a não discriminação e a liberdade das mulheres.

Fonte: Elaboração própria para a pesquisa.

Como afirmado anteriormente, essas legislações – e os conceitos nelas apresentados – têm enfoque exclusivamente em gênero (ou condição de mulher, no caso colombiano). Mas não apenas os marcos legais, como ressalta a socióloga brasileira negra heterossexual Bruna Pereira, a maioria das pesquisas sobre violência doméstica no Brasil, não aborda a dimensão racial em sua interseccionalidade com a de gênero. Apenas 1% da literatura específica, publicada no país entre 1980 e 2006, considera as experiências das mulheres negras. (PEREIRA, 2016, P. 23)

Não foi o caminho seguido neste estudo indicar o percentual sobre a literatura específica no que tange às experiências das mulheres lésbicas em comparação com a literatura em geral. Acredita-se que a não quantificação não pode ser utilizada para negar uma realidade posta e notória. A experiência, seja por meio de revisão bibliográfica, seja por trabalhos desenvolvidos no âmbito profissional e no movimento social, demonstra que a dimensão da sexualidade, assim como a racial, em interseccionalidade com a de gênero, não é abordada em quase nenhuma das pesquisas sobre violência contra as mulheres, predominando a perspectiva heterocentrada.

Como afirmado no primeiro capítulo, o estudo de Bruna Pereira apresenta diversas e importantes pistas sobre como analisar violência doméstica de modo a considerar marcadores sociais para além do gênero. Analisa casos de violência contra mulheres negras em relacionamentos afrocentrados por meio de três subtemas: a experiência prévia de violência; a violência psicológica/moral; e as ações, reações e estratégias adotadas frente à situação de violência considerando os relatos obtidos nas entrevistas realizadas com mulheres negras heterossexuais que haviam passado por situações de violência exercida por homens negros. Analisa "cenários construídos pelas narrativas em busca de práticas, dinâmicas, representações, sentidos e significados que digam respeito simultaneamente à raça/cor e ao gênero, imiscuídos no fenômeno da violência." (PEREIRA, 2016, p. 15)

Ao fazer um percorrido sobre o histórico da construção dos estudos sobre "violência contra a mulher" e "violência de gênero", Bruna Pereira chama atenção para três mudanças significativas na transição entre os conceitos, das quais destacamos duas: a ampliação dos possíveis significados e a perspectiva em termos relacionais, que não se restringe a uma lógica "agressor" e "vítima". Sobre a primeira mudança, destaca-se:

> Muitos dos acontecimentos violentos que ocorrem no âmbito interpessoal – se não todos – são antecedidos por conflitos abrigados nos diferentes relacionamentos de gênero, que são relacionamentos que podem pôr em interação conflituosa não apenas homem e mulher, mas também mulher e mulher e homem e homem. (SUÁREZ; BANDEIRA *Apud* PEREIRA, 2016, P. 21)

A segunda mudança pode ser caracterizada pelo estudo pioneiro no Brasil, publicado no início da década de 1990, de autoria da antropóloga brasileira branca Maria Filomena Gregori, "Cenas e Queixas: um estudo sobre mulheres, relações violentas e a prática feminista" (1993), que teve influência para a substituição da expressão "mulheres vítimas de violência" para "mulheres em situação de violência". Para explicitar essa transição Bruna Pereira destaca que esta mudança:

> Teria o mérito de indicar uma diferenciação menos absoluta dos papéis de vítima e agressor e de sugerir um cenário mais rico do que simplesmente o do controle e da opressão masculinas. Além disso, ajudaria a chamar a atenção para o fato de a violência doméstica ser um processo muito mais complexo do que os episódios esporádicos de agressão física com que tem sido confundida. (SOARES *Apud* PEREIRA, 2016, p. 22)

Essas mudanças, como destaca a autora, são essenciais para a articulação das implicações do gênero com classe, raça e orientação sexual, visto que "se não podemos pedir ao marcador de gênero mais do que ele pode oferecer em termos de consequências teóricas, talvez estejamos deixando de explorar seus limites, ao deixar de explorar suas fronteiras, ou seja, suas afinidades e conflitos com outros marcadores sociais" (CORRÊA *Apud* PEREIRA, 2016, p. 110).

O primeiro estudo localizado sobre a temática da violência em relacionamentos lésbicos foi o livro *Naming the Violence: Speaking Out about Lesbian Battering*, de 1986, de autoria de Kerry Lobel e organizado no âmbito da Força Tarefa Lésbica da Coalizão Nacional contra Violência Doméstica (*Lesbian Task Force of the National Coalition Against Domestic Violence*) nos Estados Unidos. Neste livro, a partir do relato de lésbicas em situação de violência doméstica que estavam sendo atendidas pela organização, foram elaboradas algumas análises sobre as especificidades e semelhanças desse fenômeno com as demais manifestações de violência contra mulheres. Neste livro é apresentado o conceito-referência para violência doméstica em relações lésbicas: um "padrão de condutas violentas e coercitivas pelas quais uma lésbica busca controlar os pensamentos, as crenças ou a condutas de sua companheira ou castigá-la por resistir ao controle que quer exercer sobre ela." (HART, 1986, p. 173)

Na América Latina, esse fenômeno começou a ser tema de estudos acadêmicos a partir do início dos anos 2000. Foi realizada uma busca por produções acadêmicas, utilizando as palavras-chave "violência" + "lésbica", nas ferramentas *Periódicos Capes*, *Scielo* e *Google Acadêmico*, com o seguinte resultado[108]:

Quadro 13 - "Violência" + "Lésbicas" nas ferramentas de busca

Ferramenta de Busca	Nº de publicações
Periódicos Capes	309
Scielo	22
Google Acadêmico	638

Fonte: Elaboração própria para a pesquisa.

Utilizaram-se, inicialmente, dois critérios para seleção das publicações: i) terem sido produzidas na América Latina e Caribe e ii) temática sobre violência em casais do mesmo sexo (que incluíssem lésbicas). Foram identificadas 30 publicações. Por meio da leitura da bibliografia de cada

---

[108] A sistematização do quadro 13, com os resultados da busca foi realizada em 29 de janeiro de 2020.

uma dessas publicações, chegou-se ao total de 48 obras publicadas entre 2002 (data da primeira publicação sobre a temática na região[109]) e 2019.

Dentre as 48 produções acadêmicas, a maioria tinha como foco territorial de análise o Brasil (14), seguido do México (12) e do Chile (oito). As demais publicações referiam-se à Colômbia e a Porto Rico (três cada); e Costa Rica, El Salvador, Equador, Uruguai e Venezuela (uma cada).

Eram majoritariamente artigos (33), mas havia também monografias de graduação (oito), dissertação de mestrado (cinco) e tese de doutorado (duas). Quase a metade das produções eram do campo da psicologia (23), serviço social (seis), ciências sociais (cinco), direito (quatro), estudos de gênero (três) e também da bioética, marketing, segurança pública (uma cada).

Chamou atenção ser o campo da psicologia o que mais estuda o fenômeno. Atribui-se esse fato a dois fatores: o sofrimento ético-político causado pelas situações de violência e a tentativa de descolonizar o saber segundo o qual a não heterossexualidade é uma doença.

A pouca produção no campo das ciências sociais nos remete às perguntas feitas durante a banca do processo de seleção para entrada no doutorado (episódio narrado no capítulo 1) quanto à relevância do tema como um fenômeno social e se pode ser considerada uma questão de direitos humanos.

Há muitas barreiras da lesbofobia institucional a serem enfrentadas e lacunas a serem preenchidas para a descolonização da sexualidade no campo científico das ciências sociais latino-americano e caribenho.

A seguir, reproduz-se uma imagem referente às palavras-chaves dessas pesquisas:

---

[109] Trata-se do estudo comparado entre Venezuela e Estados Unidos, no âmbito do direito *A cross-national comparison of gay and lesbian domestic violence* (Burke, T.W., Jordan, M.L. & Owen, S.S., 2002)

Figura 23 - Palavras-chave das pesquisas latino-americanas e caribenhas sobre violência intragênero

Fonte: Elaboração própria para a pesquisa.

Foi realizada uma seleção, dentre as 48 publicações, daquelas que tratavam exclusivamente de violência em relacionamento entre mulheres, levando à identificação de 22 publicações sobre o tema na região, com as quais buscaremos dialogar ao longo deste e do próximo capítulo. As obras encontram-se sistematizadas no quadro a seguir:

Quadro 14 - Pesquisas latino-americanas e caribenhas sobre violência em relações lésbicas

Título	Autoria	Ano	País	Tipo de publicação	Campo científico
¡Con Las Valijas Afuera!. Un aporte para pensar el maltrato entre lesbianas	FLORES, Valeria	2004	Argentina	Artigo	Estudos de Gênero
La violencia doméstica y las necesidades de servicios relacionados de una muestra de mujeres lesbianas en Puerto Rico	FRANCO, S., MALAVÉ, S., & Toro-Alfonso, J.	2005	Porto Rico	Artigo	Psicologia

Título	Autoria	Ano	País	Tipo de publicação	Campo científico
Maltrato y violencia al interior de relaciones de parejas lesbianas "el segundo closet"	ROJAS MARÍN, Angelina	2009	Chile	Monografia de Graduação	Ciências Sociais
A Violência Doméstica Nas Relações Lésbicas: Realidades E Mitos	AVENA, Daniella Tebar	2010	Brasil	Artigo	Ciências Sociais
Intimidad y las Múltiples Manifestaciones de la Violencia Doméstica entre Mujeres Lesbianas	LOPEZ ORTIZ, Mabel; AYALA MORALES, Denisse	2011	Porto Rico	Artigo	Serviço Social
Interseções entre homossexualidade, família e violência: relações entre lésbicas na região de Campinas (SP)	SOUZA, Érica	2012	Brasil	Artigo	Ciências Sociais
Do lilás ao roxo: violências nos vínculos afetivo-sexuais entre mulheres	COSTA, Juliana	2013	Brasil	Dissertação de Mestrado	Psicologia
Percepções de lésbicas e não lésbicas sobre a possibilidade de aplicação da Lei Maria da Penha em casos de lesbofobia intrafamiliar e doméstica	NASCIMENTO SANTOS, Tatiana; ARAÚJO, Bruno; RABELLO, Luiza	2014	Brasil	Artigo	Estudos de Gênero
Violencia intragénero en parejas de lesbianas entre los 25 y 29 años	IBACACHE, HENSELEIT BACACHE, Rocio	2014	Chile	Monografia de Graduação	Psicologia
El no reconocimiento de los derechos humanos de las mujeres en casos de violencia intrafamiliar existente en las relaciones lésbicas en cuanto a la aplicación e interpretación de la ley contra la violencia intrafamiliar, en Soyapango durante el año 2012 a 2013	GARCÍA, M; PANAMEÑO, K y PORTILHO, C.	2014	El Salvador	Monografia de Graduação	Direito
Teias e tramas: performances, melancolia e violências em relacionamentos conjugais entre lésbicas	RABELO, José Orlando	2015	Brasil	Tese de Doutorado	Psicologia
La violencia no discrimina: relaciones lésbicas	PADILLA, Paulina	2015	México	Artigo	Psicologia
Expresiones y vivencias de violencia física y psicológica en parejas de mujeres homosexuales universitarias	RUIZ RAMÍREZ, Angélica; VALENCIA OVIEDO, Francisco	2016	Colômbia	Monografia de Graduação	Psicologia

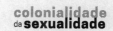

Título	Autoria	Ano	País	Tipo de publicação	Campo científico
A Lei Maria da Penha na Relação Conjugal Lésbica.	PINTO, Bruna Laís Silva.	2017	Brasil	Artigo	Direito
No todo son historias de reinas y princesas: aproximación a los manifestaciones de la violencia em parejas lésbicas	GRANADOS, Kimberly	2017	Costa Rica	Monografia de Graduação	Serviço Social
La violencia en parejas de mujeres ¿Una cuestión de educación?	GAONA, María Ángeles	2017	México	Artigo	Estudos de Gênero
Violência em relações homoafetivas femininas: estatísticas invisíveis	MELATO, F.A.	2018	Brasil	Artigo	Bioética
Violência Doméstica nas Relações Lésbicas: Registros da Invisibilidade	ALENCAR, Renato; RAMOS, Edson; RAMOS, Maely	2018	Brasil	Artigo	Segurança Pública
Violência "machista" da mulher e Lei Maria da Penha: mulher bate em homem e em outra mulher.	GOMES, Luiz Flávio.	2018	Brasil	Artigo	Direito
Violência conjugal lésbica: relatos de assistentes sociais que atendem mulheres na cidade de Niterói	SANTOS, Nathaliê Cristo Ribeiro dos; FREITAS, Rita and CEARA-SILVA, Glauber Lucas	2019	Brasil	Artigo	Ciências Sociais
Violencia entre Parejas Lésbicas: una aproximación a los significados de mujeres lesbianas	PONCE PÉREZ, Ivanne	2019	Chile	Monografia de Graduação	Serviço Social
Experiencias de violencia en una relación de pareja conformada por mujeres	ALVARADO, Maria del Rosário	2019	México	Dissertação de Mestrado	Psicologia

Fonte: Elaboração própria para a pesquisa.

Algumas publicações sobre a temática (TRON, 2004; RUIZ AGUILAR e VALENCIA TOLEDANO, 2019) não foram localizadas por essas ferramentas de busca. O acesso a elas se deu por meio de indicação durante a pesquisa de encontro e foram incorporadas às referências desta pesquisa.

Ademais dos trabalhos acadêmicos, são de referência teórica fundamental desta tese os projetos realizados, ao longo da última década, pela Corporación Femm, pela Coturno de Vênus e por El Clóset de Sor Joana sobre a temática, visto que a produção de conhecimento realizado por essas organizações trazem um embasamento desde a epistemologia lesbofeminista e também trazem aspectos relevantes das realidades de Bogotá, de Brasília e da Cidade do México, onde foram realizadas as pesquisas que embasam esses trabalhos.

Os projetos tinham objetivos e formatos distintos: obter dados sobre o conhecimento da sociedade sobre a aplibicabilidade da legislação de enfrentamento à violência contra as mulheres nos casos de violência contra lésbicas, em Brasília; a produção de informativos para agentes do Estado de modo a contribuir no atendimento às lésbicas em situação de violência, na Cidade do México; e caracterizar a violência em relacionamentos lésbicos, apresentar propostas de transformação e indicar redes de atendimento para esses casos, em Bogotá. Os objetivos e formatos dos projetos não permitem que seja feita uma análise comparativa entre os resultados obtidos nas distintas cidades. Apresentam, por outro lado, a importância de diferentes abordagens sobre a temática. A seguir, é feita uma breve apresentação dos projetos.

Entre os anos de 2010 e 2011, a Coturno de Vênus realizou o projeto *Lei Maria da Penha para todas: lésbicas em ação para cidadania, protagonismo e direitos humanos*, voltado para formações sobre a temática de lésbicas e Lei Maria da Penha (LMP) a integrantes de movimentos sociais, trabalhadoras do Disque Denúncia de Direitos Humanos (Disque 100) e de Violência contra as Mulheres (Disque 180), estudantes e professoras/es da rede pública de ensino. Além dessas formações, foi realizada uma pesquisa qualitativa com mais de 2.000 mulheres, lésbicas, bissexuais e heterossexuais, do Distrito Federal, acerca de seus conhecimentos sobre a aplicabilidade da LMP em casos de violências contra lésbicas, fossem elas em contextos domésticos ou intrafamiliares.

De acordo com os resultados da pesquisa, 44,2% das lésbicas entrevistadas tinham conhecimento da aplicabilidade da LMP em casos de violência doméstica e intrafamiliar contra lésbicas (percentual superior ao de bissexuais, 42,7%; e de heterossexuais, 35,2%). Quanto ao conhecimento ("ouviu falar") de algum caso de lésbica que havia sofrido violência, este percentual aumenta consideravelmente para 66% das lésbicas entrevistadas (percentual inferior ao de bissexuais respondentes, 71,9%; e superior ao de heterossexuais, 34,6%).

Com base nesses dados, as pesquisadoras brasileiras Tatiana Nascimento dos Santos, Bruna Pinheiro de Araújo e Luiza Rocha Rabello chegaram a três conclusões: i) o maior conhecimento da aplicabilidade da LMP para lésbicas está relacionado à formação individual e compartilhada em espaços de lesbianidade; ii) esse maior conhecimento pelas lésbicas também está relacionado à predominante divulgação da legislação associada aos casais heterossexuais, dificultando o enfrentamento à lesbofobia; iii) faz-se necessária a articulação entre movimentos sociais para a compreensão de que lésbicas são sujeitos de direitos humanos, com direito a uma vida livre de violências.

O *Decálogo para personas funcionarias y profesionales de la salud que atenden a víctimas de violência em parejas lésbicas*, publicado por El Clóset de Sor Juana, em 2018[110], por seu turno, como o próprio título já indica, é uma cartilha voltada para agentes do Estado mexicano que atuam na rede de atendimento, e desse modo, será abordado com maior detalhamento no próximo capítulo.

A *Es momento de: Investigación: Violencias al Interior y Hacia Parejas Conformadas por Mujeres* foi realizada pela Corporación Femm, em 2015, por meio de dois instrumentos de pesquisa: um formulário anônimo disponibilizado por dois meses em uma página da internet criada para a pesquisa e 26 entrevistas em profundidade com mulheres que estavam ou haviam estado em relações erótico-afetivas com outras mulheres, selecionadas por meio da metodologia bola de neve[111]. Para a formulação dos instrumentos de pesquisa, foi realizada uma atividade

---

[110] Tive a honra de apresentar, junto com Paulina Padilla, o *Decálogo* em seu lançamento, na Cidade do México, em 27 de novembro de 2018. Pelo convite, pelo encontro e pelas partilhas, novamente, agradeço a Josefina Valencia e à autora deste material, Brenda Sandoval.

[111] A metodologia bola de neve pode ser definida como "uma forma de amostra não probabilística, que utiliza cadeias de referência. [...] A execução da amostragem em bola de neve se constrói da seguinte maneira: para o pontapé inicial, lança-se mão de documentos e/ou informantes-chaves, nomeados como sementes, a fim de localizar algumas pessoas com o perfil necessário para a pesquisa, dentro da população geral. [...] Em seguida, solicita-se que as pessoas indicadas pelas sementes indiquem novos contatos com as características desejadas, a partir de sua própria rede pessoal, e assim sucessivamente e, dessa forma, o quadro de amostragem pode crescer a cada entrevista, caso seja do interesse do pesquisador. Eventualmente o quadro de amostragem torna-se saturado, ou seja, não há novos nomes oferecidos ou os nomes encontrados não trazem informações novas ao quadro de análise. (VINUTO, 2014, p. 203)

aberta a mulheres não heterossexuais de Bogotá, o "Café-conversatório", na qual se propunha uma "metodologia criativa que envolvia a construção de narrativas através da experiência própria e das mulheres conhecidas próximas". (CORPORACIÓN FEMM, 2015, p. 8-9)

A pesquisa foi norteada por quatro objetivos: reconhecer as situações consideradas violentas, seus contextos e motivações; identificar vivências dolorosas e tristes relacionadas ao ideal de amor romântico; identificar propostas de transformações para essas relações que superem as dificuldades derivadas do aprendizado do amor romântico; caracterizar as redes de atenção à violência pública e privadas em Bogotá.

Destaca-se que a pesquisa não se restringia a relacionamentos lésbicos, mas a qualquer relacionamento afetivo-sexual entre mulheres. Outro ponto relevante sobre o título da pesquisa é que se enfatiza o caráter de violência no interior (ou seja, que pode ser caracterizada como violência doméstica) e contra os casais de mulheres, visto que a Corporación Femm defende, assim como pode ser percebido a partir dos relatos das interlocutoras desta pesquisa, que as estruturas nas quais estão inseridas as violência contra as mulheres não heterossexuais – aqui definido como colonialidade da sexualidade – têm fortes implicações no fenômeno de violência no "interior do casal".

> Em um panorama no qual parece que, aos olhos da sociedade em geral, somente as mulheres heterossexuais sofrem violência por parte de seus companheiros, assim as relações afetivo-sexuais entre mulheres são ignoradas e uma quantidade importante de mulheres não têm onde buscar apoio nem sabe como lidar com a situação quando está passando por uma experiência violenta com sua companheira mulher. Nossas experiências de vida, como as de amigas, conhecidas, irmãs e companheiras sinalizam que por sermos lésbicas, feministas ou ativas politicamente não estamos isentas de reproduzir maneiras tóxicas de amar, que acabam por minar nossas vidas de forma voraz. (CORPORACIÓN FEMM, 2015, p. 7)

6.1. DEBATES SOBRE CONCEITOS, TIPOS E MENSURAÇÃO DA VIOLÊNCIA

Ao longo dos diversos encontros, percebeu-se uma amplitude de referências para o que era concebido como violência em relacionamentos lésbicos. Nas rodas de conversa, organizadas pela Musas de Metal e pela Nuestra Voz, em novembro de 2019, ambas no México, por exemplo, foram elencadas diversas situações como experiências de violência. Esses relatos geraram o questionamento sobre as possíveis implicações da flexibilização do conceito de violência.

Qualquer comportamento que gere desconforto é uma violência? Há diferenças entre relacionamentos tóxicos, abusivos e violentos? Caso haja, seriam todas essas formas e manifestações de violência? Quem poderia classificar e tipificar o que é violência? Quais seriam as motivações dessa tipificação? A tipificação e a classificação, mesmo que não exaustivas, levariam a uma hierarquização entre os tipos de violência? Quais seriam as correlações entre essas tipificações e o papel do Estado para prevenção e punição dessas violências? Quais seriam também a correlação e o papel dos movimentos sociais diante desse fenômeno? Sobre os distintos papéis, nos debruçaremos no capítulo a seguir; neste capítulo objetiva-se o debate, com legislações, produções acadêmicas, produções de movimentos sociais, relatos e percepções das organizações e das entrevistadas interlocutoras desta pesquisa.

Esses mesmos questionamentos perpassaram as companheiras da Corporación Femm, que, em sua pesquisa, resolveram por descrever as manifestações de violência a partir do que as interlocutoras entendiam por violência, sem se aterem a "classificações hegemônicas" de violência, pois "creemos que en la cotidianidad tales distinciones no son más que un recurso analítico y separan dimensiones integrales de la vida, dejando sin lugar a las mujeres que no narran su experiencia en estos contenedores o leyendo sus vivencias de manera arbitraria bajo este crisol" (CORPORACIÓN FEMM, 2015, p. 12), por isso buscaram analisar a:

> relação entre dor e relações erótico-afetivas, a fim de mostrar como, mesmo sem serem reconhecidas como violentas, essas realidades afetam a vida das mulheres. Pensar em momentos dolorosos contribui para a compreensão do termo violência, pois dá pistas do porquê de sua naturalização. Mas, por outro lado, esta relação dor-"amor" indica que, se quisermos incluir momentos dolorosos no termo violência, este conceito deve perder a sua carga de sinalização e deve ser localizado para além da relação vítima-vitimador para pensar a violência como algo que Constitui relações erótico-afetivas e é uma responsabilidade ética em constante construção. (FEMM CORPORATION, 2015, p. 23)

Por meio dessa perspectiva, apontam que é de grande importância partir das histórias de vida individuais, visto que estão atreladas ao que é sentido e nomeado como momentos dolorosos e que são elas também que apresentam as pistas para as reações diante das situações de violência e que permitem os aprendizados que podem ser compartilhados com outras, como forma de contribuição para uma ética lesbofeminista em relacionamentos afetivos sexuais entre mulheres. É a partir desse olhar, e considerando nossas semelhanças e diferenças, que nossas pesquisas, nossos trabalhos e nossas atuações nos movimentos sociais se encontram e se potencializam.

Se por um lado percebe-se essa ampliação no que é compreendido como violência, também foi percebida uma restrição nesse entendimento, relacionando-o somente quando alguma dor ou sofrimento é causado por intencionalidade, quando a agressão é usada para fins de controle e poder.

> Para que uma lésbica opte por maltratar sua companheira, ela deve chegar à conclusão de que:
> Ele tem o direito de controlar sua companheira e a obrigação dela é se submeter.
> A violência é algo permissível. (Ela pode chegar a pensar que é uma pessoa ética/moral mesmo que opte por ser violenta com sua companheira).
> A violência produzirá os efeitos desejados ou minimizará a possibilidade de que ocorram mais eventos negativos.
> A violência não vai colocar a si mesma em perigo. Ou seja, não sofrerá danos físicos, nem consequências pessoais, jurídicas ou econômicas que sejam superiores aos benefícios que a violência lhe permite alcançar. (HART, 1986, p. 183)

A professora, doutora em psicologia portorriquenha negra Leonor Cantera (*Apud* MARÍN ROJAS, 2009, p. 27) diferencia conflito, abuso e violência segundo origem, estratégia e finalidade de cada um deles. Para a autora, um conflito decorre do antagonismo de interesses, valores, intenções, aspirações ou expectativas, que pode gerar uma "discussão" em busca de uma solução aceitável para ambas as partes. O abuso é uma estratégia para atingir uma finalidade determinada e está relacionado a hostilidade, agressão e violência. Segundo a autora, hostilidade é a atitude e a intenção de agir causando dano ou prejuízo, enquanto agressão é um comportamento com o fim de causar dano a alguém. A violência, para a autora, é uma ação de caráter hostil, com intenção de causar dano, pode ser física, psicológica, econômica e simbólica.

Intencionalidade e desejo de controle e poder, conforme definição já apresentada de Hart (1986), coincidem com a definição apresentada pela participante da pesquisa Anna ao analisar a diferença entre os episódios de agressões físicas entre a primeira e a segunda companheira, cujos relacionamentos contou ao longo da entrevista:

> Anna – Bogotá – 33 anos – raça/etnia: "europeia desconstruída" – expressão de gênero: feminina às vezes – nível de renda médio

Anna: Isso foi, não sei, uma explosão de violência, mas não sei, mas é que somos violentos e violentas, quer dizer, eu tenho visto isso ao meu redor e a gente tende a resolver as coisas, ou seja, como essa raiva que sentimos e é comum, quer dizer, acho que todas as minhas amigas já tiveram algum episódio de violência com um alguma de suas companheiras e acho que é cultural de verdade.
Cláudia: Podes falar mais sobre isso?
Anna: é assim que a gente aprende essa forma de se relacionar, que quando não sobra mais nada, a gente recorre à violência, então é uma coisa que a gente sempre usa nas relações de amizade, nas relações familiares, ou seja, a gente aprende que quando não nos dão atenção, a gente bate, ou seja, a gente faz com criança, com bicho, sim, e a gente faz com adulto também e de alguma forma, quando eu vi a [Companheira 2] me bater foi como dizer, sim, quer dizer depois de dois anos, você resolve o problema que a gente tem me batendo e é uma coisa aprendida, não acho que ela estava fazendo isso para me controlar ou mesmo para me punir, ela estava desabafando, sim, e acho que é uma questão que se aprende, que se aprende desde criança, porque você aprende que quando você não escuta seu pai ele bate em você, que quando alguém te ignora, você bate e, no final, a gente reproduz isso sistematicamente, então eu não acho que a[Companheira 2] e a [Companheira1] fossem loucas, é louca que tento dizer, acho que ela [Companheira 2] chegou ao limite de não saber como processar a própria frustração, a própria raiva e aí ela começou com isso e [Companheira 1] eu acho que foi uma forma de controle, de abuso: "como você não faz isso?" Eu descarrego em você e você é minha."

Além dos questionamentos acerca do conceito de violência contra as mulheres para relacionamentos lésbicos, a tipologia da violência utilizada também foi questionada. Como demonstram os relatos das interlocutoras desta pesquisa, mesmo que, para fins analíticos e de políticas públicas, seja necessária a tipificação das violências, é preciso atentar para que, na realidade cotidiana, essa separação muitas vezes não existe e que os diferentes tipos de violência são exercidos e vivenciados de forma articulada e imbricada. As narrativas das interlocutoras da Corporación Femm indicam:

> Há uma apropriação de categorias hegemônicas para nomear a violência e compreendê-la separadamente nesses quatro tipos. Contudo, as narrativas das mulheres entrevistadas apontam que, na prática e nas suas vivências dentro dos relacionamentos, não existe tal separação da violência, e que a violência psicológica também aparece na violência sexual, econômica e física; Porque cada vez que um ato violento é cometido, há uma consequência direta na emoção e na mentalidade das pessoas. O mesmo acontece com a violência psicológica, ela tem implicações físicas no corpo mesmo que não tenha sido exercida diretamente com golpes no corpo; muitas mulheres afirmaram que adoeceram devido aos problemas que tinham dentro do casal, foram gerados problemas de depressão, perda de peso, transtornos,

entre outras consequências negativas, além de que a esfera psíquica não poder ter existência fora do corpo, então sim, o psicológico tem impacto no físico. (CORPORACIÓN FEMM, 2015, p. 21-22)

Portanto, além das "tipologias hegemônicas" da violência de gênero – psicológica, física, sexual e econômica – a Corporación Femm adotou as tipologias da "violência da palavra" e da "violência romântica". Ademais, diferenciaram violência de "momentos dolorosos, malucos y tristes", que definem como "vivencias problemáticas, incómodas, tristes, decepcionantes, frustrantes y desbordantes de las relaciones erótico afectivas que no son nombradas como violencia", que estão relacionados a fatores relativos a classe, à norma heterossexual e à emocionalidade.

Apontam que fatores relativos à norma heterossexual, como os privilégios da heterossexualidade e da heteronorma (CORPORACIÓN FEMM, 2015, p. 28), têm implicações nesses momentos nomeados como "dolorosos, malucos y tristes", em três níveis: com a adoção de papéis de gêneros binários de dominante e provedora e reprodutora e cuidadora; a marginalização e rechaço de mulheres "masculinizadas"[112], as implicações da lesbofobia social e internalizada. Como fatores de emocionalidade, apontam aqueles que afetam de maneira integral a vida, dando enfoque não apenas ao ato em si, mas ao significado do ato para cada uma.

Apesar de reconhecer a relevância do debate sobre conceitos e tipologias da diferença, nesta pesquisa, diferentemente da escolha das colombianas, utilizamos as tipologias previstas nos tratados internacionais e nas legislações nacionais. Esta escolha motivou-se pelo interesse em poder facilitar possíveis pesquisas futuras, própria e de outras, que possam comparar os fenômenos nos relacionamentos heterossexuais e nos lésbicos e contribuir para produção de conhecimento, facilitação de diálogo e percepção de diferenças entre movimentos feministas heterossexuais e lésbicos, e subsídios para elaboração de políticas públicas não universalistas, mas que levem em consideração as diferenças calcadas na colonialidade da sexualidade. Desse modo, a análise sobre as manifestações de violência em relacionamentos lésbicos se dará em diálogo com as tipologias apresentadas a seguir:

---

[112] O questionamento ao conceito de "masculinidade feminina" foi apresentado no Capítulo 3.

Quadro 15 - Tipos de violência contra as mulheres previstas nas leis brasileira, colombiana e mexicana

Convenção de Belém do Pará (art 2)	Brasil Lei nº 11.340/2006 (Art. 7º)	Colômbia Ley nº 1.257/2008 (Art. 2º)	México Ley de 1º de febrero de 2007 (Art. 4º)
Física Psicológica Sexual	Física Moral Patrimonial Psicológica Sexual	Econômica Física Patrimonial Psicológica Sexual	Econômica Física Patrimonial Psicológica Sexual

Fonte: Elaboração própria para a pesquisa.

A adoção das tipologias previstas nas legislações não implica na hierarquização entre elas[113][114]. Não é possível precisar, por exemplo, que uma manifestação de violência física (seja um tapa ou um soco) seja mais grave ou cause mais danos que a de violência psicológica. Ademais, essa perspectiva pode causar uma dificuldade de identificação das manifestações de violência quando não físicas, como relataram Anna e Beatriz:

Beatriz – Brasília – 35 anos – raça/etnia: socialmente parda – expressão de gênero: não se aplica - nível de renda médio
Beatriz: Eu fico viajando um pouco nessa história de o que é classificável como violência, comportamentos violentos. Porque acho que tem várias ondas, né? Pra mim, pensando, a agressão física é o auge. Tem várias outras coisas que também poderiam ser classificadas, né, como violência.

Anna – Bogotá – 33 anos – raça/etnia: "europeia desconstruída" – expressão de gênero: feminina às vezes – nível de renda médio
Anna: a gravidade é a mesma, porque atacar uma pessoa assim não seja fisicamente, isso para mim é... Principalmente uma pessoa que você ama, que bem, no final todos nós machucamos as pessoas que amamos de alguma forma, o que é muito complicado de mensurar, mas não é a mesma coisa, e agressão não é a mesma coisa que algo que não é agressão. E o físico, o físico é, porque os ataques psicológicos são muito mais, ou seja, a pessoa não percebe, ou seja, você está discutindo e alguém te insulta e bem, sim, encontra-se no meio da raiva, mas sim, alguém bate em você e é como: O que aconteceu? Ou seja, é integridade física, que não sei o que é

---

[113] Agradeço pela reflexão conjunta com a companheira e amiga cujo o encontro foi fundamental nesta (e para além dela) pesquisa, a militante e pesquisadora negra bissexual Keka Bagno.

[114] Tampouco reflete uma incorporação acrítica dessas normativas. Como debatido ao longo desta tese, e a partir da noção de Nação Heterossexual, de Ochy Curiel, o Estado reflete o pacto social da heterossexualidade. A partir dos diálogos com as colaboradoras desta pesquisa, é possível perceber as nuances, falhas e possíveis fissuras para transformação por dentro do sistema. No Capítulo 7, debate-se essas limitações do papel do Estado no enfrentamento à violência em relacionamentos lésbicos e outras possíveis alternativas.

pior, porque pelo menos quando te batem você sabe que estão te atacando, mas se não te bateram você não fica tão consciente e esses ataques às vezes são muito piores para as pessoas, acredito que não tenha vivido tanto isso.

Tampouco é possível definir que haja um escalonamento linear entre as manifestações de violência. Nesse sentido, aponta-se um olhar crítico sobre a ferramenta violentômetro[115]. Em que pese ser um importante instrumento para identificar as manifestações de violência, ele apresenta uma hierarquização e um sentido linear dessas manifestações, que não necessariamente ocorrem nessa linearidade. A seguir apresenta-se um violentômetro voltado para relações entre mulheres elaborado na América Latina e Caribe.

---

[115] O violentrômetro é uma ferramenta que "permite identificar a violência, o grau de periculosidade e a potencialidade de aumento". (EL CLÓSET DE SOR JUANA, 2018)

Figura 24 - Violentômetro

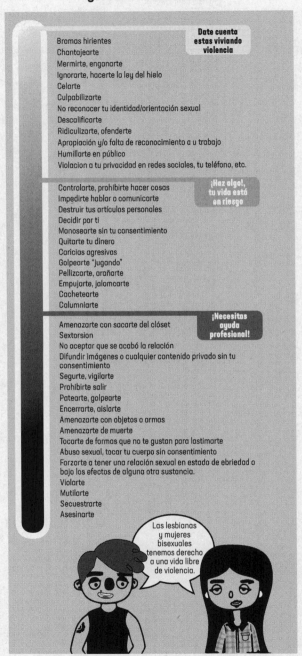

Fonte: El Clóset de Sor Juana, 2019

Como alternativa ao violentrômeto, sugere-se a ferramenta "Engrenagens da Violência", de modo a evidenciar a não hierarquização e não linearidade obrigatória entre os diversos tipos de violência e, ao mesmo tempo, possibilitar a identificação e possível correlação entre as distintas manifestações de violência.

Figura 25 - Engrenagens da Violência

ENGRENAGENS DA VIOLÊNCIA

Tocar no corpo sem consentimento carícias agressivas sem consentimento, extorsão sexual, pornovingança, abuso sexual, forçar a ter relações sexual

SEXUAL

FÍSICA

ECONÔMICA

Negar acesso a mercado de trabalho e educação, negar acesso a recursos financeiros, negar participação nas decisões Financeiras do casal

Bater "brincando" beliscar arranhar, empurrar, dar soco chutar morder, ameaçar com objetos ou armas, jogar objetos, ameaçar de morte sufocar, queimar, matar

PSICOLÓGICA

Piadas irritantes, chantagem, humilhação, isolamento monitoramento das atividades e interações sociais, ofensas tratamento de silencio (lei do gelo), ciúmes excessivos, ameaçar suicídio no contexto de término caluniar discussões intermináveis (lesbian drama), privação do sono, não reconhecer identidade/orientação sexual, tirar ou ameaçar "tirar de armário"

Fonte: Elaboração própria para a pesquisa.

Esta ferramenta pode ser útil para a análise e olhar aproximado dos relatos das colaboradoras sobre as violências vividas. Antes, porém, serão abordados alguns mitos sobre violência nos relacionamentos lésbicos.

6.2. MITOS SOBRE RELACIONAMENTOS LÉSBICOS

A literatura aponta para as dificuldades de reconhecimento das violências em relacionamentos lésbicos como o problema do "segundo armário". Ou seja, se em um primeiro momento, majoritariamente, lésbicas se deparam com os desafios referentes à lesbofobia familiar e internalizada para tornarem públicas suas identidades sexuais, em um segundo, deparam-se com os receios de reconhecer, nomear e comunicar as violências vivenciadas no âmbito das relações lésbicas, configurando este o "segundo armário".

As dificuldades de reconhecer, nomear e comunicar esse fenômeno social está associado ao que a então coordenadora do Programa Desalambrando[116], na Argentina, Fabiana Tron (2004) identificou como os dois mitos que invisibilizam e dificultam o diálogo sobre violência em relacionamentos lésbicos. O primeiro deles é de que mulheres não são violentas, em decorrência da atribuição de força, poder e violência exclusivamente ao gênero masculino, e da delicadeza, obediência e submissão exclusivamente ao gênero feminino. Dito de outro modo, esse mito refere-se à compreensão binária dos papéis e atribuições de gênero e suas implicações nas dinâmicas de violência doméstica heterossexuais e leva à conclusão de que entre mulheres são estabelecidas relações compreensivas e igualitárias. Sobre as implicações desse mito em sua vivência, Beatriz comenta:

> Beatriz – Brasília – 35 anos – raça/etnia: socialmente parda – expressão de gênero: não se aplica - nível de renda médio
> **Beatriz**: Eu acho que uma das coisas que fez doer muito nessa história foi ter sido com uma mulher, sabe? Eu acho que eu parto de um certo princípio que esse tipo de postura, e eu já fiquei, eu já namorei um cara bem babaca, durou pouco também, mas eu consigo falar: "Ah, beleza, macho é escroto mesmo. Normal". Não deveria ser, né? Mas isso acontece o tempo todo. Mas, uma mulher fazer isso, eu acho que isso que me deixou com esse pensamento fixo, assim, que eu não esperava.

Zami também comentou que tinha essa perspectiva à qual associou a falta de informação, e à idealização e romantização das relações lésbicas:

> Zami – Brasília – 29 anos – raça/etnia: negra –expressão de gênero: não se aplica – nível de renda alto
> **Zami**: eu acho que se tivesse informação, já seria um grande passo. Porque eu daria nome pra isso, eu entenderia que é uma violência. E é uma questão que, em relacionamentos entre mulheres, é muito idealizado. Tipo:

---

[116] Desalambrando foi um programa, e posteriormente uma ONG, entre os anos 2004 e 2012, que "fue pionero en Argentina en prevención, capacitación, asistencia e investigación sobre violencia/maltrato en relaciones sexo-erótico-afectivas entre lesbianas, y en visibilizar el papel que juegan al respecto las formas de violencia y producción de subjetividad patriarcales, heteronormativas y, en particular, lesbofóbicas. El programa tuvo como antecedente el trabajo realizado en Lesbianas a la Vista (grupo de activismo lésbico entre los años 1995 y 2001 en Bs. As.) donde se empezó a hablar del tema maltrato". Informações disponíveis em: https://www.topia.com.ar/articulos/cuando-hay-maltrato-relaciones-amorosassexuales-lesbianas

"Você tá com uma mulher, nossa!" Isso é uma coisa que dizem, ainda mais as hétero, elas dizem: "Nossa, você é sortuda, não tem que lidar com homem". Véi, homens foram violentos comigo a minha vida inteira, eu não preciso estar me relacionando com um pra sofrer essa violência. Mas, pra além disso, tem uma parte perversa que é de romantizar muito mais as relações lésbicas. Muito, muito. Então, pra você entender que você tá num rolê de violência psicológica... Se ela for física, ainda assim você contesta se foi uma violência mesmo. É um grande processo. Acho que se eu soubesse, se eu conhecesse disso, acho que seria algo que me ajudaria.

Associado a este primeiro mito, ainda segundo Fabiana Tron, encontra-se o de que "somente as lésbicas masculinizadas são violentas", atribuindo ao fenômeno da violência em relações lésbicas a mera reprodução da violência doméstica heterossexual com base na concepção de que papéis de gênero e expressões de gênero são equivalentes[117]. Corroborando, em certa medida, com este primeiro mito e afastando-se do segundo mito, que veremos a seguir, a antropóloga brasileira branca lésbica Andrea Lacombe, a partir de uma pesquisa etnográfica feita com lésbicas não femininas, frequentadoras de um bar no subúrbio do Rio de Janeiro, afirmou:

> Existe em certos discursos do ativismo lesbo-feminista a idéia de que o amor lésbico está regido pelos signos da simetria e da igualdade manifestos na suposta ausência de papéis ativos e passivos nos relacionamentos erótico-afetivos [...]. Acho necessário assinalar que esses discursos excluem deste ideal outras formas de relacionamentos entre mulheres, onde a igualdade não é o objetivo, como, por exemplo, nas relações butch/femme (hipermasculinas com hiperfemininas) consideradas, por esse mesmo ativismo, como politicamente incorretas. (LACOMBE, 2007, p. 218)

Apesar que em algumas situações de violência em relacionamentos lésbicos a "mais masculina" seja quem exerça violência, pelos estudos já realizado ao qual este se soma, não se pode naturalizar um papel violento às lésbicas que tenham uma expressão de gênero que, desde a colonialidade da sexualidade e de gênero, são percebidas como masculinas. Não se pode perceber qualquer tipo de associação entre a expressão de gênero e a prática de atos violentos nas relações entre mulheres.

O segundo mito refere-se a, quando há o reconhecimento de violência doméstica no âmbito de relações lésbicas, é considerada uma violência mútua, com semelhantes níveis de responsabilidade, agressão e dano sofrido para ambas as partes. Como afirma Hart (1986, p. 184):

---

[117] O debate sobre papéis de gênero e expressão de gênero foi abordado no capítulo 3.

"A ideia de que a violência física entre lésbicas é geralmente uma luta em que ambas as partes intervêm é falsa e coloca as lésbicas vítimas de abuso em grave perigo". Alguns relatos do próximo capítulo demonstram como esse mito foi vivenciado após denunciar as violências sofridas à polícia.

Mesmo descartando o mito de violência mútua entre lésbicas como o padrão em todas as relações, não se adota nesta pesquisa a perspectiva que cristaliza a perspectiva de "agressora" e "vítima". O objetivo deste trabalho não é rotular, essencializar, cristalizar ou buscar um processo de culpabilização, estigmatização ou ostracismo de lésbicas que estejam exercendo violência, mas contribuir para a compreensão do fenômeno e para a busca de possíveis formas de promoção de relações lésbicas livres de violência. Nesse aspecto, coincidimos com as companheiras colombianas:

> Uma análise que apenas procura colocar a culpa em uma mulher sob a categoria de agressora não é transformadora e não nos permite reconhecer que, em muitos casos, existe todo um sistema articulado à existência da violência, da qual também fazemos parte, reproduzimos, que a cultura nos ensinou e que se não tentarmos desmantelá-la, ela continuará com outros rostos e outros corpos. É por isso que falamos de violência "para", porque acreditamos que existe um sistema que reforça o que acontece no interior e que, em grande medida, nos dispõe socialmente em situações de maior fragilidade. (CORPORACIÓN FEMM, 2015, p. 7-8)
> Partimos então da impossibilidade de universalizar um ato como doloroso. Principalmente quando focar no ato leva à fragmentação de todo um processo, julgando de forma culpabilizante uma como vítima e a outra como agressora, omitindo a necessidade de reconhecer processos muito maiores nos quais poderíamos concentrar nossa atenção para gerar uma verdadeira transformação nas relações e não contentar-se com punições paliativas para a que chamamos de agressora. (CORPORACIÓN FEMM, 2015, p. 24)

As interlocutoras entrevistadas durante a pesquisa de encontro também não tinham a percepção de si mesmas como "vítimas" nas relações em que estavam sofrendo violência, como deixou nítido Sandra:

> Sandra – Cidade do México – 28 anos – raça/etnia: não – expressão de gênero: *machorra* – nível de renda baixo
> Sandra: Eu entendo que ela não quer me ver, e tudo bem. Pelo menos eu já tive todo o meu processo de cura, porque todos esses anos não bacanas e tóxicos que tivemos e que, com certeza, tanto ela quanto eu nos tornamos, posso vê-la sem problemas, mas entendo que ela, em seu processo, tem sido diferente. Bem, não, nunca falamos sobre o que fizemos uma à outra.

Cláudia: Quando dizes "nós fizemos" é porque consideras que tu fizeste alguma coisa?

Sandra: Bem, é difícil para mim pensar que sou apenas uma vítima. Tenho consciência de como vivi e do que sofri com as ações, mas talvez não possa narrar uma história do que fiz com ela, mas considero que temos maneiras diferentes de ver a história, não, diferentes olhares. Então pelo que vi, não gosto de me posicionar como a vítima, e sempre digo que talvez também tenha feito alguma ação que possa tê-la machucado. Não tenho certeza de nenhuma, ou não tenho consciência de nenhuma, mas se aconteceu, aí está, não, fizemos alguma coisa e nos destruímos naqueles anos. Nenhuma é a mais vilã e nem a outra é a mais vítima. Nós fizemos.

Em outro momento da entrevista, contando sobre outro relacionamento, Sandra comenta como passou também a adotar práticas violentas e, por não desejar estar em uma situação de violência mútua que começava a se configurar, terminou o relacionamento:

Sandra: Acho que são justamente esses exercícios que as pessoas não fazem, só podemos procurar quem é o bom e quem é o mau, quem é a boa e quem é a má nas relações lésbicas, e não pensamos que também há também outras coisas. E eu volto, não, com [ex-companheira], aconteceu comigo uma situação parecida, eu também não me coloco em situação de vítima e acho que fui a única que passou por coisas. Eu fui muito ciumenta com ela, depois da terceira infidelidade eu fiquei super ciumenta, muito de ficar olhando o celular dela, de saber aonde vai, com quem está indo, porque fiquei muito insegura. Achei que a qualquer momento ela iria acabar comigo, ou me trocar por outra. E também foi um motivo pelo qual decidi terminar o relacionamento, porque eu não era assim [...] Bom, foi tipo 'não, espera, eu não era assim, e tanta coisa tóxica que a gente está construindo, as duas, está me obrigando a fazer coisas que nunca fiz, então acho que o mais saudável é terminarmos. Porque não estamos mais tendo nada de bom nesse relacionamento, eu tenho ciúme de você, você tem ciúme de mim, eu te controlo, você me controla, a gente grita uma com a outra, e pra que?

Essa abordagem também não busca desresponsabilizar lésbicas que estejam exercendo violência em seus relacionamentos. Duas das nove entrevistadas se compreendiam nesse processo. Mariana, por exemplo, ao refletir sobre suas ações na relação em que estava ao momento da entrevista nos ajuda a compreender ao utilizar o conceito de "ativa na violência":

Mariana – Cidade do México – 36 anos – raça/etnia: *mestiza* – expressão de gênero: não feminina – nível de renda médio

Mariana: no relacionamento atual sim tem coisas que talvez funcionem para mim... pode dar um pouco de trabalho, porque as coisas me movem, porque perceber isso em mim, ah, tem sido muito forte, porque eu percebi

isso de que sou violenta de certa forma, não sei como, não sei se vocês lidam com algumas categorias, mas sou uma pessoa ativa na violência, sou a pessoa que joga os objetos, sou a pessoa que inicia o golpes.

Figura 26 - A linguagem da violência

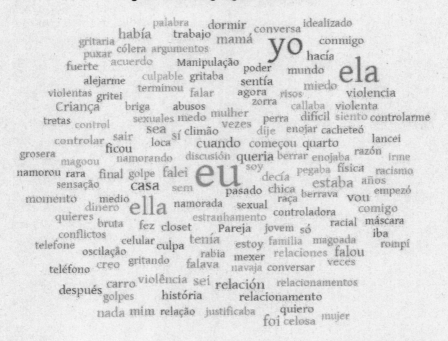

Fonte: Elaboração própria para a pesquisa.

As palavras, as narrativas, as percepções, as interpretações das participantes, representadas na nuvem de palavras acima, indicam os caminhos para compreensão dos distintos tipos e manifestações de violência nos relacionamentos lésbicos em Bogotá, Brasília e Cidade do México.

6.3. VIOLÊNCIA MORAL E PSICOLÓGICA

Quadro 16 - Definições e manifestações de violência psicológica

DEFINIÇÕES DE VIOLÊNCIA PSICOLÓGICA		
Brasil Lei nº 11.340/2006 (Art. 7º)	**Colômbia Ley nº 1.257/2008 (Art. 3º)**	**México Ley de 1º de febrero de 2007 (Art. 6º)**
qualquer conduta que lhe cause dano emocional e diminuição da autoestima ou que lhe prejudique e perturbe o pleno desenvolvimento ou que vise degradar ou controlar suas ações, comportamentos, crenças e decisões, mediante ameaça, constrangimento, humilhação, manipulação, isolamento, vigilância constante, perseguição contumaz, insulto, chantagem, violação de sua intimidade, ridicularização, exploração e limitação do direito de ir e vir ou qualquer outro meio que lhe cause prejuízo à saúde psicológica e à autodeterminação	ação ou omissão destinada a degradar ou controlar as ações, comportamentos, crenças e decisões de outras pessoas, por meio de intimidação, manipulação, ameaça, direta ou indireta, humilhação, isolamento ou qualquer outra conduta que implique danos à saúde psicológica, à autodeterminação ou ao desenvolvimento pessoal.	ato ou omissão que prejudica a estabilidade psicológica, que pode consistir em: negligência, abandono, descuido reiterado, ciúme, insultos, humilhação, desvalorização, marginalização, indiferença, infidelidade, comparações destrutivas, rejeição, restrição à autodeterminação e a ameaças, que levam a vítima à depressão, isolamento, desvalorização da autoestima e até suicídio.

DEFIINÇÕES DE VIOLÊNCIA MORAL		
Brasil Lei nº 11.340/2006 (Art. 7º)	**Colômbia Ley nº 1.257/2008 (Art. 3º)**	**México Ley de 1º de febrero de 2007 (Art. 6º)**
qualquer conduta que configure calúnia, difamação ou injúria	Não prevê esse tipo de violência.	Não prevê esse tipo de violência.

MANIFESTAÇÕES DE VIOLÊNCIA PSICOLÓGICA (ONU, 2003)

a) Abuso emocional:
- Insultá-la ou fazê-la se sentir mal consigo mesma
- A menosprezar ou humilhar na frente de outras pessoas
- Assustá-la deliberadamente ou intimidá-la
- Ameaçar machucar ela ou outras pessoas com quem ela se preocupa.

b) Comportamento de controle:
- Isolá-la, impedindo-a de ver familiares ou amigas/os
- Monitorando seu paradeiro e interações sociais
- Ignorá-la ou tratá-la com indiferença
- Ficar com raiva se ela falar com outros homens [ou mulheres]
- Fazer acusações injustificadas de infidelidade
- Controlar o acesso dela aos cuidados de saúde
- Controlar seu acesso à educação ou ao mercado de trabalho.

Fonte: Elaboração própria para a pesquisa.

A partir da perspectiva das interlocutoras da pesquisa realizada pela Corporación Femm (2015), as companheiras definem violência psicológica como ações que geram mal-estar emocional e/ou psicológico e que pode ser nitidamente diferenciada da violência física, manifestada por formas de controle e manipulação, diante da existência de exercício de poder, dominação e autoridade, podendo afetar a autoimagem e gerar medo, ansiedade, culpa, dependência, isolamento social, entre outros.

As autoras diferenciam da violência psicológica, o que chamam de "violência da palavra ou mediante o uso das palavras", por considerarem que as palavras não são apenas um instrumento pelo qual se exerce outro tipo de violência (a psicológica), mas implica, em si, uma dimensão comunicativa em que se movem as relações e compreende uma dimensão humana de interação.

> No mesmo nível em que podemos falar de uma dimensão psíquica, física, sugerimos a partir da pesquisa que existe toda uma dimensão da linguagem em que é possível gerar efeitos nocivos sobre a outra pessoa e que não basta sugerir que a ação verbal é um meio de prejudicar psicologicamente, uma vez que a complexidade é muito mais ampla e não confere às palavras o seu peso na vida e nas experiências das mulheres. (CORPORACIÓN FEMM, 2015, p. 12)

A "violência da palavra", segundo as autoras, pode se manifestar das seguintes formas: uso de palavras de insulto ou demérito; fomento de fofocas ou inventar histórias para desprestigiar a companheira ou ex-companheira; omissão sobre não cumprir com acordos do relacionamento.

Ao utilizarem esta terminologia, as companheiras colombianas buscam demonstrar que a "violência da palavra" tem conexões e legitima concepções do que é ofensivo ou agressivo em relação a estruturas de um mundo regulado e construído socialmente. Para ilustrar esta argumentação, se utilizam de um relato de uma das interlocutoras, no qual ela narra uma situação em que sua companheira a critica por não ter êxito profissional e econômico, a partir do critério de não ser bem remunerada. Evidenciam que a companheira se baseou numa percepção social segundo a qual se hierarquizam pessoas de acordo com seus recursos econômicos, capacidade de consumo e, por meio de palavras, legitimam esta "estrutura objetiva do mundo" e cria-se uma situação de desigualdade na relação.

As companheiras colombianas partem de uma perspectiva segundo a qual a linguagem em si é geradora da realidade desigual. Compreende-se, contudo, que a desigualdade não é gerada no âmbito da relação, advém de condições externas e, nesse aspecto, consideramos que pode ocorrer, no âmbito do relacionamento, a instrumentalização violenta da realidade material, neste caso, do aspecto econômico, de desigualdade de classe social entre as companheiras do casal. As relações de poder, decorrentes da estrutura da colonialidade, se articulam social e simbolicamente nas relações intersubjetivas dos casais lésbicos.

Acredita-se, desse modo, que a "violência da palavra" é uma das formas de manifestação da violência psicológica. Compreende-se que a tipologia utilizada está associada aos danos imediatos causados. Destacamos imediatos porque a mesma ação pode gerar danos posteriores de outros tipos a ele atrelados, a exemplo de uma sequência de atos com dano psicológico, que posteriormente podem gerar dano econômico (seja por gastos com tratamentos psicológicos e psiquiátricos, seja por gastos com substâncias psicotrópicas, seja por redução no desempenho profissional, por exemplo) ou físico (como casos de pessoas a cometerem suicídio em decorrência de violências psicológicas vivenciadas).

Todas as entrevistadas narraram algum episódio de violência psicológica que haviam vivenciado. E o desejo de falar sobre e alertar para a gravidade desse tipo de violência foi indicada como uma das motivações para colaborar nesta pesquisa, que Beatriz nomeou como "violência por manipulação".

> Beatriz – Brasília – 35 anos – raça/etnia: socialmente parda – expressão de gênero: não se aplica - nível de renda médio
> Beatriz: Eu queria te contar essa história. Porque, assim, né, porque mesmo tendo, assim, histórias muito piores, muito mais escabrosas, muito mais violentas e tal, a impressão que dá, assim, é que fica uma marca mesmo, sabe? Uma marca dentro, assim [...] Eu queria falar desse tipo de violência, que pra mim o que mais pegou nessa história é um tipo de violência por manipulação. Manipulação de situações, de pessoas. Cara, sei lá. Jogo mesmo, sabe?

Uma das manifestações da violência psicológica é o ciúme, como nos contou Sandra:

> Sandra – Cidade do México – 28 anos – raça/etnia: não – expressão de gênero: *machorra* – nível de renda baixo
> Sandra: Ela era muito ciumenta, então depois de dois anos tinha muito controle, ela queria me distanciar de todos os meus amigos. Foram mais de

quatro anos de relacionamento, quando terminamos eu senti que não tinha nada, não tinha redes de apoio, minhas amizades estavam completamente distantes, porque ela era muito ciumenta, então se eu saísse com uma amiga era porque, com certeza, você quer algo com ela, ou ela quer com você. Na cabeça dela, todas as mulheres que se aproximavam de mim queriam algum tipo de relacionamento comigo. [...] E quando eu trabalhava em equipe havia conflitos, porque era como se você já estivesse muito amiga de fulanita ou já fosse muito próxima dessa menina, então eu sempre acabava trabalhando sozinha. E para mim era tipo, está tudo bem, porque sempre vinha com "você não me ama o suficiente", sempre para ela era tipo "se não estamos juntas aqui é porque você não me ama o suficiente, ou você prefere ir para outro lugar e não estar comigo é porque você não me ama o suficiente". Bem, o tempo todo para mim foi como se eu tivesse que provar que te amo e que você é o suficiente para mim, e não há mais nada no mundo. Bem, eu não saía com mais ninguém nem morei com mais ninguém, até com minha família tinha muito conflito.

Ao recorrer ao discurso do amor romântico, "não me amas o suficiente", a então companheira de Sandra demonstrava ciúmes e incidia para que ela se afastasse de amizades, família, exigindo demonstrações de "amor" e um isolamento a duas. Como narrou Sandra, esse tipo de ação se deu apenas com dois anos de namoro. Não demorou tanto para a manifestação dos ciúmes como forma de controle no relacionamento de Beatriz, que contou que, em menos de seis meses de relação, já havia se afastado de seus ciclos de amizade e rede de afetos. Essa situação não foi percebida por ela, mas pelo amigo que morava em outra cidade e foi visitá-la em Brasília.

Beatriz – Brasília – 35 anos – raça/etnia: socialmente parda – expressão de gênero: não se aplica - nível de renda médio
Beatriz: Ele [amigo] veio e disse: "Beatriz, tipo, cara, eu já vim aqui outra vez". E ele começou a me perguntar: "Cadê fulano, cadê sicrano, cadê essa pessoa? Pô, tá massa conhecer sua casa, mas quem você tá vendo além da família da [namorada]?" Aí eu ficava olhando assim pra ele, sabe. Pensando. Isso foi acontecendo, foi piorando, até chegar nesses vários mil términos, mexer no meu celular, ver mensagem, ficar perguntando com quem eu falo. Aí teve esse período também que ela queria saber o que é que eu conversava com meus amigos. Teve um dia que ela pegou meu celular, leu minhas mensagens com a [amiga] e veio me perguntar porque que era... Aí, eu falei: "Uai, é conversa. Tu não conversa com teus amigos? Eu converso com minhas amigas também". "É, mas você fala o quê? Porque eu não quero que você fique falando de mim! Porque aconteceu isso, isso e isso e eu não quero que você fale". E eu falei: "Uai, você não quer que eu fale, faça diferente. Porque eu não posso ficar aqui, acontecendo esse bando de coisa, e eu não posso nem falar sobre isso? Amigo também é pra

isso, é pra essas coisas". Então, teve esse período, ela ficava me perguntando, mexendo nas coisas. Em cima do que ela lia, ela me perguntava das coisas, assim. E aí, ficou nessa: vou embora, vamos terminar, aí terminava. Aí, no dia seguinte, não terminava mais, até que terminou.

O controle e a vigilância – por meio de olhar e questionar mensagens privadas sem autorização – que narrou Beatriz que sua companheira exercia, foi narrado por outra interlocutora desta pesquisa desde a perspectiva oposta, de quem praticava:

Mariana – Cidade do México – 36 anos – raça/etnia: *mestiza* – expressão de gênero: não feminina – nível de renda médio
Mariana: O acordo que tivemos é que, se temos um relacionamento, preciso que você compartilhe seus afetos comigo, me avise se está começando a ter afetos ou se deseja conhecer alguém. Não gosto de coisas do tipo "quer saber, conheci uma pessoa e estou saindo com ela", porque assim fica muito difícil para mim encontrar meu lugar no relacionamento, e o que aconteceu foi que descobri por uma coisa que tem a ver com todas as minhas violências, não me lembro por que foi, mas olhei o telefone e encontrei uma mensagem da ex-namorada dela, de um mês atrás, dizendo que o apartamento era para ela... ou seja, que elas marcaram um encontro. E em algum momento eu disse a ela, "bem, eu descobri isso", e ela me disse "tudo bem", para ela era como nada, mas eu disse a ela "não, é isso o que eu estava te pedindo, simplesmente para você me dizer, tipo, ei, estou saindo com minha ex de novo e quero vê-la e tudo mais. Aí eu fiquei tipo "ah", porque isso também me diz se eu quero estar lá ou não. Então eu descobri um mês depois quando elas já tinham se visto... até hoje eu sinto uma coisa, sabe, que era importante para mim e não aconteceu, ou seja, não me senti cuidada pois, agora posso chamar assim.. E esse relacionamento continua, a ex-namorada dela continua indo na [empresa onde ela e sua companheira trabalham juntas] e vai procurar ela, e elas ficam trocando mensagens, e eu sinto que há algo que não terminou. E aí o que aconteceu é que ela... aí a gente disse, eu falei 'o que eu preciso, para reconquistar a confiança – ou seja, eu comparo isso a uma lealdade, a um vínculo – eu preciso que você me compartilhe o que está sentindo, o que você está passando, tipo "ei, alguém está me procurando, ou eu deixei de te amar". E quando me tiram dessa equação, sai a parte bestial de mim, aquela que não pensa, aquela que fica com raiva. Então é muito estranho, porque ela me diz: "Não estou te contando por que você reage violentamente", e eu sinto como se "eu te pedi isso para poder ir trabalhando minhas emoções". Quer saber, me sinto uma pessoa primitiva.

Mariana tem um relacionamento não exclusivo com o acordo de que se contem sobre os sentimentos e relações com outras pessoas. Conforme debatido anteriormente, relações não monogâmicas não estão, necessariamente, livres de ideias de posse e sentimentos de propriedade sobre a outra pessoa e manifestações de violência psicológica, como a vigilância narrada. Mariana percebe suas ações como "bestial", "violenta" e "primitiva", apontando para a necessidade – desde a perspectiva de quem pratica violência – de apoio para lidar com essas emoções.

Aline também contou como exercia controle de sua companheira por meio de monitoramento das mensagens trocadas nas redes sociais e, atrelada a essa vigilância, a busca constante por discutir o relacionamento, em outra forma de manifestação de violência psicológica: a privação do sono.

> Aline – Cidade do México – 35 anos – raça/etnia: mexicana *mestiza* – expressão de gênero: inter/feminina – nível de renda médio-baixo
> Aline: Por exemplo, eu tinha as senhas de todas as redes e e-mails dela, eu tinha conhecimento disso, a localização dela a cada cinco minutos, o que achei normal. E era como uma panela de pressão, ia se acumulando e acumulando e ela não reagia do jeito que eu queria e quando eu queria. Estando em casa, por exemplo, ela se descuidava por três segundos e eu olhava o telefone e via que ela havia apagado mensagens e isso me deixava com mais raiva e assim acumulava ódio e explodia de uma forma muito, muito violenta. E na verdade não é que ela reagisse de forma violenta, ela se protegia. Ela nunca respondeu nem mesmo aos gritos. Ela permaneceu em silêncio. Ela estava centrada. Acabava empurrando ela, buscando a reação que queria dela, que ela também reagisse com gritos, discussão. E eu lembro de muitas noites nas quais ela falou: "Estou muito cansada, tenho que trabalhar amanhã" e eu fiquei tipo blá, blá, blá... Lembro de noites batendo nela, ou seja, mexendo nela, para ela acordar e falar sobre coisas. Foram meses terríveis.

Outra forma de manifestação da violência psicológica é atuar com fins de diminuição da autoestima da outra. Nos relacionamentos lésbicos, esse aspecto se reforça pela colonialidade de gênero, por meio da qual foi estabelecida a rivalidade entre mulheres. Dentro da lógica binária e hierarquizante de gênero, mulheres ocupam lugares subalternos, de opressão e de sujeição aos homens e, para que se mantenha essa lógica são impostas barreiras para as alianças entre mulheres, que diante desse cativeiro (LAGARDE, 2005), por meio da comparação, disputam umas com as outras.

> Zami – Brasília – 29 anos – raça/etnia: negra – expressão de gênero: não se aplica – nível de renda alto
> Zami: A gente falava de perspectiva de relacionamento, do futuro, da gente e tal, a gente namorou quase quatro anos e ela falava que ficava preocupada um pouco quando pensava em terminar comigo. E eu: "por quê?" E ela: "ah, porque você é mais velha, porque você vai envelhecer mais rápido. Eu

sou mais jovem". Pra além disso, ela ficava..., não sei se eu subentendia isso ou se ela realmente tava querendo dizer isso, era meio como se ela falasse: "eu sou mais bonita, eu sou mais jovem, então eu vou logo arrumar alguém e você não vai arrumar ninguém." Tipo, a conclusão era essa: "eu vou arranjar alguém, mas você não".

Vinculada a essa noção de cativeiro das mulheres e dos estereótipos vinculados ao gênero, outra forma de humilhação narrada foi a utilização de termos considerados pejorativos vinculados às atividades sexuais, como puta, ou à saúde mental, louca.

Brenda – Bogotá – 24 anos – raça/etnia: negra – expressão de gênero: normal – nível de renda médio
Brenda: O que ela me disse foi que eu era uma vadia, que não me valorizava, que eu era tão jovem e já me prostituindo, que ela estava me entregando, que a fiz ficar mal, que a culpa foi minha que todo mundo achava que ela era burra, louca, ciumenta... E obviamente eu fiquei cheia de culpa, era muita, né? [...] Me senti muito culpada, fiquei com raiva e triste, mas nem sequer com ela, mas comigo mesma, porque senti que tinha feito algo errado. E aí agora que eu analiso, eu digo "mas sim, você sempre foi assim, meio estúpida, como se não percebesse nada, como se estivesse sozinha... culpada de quê? Se nem sequer deu motivos." Em outras palavras, se aquelas mulheres flertavam comigo, eu não percebi de forma alguma.

Ainda desde essa perspectiva da interseccionalidade raça e gênero, outro estereótipo vinculado às mulheres brancas e controlado por meio de sanções e humilhações é o recato, o falar baixo, o "portar-se bem", como no episódio narrado por Zami:

Zami – Brasília – 29 anos – raça/etnia: negra –expressão de gênero: não se aplica – nível de renda alto
Zami: A sensação que eu tinha, no relacionamento em geral, mas pensando nesse sentimento nos bares, era que eu sempre tava fazendo alguma coisa errada, eu sempre tava errada. Teve uma vez que eu tava conversando com alguém, acho que era a [amiga], aí eu falei algum comentário meio alto. Mas, sei lá, era um bar e as pessoas estavam gritando. Eu falei alto e aí ela: véi, cala boca, fala baixo. Eu fiquei tipo assim... Toda vez que ela, às vezes ela falava: Chega! Para de beber, já deu. E pegava o copo da minha mão. E toda vez que ela fazia isso, eu ficava muito envergonhada. E foi um pouco com esse sentimento de vergonha, de culpa, de me sentir o pior ser humano do mundo, que foi algo que ela me fez sentir. Tinha a sensação que ela tava fazendo um favor de estar comigo.

Ambas, Brenda e Zami, narraram ter se sentido diminuídas e culpadas diante das violências psicológicas que estavam sofrendo. Esse sentimento foi descrito como uma "inversão da realidade", sendo também outra manifestação de violência psicológica.

Em muitos casos, a agressora reforça este processo de culpabilização da vítima, que tem sido descrito por especialistas no assunto como o fenómeno de "dar a volta na realidade" e que pode levar a vítima a graves estados de confusão. (TRON, 2004,s/ p)

Além de culpa, foi recorrente entre os relatos o sentimento de medo diante das situações de violência e, desse modo, a autocensura e vigilância sobre os próprios atos por medo de "irritar" a companheira. Um sentimento que pode perdurar mesmo após o término da relação, como descreveu Sandra.

Sandra – Cidade do México – 28 anos – raça/etnia: não – expressão de gênero: *machorra* **– nível de renda baixo**
Sandra: Fiquei muito sufocada, e [ex-companheira] ficou com muito medo, depois percebi isso.
Cláudia: Tinhas medo?
Sandra: Eu tinha muito medo dela, das reações dela, de não deixar ela brava, de fazer o que ela queria, ou o que ela esperava de mim para ela não ficar brava, porque quando ela ficava brava ela ficava muito... .não havia sentido em controlá-lo logo, e isso me assustou muito. Mesmo ela nunca me batendo, aconteceu de a gente se puxar ou ela me agarrar com força pelos braços, eu tinha medo dela. Eu ficava muito estressada toda vez que ela ficava com raiva, então evitava ao máximo deixá-la com raiva [...] não terminei o relacionamento por medo e não quero mais ter medo dela, terminei e ainda tenho medo dela, e ainda estou preocupada com as coisas que ela vai fazer comigo em troca...

Retomando os episódios de humilhação narrados por Brenda e Zami, é possível pensá-los em termos de interseccionalidade com raça. No caso de Brenda, ela estava em um relacionamento afrocentrado – ambas eram negras. No caso de Zami, ela se relacionava com uma mulher branca. Em outro ponto da narrativa, conta como a violência psicológica foi manifestada por meio do racismo.

Zami – Brasília – 29 anos – raça/etnia: negra –expressão de gênero: não se aplica – nível de renda alto
Zami: Essa foi minha primeira namorada, ela era quatro anos mais nova do que eu. A gente começou a namorar quando ela tinha 18 e eu 22. Mas ela muito mais, assim, dominante, entendeu? Ela era muito mais... não sei, ela foi violenta comigo em vários aspectos, principalmente raça, racialmente falando. Ela era uma menina branca e, quando a gente começou a se relacionar, eu ainda usava o cabelo liso, fazia escovinha. Eu fui fazer a transição, a gente tava no meio pro fim do relacionamento. Eu [...] entrei no grupo de estudos de mulheres negras, então fui estudando um pouco mais e nisso fui me vendo um pouco também, me recolocando, fui repensando e identificando uma série de violências racistas que eu sofri durante

a vida inteira e nunca tinha dado nome. E ela tava lá nesse processo. E, nisso, **eu tava nesse processo de autoafirmação racial, e ela sempre me chamava, ela tinha..., ela me chamava de "minha branquinha" e ria. E eu falava: "sério, isso não tem graça". Do tipo... e explicava, e ela continuava e ria. E sempre foi assim, por muito tempo. Então, isso foi uma das grandes violências.**

Interpreta-se a experiência narrada por Zami como um racismo re-creativo, o uso do humor como forma de encobrir a hostilidade racial, no contexto de uma política cultural que busca "promover a reprodução de relações assimétricas poder" (MOREIRA, 2019, p. 148). Uma ação situada no contexto de um relacionamento afetivo-sexual a ser interpretada desde uma estrutura de colonialidade racial. A utilização do racismo como manifestação de violência psicológica em relacionamentos inter-raciais pode ser assim interpretada:

> A convivência inter-racial não prescinde, necessariamente, da suposição de hierarquias com base na raça/cor, da mediação de representações sociais racistas ou de práticas discriminatórias. Ao contrário, a própria possibilidade de interação social inter-racial pode apoiar-se na sua existência. (PEREIRA, 2016, p. 38)

Demonstrando a complexidade dos fenômenos de violência doméstica, Zami apresentou a percepção de se utilizar do racismo enquanto desigualdade estrutural em outro relacionamento, para, em meio à relação inter-subjetiva afetivo-sexual exercer violência psicológica, por meio da interdição da fala e silenciamento, ao que ela conferiu o sentido de *gaslighting* sobre sua então companheira.

> **Zami**: A gente tava num bar, e ela falou alguma coisa e eu meio que não tinha argumento e lancei um *race card*. Aí, ela ficou, tipo de boas, e aí, no dia seguinte, eu fiquei pensando: ah, não foi legal isso. No dia seguinte, a gente acordou, a gente dormiu, a gente acordou e eu falei: desculpa, eu lancei a carta da raça ali pra você, te dei uma cartada e é *race card* mesmo, não tinha o menor sentido o que eu falei. Não tinha o menor sentido evocar raça e era só pra ganhar o argumento. E isso, véi, é *gaslighting*. Se a gente pensa no tipo de fazer a pessoa se sentir doida só pra ganhar o argumento, entende?

Enfatiza-se aqui a diferença em termos de ação estrutural e individual nas duas narrativas apresentadas por Zami. A primeira tratava-se de racismo, enquanto a segunda foi uma ação individualizada que não se trata de racismo e não pode ser equiparada em termos estruturais. De todo modo, foi passível de causar dano e foi praticada com intencionalidade, e, assim, pode ser considerada uma manifestação de violência psicológica.

O racismo como uma forma de violência em relações lésbicas foi narrado apenas por entrevistadas negras que sofreram esse tipo de violência. Durante as entrevistas quando se tentou abordar esse assunto com brancas ou *blancas-mestizas*, elas disseram não terem lembrança de ter praticado violência racial com suas ex-companheiras ou mesmo mudaram de assunto.

Como abordado no Capítulo 3, há um pacto narcísico no racismo por meio do qual pessoas brancas não se autoidentificam racialmente, não se consideram racializadas, são "neutras". Nesse sentido, tampouco notou-se uma disposição de reflexão sobre violências raciais praticadas por parte das colaboradoras brancas, sendo esse um grande desafio no enfrentamento à violência em relacionamentos lésbicos. Silenciar sobre as desigualdades estruturais baseadas em raça nas relações intersubjetivas dos relacionamentos lésbicos é deixar uma grande lacuna a ser preenchida por manifestações de violência.

Outra forma de manifestação de violência identificada em relacionamentos lésbicos é aquela vinculada ao "armário", ou seja, ao nível de publicidade da identidade da sexualidade, seja aquele que expõe, seja aquele que pressiona para não expor. Foi também Brenda quem narrou episódios desse tipo de violência sofridas em dois momentos, e relacionamentos distintos. No primeiro, quando ainda era adolescente, foi "tirada do armário":

> Brenda – Bogotá – 24 anos – raça/etnia: negra – expressão de gênero: normal – nível de renda médio
> **Brenda**: Eu tive uma namorada quando tinha 15 anos, uma garota que se assumiu para mim quando eu tinha 15 anos, e ela era mais velha que eu, eu tinha 15 e ela 18, eu estava na escola, estava na oitava ou nona série menos, e ela estava no primeiro ou segundo semestre da faculdade.

Brenda contou como depois desse episódio, terminou o relacionamento e passou por momentos muito difíceis, em que se isolou das pessoas da escola e demorou alguns anos para voltar a ter convívio social. Conseguiu quando buscou uma rede de amizades de outras pessoas que também estavam no processo de lidar com a lesbofobia social e internalizada ao sair do armário. Nesse período iniciou outro relacionamento "clandestino", pois sua namorada era de uma família religiosa, que não poderia saber de sua identidade sexual. Brenda narrou como, dessa vez, a manifestação de violência psicológica vivenciada foi a pressão da então namorada para "ficar presa com ela no armário".

Brenda: Tínhamos amigos que estavam na mesma coisa que a gente, em se assumir, então foi como se os infelizes se encontrassem e formassem um grupo (risos). Mas era principalmente entre mulheres, mas toda vez que eu confraternizava com mulheres e você perguntava coisas como se ela explodisse de raiva, como se ela não gostasse que eu interagisse com alguém que tivesse alguma coisa a ver com aquele mundo.
Cláudia: Por quê?
Brenda: Não sei se sentia vergonha porque a mãe era evangélica. Então não sei se ela sentiu vergonha, sem falar que todo o nosso relacionamento era muito clandestino, o que ela sempre dizia para a mãe quando estava comigo era que "não é que eu estou tentando colocar ela no caminho certo caminho".
Cláudia: Por que tinhas saído do armário e ela não?
Brenda: Exatamente. E sempre que ela explodia de raiva ou de ciúme, ela não percebia que alguém que já estava dentro daquele mundo e que tentava me guiar, explodia de raiva e de ciúme, mas não sei se era por necessidade dela. me manter trancado com ela no armário, porque pelo que eu já tinha passado eu não ia voltar atrás, não ia falar que estava hétero de novo e que a mesma coisa ia acontecer de novo.

As manifestações de violência psicológica relativas a "tirar do armário" ou "prender no armário" são especfícas de relações não-heterossuais diretamente vinculadas à lesbofobia social – ou seja, da manifestação atualizada, por meio da instituição política da heterossexualidade compulsória, da colonialidade do poder em que a não heterossualidade era considerada crime – e da lesbofobia internalizada – decorrente da colonialidade do saber, que determinou a não heterossexualidade como doença e se atualizou por meio do sistema de ideias do pensamento hétero.

6.4. VIOLÊNCIA ECONÔMICA E PATRIMONIAL

Quadro 17 - Definições e manifestações de violência econômica e patrimonial

VIOLÊNCIA PATRIMONIAL		
Brasil Lei nº 11.340/2006 (Art. 7º)	**Colômbia - Leu 1.257/2008 (Art. 3º)**	**México Ley de 1º de febrero de 2007 (Art. 6º)**
qualquer conduta que configure retenção, subtração, destruição parcial ou total de seus objetos, instrumentos de trabalho, documentos pessoais, bens, valores e direitos ou recursos econômicos, incluindo os destinados a satisfazer suas necessidades.	Perda, transformação, roubo, destruição, retenção ou distração de objetos, instrumentos de trabalho, documentos pessoais, bens, valores, direitos ou bens patrimoniais visando atender às necessidades das mulheres.	qualquer ato ou omissão que afete a sobrevivência da vítima. Manifesta-se: na transformação, subtração, destruição, retenção ou distração de objetos, documentos pessoais, bens e valores, direitos de propriedade ou recursos econômicos destinados a satisfazer as suas necessidades e pode cobrir danos aos bens comuns ou pessoais da vítima.

VIOLÊNCIA ECONÔMICA		
Brasil Lei nº 11.340/2006 (Art. 7º)	**Colômbia Ley nº 1.257/2008 (Art. 2º)**	**México Ley de 1º de febrero de 2007 (Art. 6º)**
Não prevê esse tipo de violência.	qualquer ação ou omissão destinada ao abuso econômico, controle abusivo das finanças, recompensas ou punições monetárias a mulheres devido ao seu status social, econômico ou político.	ação ou omissão do Agressor que afete a sobrevivência econômica da vítima. Manifesta-se através de limitações que visam a controlar o rendimento de seus rendimentos econômicos, bem como salários mais baixos para trabalho igual dentro do mesmo local de trabalho.

MANIFESTAÇÕES DE VIOLÊNCIA ECONÔMICA (ONU, 2003)

- Negar seu acesso a recursos financeiros
- Negar seu acesso a bens e bens duráveis
- Deliberadamente não cumprir com responsabilidades econômicas, como pensão alimentícia ou apoio financeiro à família, expondo-a à pobreza e às dificuldades
- Negar seu acesso ao mercado de trabalho e educação
- Negar sua participação na tomada de decisões relevantes ao status econômico.

Fonte: Elaboração própria para pesquisa.

Uma das manifestações da violência econômica é a limitação, a negação do acesso ao mercado de trabalho, como uma forma de manutenção de desigualdade, e consequentemente de poder, econômica intra-relação. Essa foi a vivência narrada por Luiza, que após ter sido expulsa de casa pela mãe devido à lesbofobia, foi morar junto com a namorada, 21 anos mais velha; Luiza tinha 17, enquanto a então namorada tinha 38 anos (experiência narrada no capítulo 3). A então companheira a impedia de trabalhar, com a alegação de "mulher minha não trabalha fora", conforme interpretação da prórpia Luiza mediante a reprodução de um padrão heteronormativo.

> **Luiza – Brasília – 29 anos – raça/etnia: negra – expressão de gênero: camaleoa – nível de renda baixo**
> **Luiza**: Era uma relação assim, tipo perfeita. Era lindo, mas não deixou de ter também os padrões, né, as repetições de violência de padrões heteronormativos, em que ela jurava que ela era o cara da relação, e que eu, em plenos 17 anos, ia obedecer isso. Com frases do tipo: mulher minha não trabalha fora. Tanto que quando eu arrumei um emprego num bar, que é o bar do avô do [filho de Luiza], a gente se separou. Até eu voltar a trabalhar, a gente não tinha tido nenhuma briga. Mas, depois que eu comecei a trabalhar de novo, aí começou. Porque o problema dela era o ciúme exacerbado até da minha sombra. Ela não queria que eu saísse de casa sem ela em momento nenhum. Então, assim, quando ela estava no trabalho, eu tinha que estar em casa. E quando ela estava em casa, ela não queria sair de casa. Pra sair de casa, eu tinha que ir com ela. Então, ficava bem difícil sair de casa (risos). Quando ela tava na rua, eu não tava. Quando ela chegava, ela queria ficar, eu queria sair, ela não queria, aí eu ficava. Nessa, eu passei quase dois anos sem sair de casa. Com breves visitas esporádicas a alguns lugares, né, sozinha. Na maioria das vezes, eu estava com ela. Até o momento em que eu bati o pé, que é isso mulher, eu não aguento você comprando inclusive meu absorvente, eu sempre comprei. Eu não quero mais. Não era aquele tipo de... Ela me dava tudo, se eu pedisse, ela dava.
> **Cláudia**: Ela fazia o quê?
> **Luiza**: Ela trabalhava numa livraria. Mas, assim, se eu falasse, se eu titubeasse do tipo: ah, eu queria tanto tal coisa, no dia seguinte, ela aparecia com aquilo. Mas eu não gosto disso. Não importa se você me dá o mundo. O meu mundo, eu mesma conquisto. A dona dessa porra sou eu.

Durante quase dois anos, Luiza permaneceu nesse relacionamento. Descreveu como atrelada à violência econômica – que não é assim categorizada na legislação brasileira, mas sim nas colombiana e mexicana – estava a manifestação da violência psicológica de vigilância e controle quanto às suas saídas de casa. A recuperação da autonomia econômica de Luiza "o meu mundo eu mesma conquisto", que implicaria no fim, ou ao menos na atenuação do poder exercido sobre ela, resultou no término do relacionamento.

As implicações da colonialidade de classe também foram percebidas por Mariana como uma forma de que ela pudesse exercer violência sobre sua companheira. Diante de um processo de lesbofobia social e isolamento do casal, elas foram viver juntas logo no início da relação (em um processo de "fusão lésbica", conforme narrado no capítulo 3), na casa de Mariana. Quando havia algum conflito, alguma divergência, Mariana a expulsava de casa.

> Mariana – Cidade do México – 36 anos – raça/etnia: *mestiza* – expressão de gênero: não feminina – nível de renda médio
> Cláudia: Achas que tua relação atual é uma relação desigual?
> Mariana: Acho que ficou um pouco, já está nivelando e, não sei, agora, nesse estado não sei se está tão desigual, não sei. Começou sendo muito desigual porque ela veio morar na minha casa, por exemplo, então uma coisa que eu fiz foi sempre mandar ela ir embora da casa.
> Cláudia: Como assim?
> Mariana: Eu sempre a expulsava quando a gente brigava, eu falava para ela "vai embora, essa casa não é sua", não sei como ela aguentou... ela me aguentou tantas vezes, quero dizer, não sei como ela pode lidar comigo.

Além de práticas de violência econômica, Mariana narrou como se utilizava de privilégios de classe para não se responsabilizar sobre suas ações.

> Mariana: E aí eu percebi como são os privilégios, não, porque eu tenho carro, porque eu tinha dinheiro, ou seja, eu percebo como aquele privilégio de repente tomou conta de mim, e como esse privilégio também, digamos assim... Talvez eu também esteja tentando entender... como se eu tivesse uma contrapartida, não, para poder circular naquele mundo, para poder obter privilégios, eu também adotei certas práticas de violência que vi, ou li. .., na vida do mundo. E aí se resolve com outro privilégio, você paga e não acontece nada, não, nada, é isso.

Mesmo quando não há desigualdade de classe na relação, ainda é possível exercer violência econômica por meio do controle dos gastos e rendimentos, como foi o caso de Anna, que ganhava um pouco mais que sua companheira e com ela mantinha uma conta compartilhada.

> Anna – Bogotá – 33 anos – raça/etnia: "europeia desconstruída" – expressão de gênero: feminina às vezes – nível de renda médio
> Anna: Ganhava um pouco mais que ela, mas 400 euros a mais, então a questão do dinheiro veio junto e com isso pagamos tudo, mas claro que depois disso também percebi que fazendo isso me daria controle sobre o dinheiro, Muito, claro, mas como recebi gorjetas do restaurante, usei esse dinheiro para fazer minhas próprias coisas.
> Cláudia: Como assim controlar o dinheiro?
> Anna: Tudo ia para a mesma conta, que era uma conta de nós duas, então eu não poderia tirar daí, por exemplo, dar um presente para uma amiga porque ela iria ficar brava.

6.5. VIOLÊNCIA FÍSICA

Quadro 18 - Definições e manifestações de violência física

\multicolumn{3}{c}{DEFINIÇÕES DE VIOLÊNCIA FÍSICA}
Brasil Lei nº 11.340/2006 (Art. 7º)	Colômbia Ley nº 1.257/2008 (Art. 3º)	México Ley de 1º de febrero de 2007 (Art. 6º)
qualquer conduta que ofenda sua integridade ou saúde corporal;	Risco ou diminuição da integridade corporal de uma pessoa.	Qualquer ato que inflija danos não acidentais, utilizando força física ou algum tipo de arma ou objeto que possa ou não causar ferimentos, sejam eles internos ou externos, ou ambos.

MANIFESTAÇÕES DE VIOLÊNCIA FÍSICA (ONU, 2013)

- Dar um tapa
- Jogar algo que possa machucar
- Empurrar ou puxar o cabelo
- Bater com algo
- Bater com punho ou outros objetos
- Chutar, morder ou arrastar
- Bater
- Sufocar ou queimar
- Ameaçar com faca, pistola ou outra arma
- Usar faca, pistola ou outra arma contra a pessoa
- Sufocando ou queimando-a

Fonte: Elaboração própria para pesquisa.

As legislações dos três países apresentam algumas diferenças quanto à definição de violência física. As leis do Brasil e da Colômbia referem-se à integridade corporal, a primeira abordando a saúde corporal também. A lei mexicana é mais detalhada na definição, pormenorizando a não acidentalidade do dano e os meios que podem ser utilizados (força física ou alguma arma), além de mencionar a possibilidade de lesões internas e/ou externas.

Os mitos sobre a não possibilidade de violência física em relacionamentos lésbicos e da violência mútua são contestados pelas experiências vividas pelas participantes desta pesquisa, seja como quem sofre, seja como quem exerce a violência. Das nove entrevistadas, sete narraram episódios de violência física. Dentre elas, três narraram episódios recorrentes, geralmente vinculados a manifestações de violência psicológica.

Anna – Bogotá – 33 anos – raça/etnia: "europeia desconstruída" – expressão de gênero: feminina às vezes – nível de renda médio

Anna: Cerca de três meses depois fomos a uma festa e saímos, bebemos e conhecemos uma garota e a levamos para casa e fizemos um trio com ela. Quando a garota saiu, ela continuou bebendo. De repente, ela me deu um soco, mas sem dizer uma palavra e me xingava e não fazia sentido, eu também estava muito bêbada.

Cláudia: De que ela te xingava?

Anna: Disse que eu era uma puta, uma vagabunda, e eu falei para ela: "calma, o que há de errado com você?", mas ela não raciocinou, ela não me respondeu, nada, então naquele dia ela me bateu mais um pouco e foi dormir. Fui dormir em outro quarto, no dia seguinte ela levantou, pediu desculpas e pronto.

Cláudia: E como foi isso pra ti?

Anna: Eu me senti culpada, senti que ela... que eu tinha feito alguma coisa durante aquela relação a três, que não tinha prestado atenção suficiente nela e que a tinha chateado e que ela teve uma reação ruim.

Nesse primeiro episódio de violência física, Anna se culpou pelas agressões físicas que havia sofrido. Em um relacionamento não exclusivo, acreditou que não tivesse dado devida atenção à então namorada durante o sexo a três, que pode ser interpretado como uma "inversão da realidade", como descrito anteriormente neste capítulo. Narrou como esse episódio foi permeado por violência psicológica, por meio do isolamento de amigas/os, imbricada com o "cativeiro" das mulheres. Contudo, nos episódios seguintes, narrou como não se tratava de ciúmes, mas de controle, inclusive nas atividades domésticas.

Anna: No começo eu senti que era questão de ciúme, mas teve outras vezes que não foi questão de ciúme. Uma vez ela me bateu porque eu não estava dobrando bem as meias, alguma coisa assim, quer dizer, era uma questão de poder, tipo: você não está fazendo as coisas quando eu quero, como eu quero. Eu sentia isso, que estava se comportando assim, de um jeito que não era, que eu não entendia. Era mais controle do que ciúme, porque naquela época eu não fiz nada, eu não tinha quase nenhuma amiga, nem tinha relacionamentos tão próximos, nem tinha nada com ninguém.

Além de perceber uma mudança na motivação, Anna descreveu como se deu o aumento da intensidade e frequência das agressões.

Anna: A intensidade aumentou, sim claro, no início foi bem mais espaçado do que no final. No final era semanal, porque durante a semana era tranquilo. No início do relacionamento era a cada dois meses e depois passou a acontecer uma vez por mês, uma vez a cada duas semanas, ou duas vezes por semana. Então foi aumentando, o tipo de violência, meio que durou. mais ou menos foi a mesma coisa, no começo ela me deu um soco e depois me bateu sete vezes, parecia durar mais e no final ela me sufocava, ela me segurava no chão assim para me sufocar e eu nunca me defendia. Ela gritava: Bora, se defende!

Também em Bogotá, narrativa semelhante fez Tatiana. Note-se que, ao passo que Anna tem uma expressão de gênero considerada feminina, Tatiana descreve-se como *calao*, ou seja, considerada "muito masculina". Desmistifica-se assim o discurso da colonialidade da sexualidade segundo a qual há papéis binariamente estanques de quem pode exercer ou sofrer violência e, assim, o mito da violência em relacionamentos lésbicos descrito neste capítulo.

> Tatiana – Bogotá – 53 anos – raça/etnia: *mestiza* - expressão de gênero: masculina – nível de renda baixo
> **Tatiana**: Um dia ela veio e jogou uma pedra na janela para me chamar. Aí olhei pela janela, ela estava com uma expressão muito estranha. Parecia que não estava no seu corpo. Perguntei: "O que você está fazendo? Estás bêbada?". Ela respondeu: "Sim, qual é o problema?" E eu: "Te acalma, relaxa. Você vai entrar?" Ela: "Não, eu não quero entrar. Com quem diabos você está?". Estou com [nome da cachorra]". "Claro que você está com aquela filha da puta". "Olha, você está bêbada, eu estou sóbria. Falamos depois". Então eu entrei. Quando vejo, ela sobe, entra, me dá vários socos e dizia para eu eu tirar o cara que estava embaixo da cama, no armário, na cozinha. Teve o disparate de abrir a máquina de lavar (provavelmente iria colocar alguém lá dentro...). Era um ciúme doentio, uma coisa estranha, louca. E eu dizia: "te acalma". Ela: Que bêbada o quê, sua filha da puta". Estava muito grosseira, muito rude. "Mostra esse homem, mostra essa mulher com quem tu estás transando". Eu dizia: "Mas eu não estou com ninguém mais, estou só com você!", acalme-se. Nessa, ela me deu um tapa, me chutou. Foi a primeira vez. Depois que me deu um baita tapa, foram chutes, socos... Um soco deixou meu olho vermelho, depois preto como teu casaco. Foi aí que me calei, não chamei ninguém e fiquei oito dias sem sair de casa.

Tatiana narrou como se deu o incremento da intensidade da violência ao longo dos meses, descrevendo inclusive um episódio de cárcere privado:

> **Tatiana**: E nesses meses a violência aumentou. Chegou ao ponto em que me deixou trancada. Ela pegou minhas chaves e me deixou trancada. Ao meio-dia ela chegou, abriu a porta e me trouxe o almoço. Não sei de onde vinha, estava bem maluca. Dizia: "Coma, durma um pouco, logo logo eu venho aqui de novo". Nessa época eu fazia tudo por ela, ela dizia aí e eu saia voando para onde ela quisesse que eu fosse. Naquele dia fomos visitar a mãe dela e as irmãs, lá em Suba. Ela não me deixava falar. As irmãs iam me perguntar uma coisa e eu ia responder e ela respondia por mim. As irmãs disseram a ela: "mas deixa a Tatiana falar". Ela respondia "ela não

gosta de conversar". Quer dizer: eu era totalmente invalidada. Eu não conseguia falar, não conseguia pensar, não conseguia dizer nada. Ela dizia que eu era burra, que era uma menininha mimada da casa e que eu ia comer muita merda com ela porque ela não ia me mimar [...] E eu acreditei nela, né?: "ela tem razão, ela que está trabalhando, então eu tenho que fazer a comida dela, tenho que cuidar dela". Ela chegava e eu servia o almoço dela. Fazia a comida, lavava a roupa dela. Hoje em dia penso nisso e vejo como fui estúpida. Foram três anos assim. Dos três anos, três meses correram bem. Lindos, lindos mesmo, só dois meses. A partir daí, começaram as pequenas violências com palavras...

Tatiana contou sobre a interpretação atual que faz da invalidação que sofria no relacionamento, para além das agressões físicas e como, mesmo com as sinalizações feitas pela família da então companheira, sentia que merecia esse tipo de violência, que ocorreu durante os três anos de relação, até um episódio definitivo em que reagiu e se defendeu:

> **Tatiana**: Eu estava assistindo televisão e estava com a cachorra no colo. Claro, como eu estava fazendo carinho na cachorra, não sei o que ela imaginou ou se viu uma mulher onde estava a cachorra.... Então, me agarrou praticamente me levantando da cadeira e me jogou no chão. Foi aí que falei: Não aguento mais. Fui até a cozinha e peguei uma faca. Eu dizia pra ela, já não titubeava mais, não chamava pelo apelido ou dizia para se acalmar. Falei: "Você se aproxima de mim e eu te mato, eu te mato, eu te mato e não me importo de ir para a cadeia, mas não tolero mais. Você não me toca de novo." Aí ela: "Ah, não, que coragem, ah, a galinha, ela ficou corajosa". E eu gritei: "Não chegue perto de mim". Um momento que ela me dá um golpe, eu coloco a faca nela, ela pega aqui em mim [aponta para o pulso], e quando eu puxo, eu corto ela aqui [aponta para o braço] e depois corto aqui [aponta para a perna]. Como ela está acostumada com seu trabalho pesado, ela vai e amarra alguma coisa nos ferimentos e volta pra onde eu estava. Eu sou morena, mas estava com várias marcas pretas, toda, toda preta. Não havia uma parte do meu corpo que não estivesse coberta por hematomas, eu tinha marcas nos braços, perto dos seios, nas minhas pernas, caroços, esse olho todo inchado, e outra vez minha boca toda machucada. E ainda assim eu fiquei na casa. Mas o que deu o impulso para me separar dela foi a visita da minha mãe naquele dia.

Até então, durante esses quase três anos de sofrer agressões, Tatiana nunca tinha contado a ninguém. Estava no "segundo armário", como ela descreveu. Poder contar com o apoio de sua mãe foi definitivo para romper com o ciclo de violência. Ademais, Tatiana chamou atenção para sua reação de defesa, que muitas vezes é significada como violência mútua. Após três anos sofrendo agressões, Tatiana buscou uma faca para se defender. Após cárcere privado, uma sequência de violências psicológicas, diversas lesões provocadas pelas distintas manifestações de violência física, Tatiana conseguiu se defender. A narrativa de Tatiana demonstra como é necessário romper com as amarras da colonialidade da sexualidade para interpretar a violência em relações lésbicas e compreender como se trata de um fenômeno complexo, para o qual é necessária uma observação atenta às manifestações individualizadas, levando em consideração as estruturas opressivas interseccionadas que permeiam esses relacionamentos.

Corroborando com essa perspectiva da complexidade do fenômeno, Mariana contou um episódio de agressão física em que ela exerceu a violência, quando usou uma navalha para ameaçar a companheira que não queria continuar uma discussão motivada por ciúmes. Contou com a compreensão de que mesmo que sua companheira também lhe revidasse os socos, o fazia como defesa "envolvida na violência".

> **Mariana – Cidade do México – 36 anos – raça/etnia:** *mestiza* **– expressão de gênero: não feminina – nível de renda médio**
> **Mariana**: Bebi muito álcool, não conseguia me controlar, e comecei a reclamar de coisas de lealdade, de um acordo de relacionamento aberto que não foi cumprido... e em algum momento o que ela fez foi ir embora, e isso me incomodou. Ela ficou brava, eu interpretei como "ela não quer resolver agora, ela não está interessada". Aí eu comecei a ser... quebrei minha faca, eu tinha uma faca, muito masculina, e quebrei minha faca tentando abrir a porta...
> **Cláudia**: Ela tinha se trancado?
> **Mariana**: Sim, ela se trancou no quarto. Mas fora isso é uma coisa, eu te falo que ela se viciou naquela violência, porque em algum momento eu abri a porta, e ela levantou para falar comigo, eu bati nela, ela me bateu de volta, aí perdemos o controle, até que uma de nós, por alguma circunstância, parou. Eu acho que fui eu, porque estava cansada, ou emocional ou fisicamente. Então eu só iria procurá-la quando achasse que já havia passado tempo suficiente e que eu poderia falar com ela. Eu fui atrás dela, fui de novo, e de novo, e ela estava tentando dormir. Ela também estava em seu processo. A gente estava muito mal... outra vez...

Apesar de estar sob o efeito de álcool – assim como nos episódios narrados por Anna e Tatiana –, Mariana não utilizou esse fator como uma justificativa para suas ações, mas como um agravante para a violência.

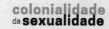

6.6. VIOLÊNCIA SEXUAL

Quadro 19 - Definnições e manifestações de violência sexual

DEFINIÇÕES DE VIOLÊNCIA SEXUAL		
Brasil Lei nº 11.340/2006 (Art. 7º)	**Colômbia – Ley nº 1.257/2008 (Art. 3º)**	**México Ley de 1º de febrero de 2007 (Art. 6º)**
qualquer conduta que a constranja a presenciar, a manter ou a participar de relação sexual não desejada, mediante intimidação, ameaça, coação ou uso da força; que a induza a comercializar ou a utilizar, de qualquer modo, a sua sexualidade, que a impeça de usar qualquer método contraceptivo ou que a force ao matrimônio, à gravidez, ao aborto ou à prostituição, mediante coação, chantagem, suborno ou manipulação; ou que limite ou anule o exercício de seus direitos sexuais e reprodutivos	ação que consiste em forçar uma pessoa a manter contato sexualizado, físico ou verbal, ou a participar de outras interações sexuais através do uso de força, intimidação, coerção, chantagem, suborno, manipulação, ameaça ou qualquer outro mecanismo que anule ou limite a vontade pessoal [...] forçar a vítima a praticar qualquer um destes atos com terceiros.	qualquer ato que degrade ou prejudique o corpo e/ou a sexualidade da vítima e que, portanto, ameace a sua liberdade, dignidade e integridade física. É uma expressão de abuso de poder que implica a supremacia masculina sobre a mulher, denegrindo-a e concebendo-a como objeto.

MANIFESTAÇÕES DE VIOLÊNCIA SEXUAL (ONU, 2013)
A) Estupro: refere-se a se envolver em penetração vaginal, anal ou oral não consensual de natureza sexual do corpo de outra pessoa com qualquer parte ou objeto corporal, inclusive através do uso de violência física e colocando a vítima em uma situação em que ela não pode dizer não ou cumpre por causa do medo;
B) Tentativa de estupro: refere-se à tentativa de ter relações sexuais não consensuais através do uso de força ou ameaças;
C) Outros atos sexuais: refere-se a: • Toque íntimo sem consentimento   • Atos sexuais que não sejam relações sexuais forçados por dinheiro   • Atos sexuais que não sejam relações sexuais obtidos através de ameaças de violência   • Atos sexuais que não sejam relações sexuais obtidos através de ameaças ao bem-estar dos membros da família   • Uso de força ou coerção para obter atos sexuais indesejados ou qualquer atividade sexual que a parceira acha degradante ou humilhante

Fonte: Elaboração própria para a pesquisa.

Na pesquisa realizada pelas companheiras colombianas, referiram-se à violência sexual como a menos nomeada entre as interlocutoras, ao que elas atribuem a "que não reconhecem certos atos como violentos, mas também porque é um aspecto íntimo e diante do qual muitas pessoas têm restrições para compartilhá-lo sem um vínculo de confiança" (Corporación Femm, 2015, p. 20). Nesta pesquisa, interlocutoras de todas as cidades, quatro das nove, relataram situações em que se sentiram constrangidas a ter relações sexuais com suas companheiras.

> Sandra – Cidade do México – 28 anos – raça/etnia: não – expressão de gênero: *machorra* – nível de renda baixo
> Sandra: Acho que houve até violência sexual talvez. Houve momentos em que eu não queria ter relações com ela, e ela insistia, e eu sempre acabava concordando, tive até momentos em que... sei lá... eu' escutava minhas colegas heterossexuais e me identificava... pensava que queria que acabasse logo... ou fingia que estava gostando, porque se não estivesse gostando ela ia ficar brava e haveria conflitos em relação a isso, algo como "se você não está gostando é porque quer estar com outra pessoa" e para mim, no final das contas, ela foi minha primeira parceira sexual, e não só com uma mulher, mas no geral, Eu não tinha me envolvido sexualmente com outra pessoa. Foi tipo, não sei, não... Agora eu entendo, não estava com vontade no momento, mas fazia, para ela não dizer que eu não estava mais gostando dela e para não termos mais conflitos. Então eu fingia que estava gostando, ou que tinha tido orgasmo, assim eu poderia ir dormir.

Os mitos sobre a não violência entre mulheres e os discursos que permeiam a colonialidade da sexualidade dificultam a identificação da violência nos relacionamentos lésbicos. Como é possível notar pelas manifestações de violência sexual da ONU, prevalece um padrão heteronormado para descrever as possíveis agressões, criando uma barreira para que lésbicas consigam se reconhecer e buscar sair desse lugar. A narrativa de Sandra deixa nítido que foi necessária a comparação com relatos de mulheres heterossexuais para conseguir compreender que o que estava vivenciando era violência. O pouco debate sobre o tema dentro da comunidade lésbica também contribui para essas limitações.

Essa dificuldade de identificar, compreender e nomear a violência sexual em relações lésbicas também ecoa no relato de Brenda.

> Brenda – Bogotá – 24 anos – raça/etnia: negra – expressão de gênero: normal – nível de renda médio
> Brenda: Não entendo o que aconteceu, só posso te dizer que nesse mesmo dia me senti tão culpada... ela chegou e disse "ah, acho que a gente devia se reconciliar" e eu, mesmo sem querer, acabei dormindo com ela, mesmo sem estar preparada dentro de mim.

Não estar preparada, sentir incômodo, não desejar, sentir-se pressionada são sentimentos comuns diante da coerção sexual, definida como uma sequência de ações, que variam de pressão psicológica e emocionais sutis a agressão física, exercidas para impor a outra pessoa atos de ordem sexual (HERNÁNDEZ; LIRA; MENDONZA, 2008, p. 47).

> Beatriz – Brasília – 35 anos – raça/etnia: socialmente parda – expressão de gênero: não se aplica - nível de renda médio
> **Cláudia**: Como era essa história de você dizer que já não tinha mais tanto interesse sexual e ela ficava forçando a barra. Como era isso?
> **Beatriz**: Cara, eu lembro que a primeira vez que isso aconteceu, foi em [cidade que a então companheira morava antes de se mudar para Brasília], eu mesma achei estranho eu não tá interessada, mas eu de fato não tava. Pensei, ah, deve ser sei lá. Ela começou a me cutucar, a pedir por favor, não sei o quê, por favor, fica comigo.
> **Cláudia**: E você?
> **Beatriz**: uai, eu me senti pressionada. E eu fiquei, eu acho. Fiquei, fiquei. Mas foi estranho. Aqui em Brasília isso voltou a acontecer e foi ficando difícil porque ela me chamava muitas, muitas, muitas vezes pra conversar e perguntar o que tava acontecendo, e eu dizia sempre era próximo de alguma coisa que aconteceu, que a gente tinha tido algum estranhamento, e eu falava que eu não tava legal ainda, que eu não tinha me, me recuperado de estranhamento x, y, z.
> **Cláudia**: E como era isso?
> **Beatriz**: Foi ficando insustentável porque ela me pressionava muito, então tinha dia que a gente ia dormir e ela forçava a barra, forçava a barra mesmo. E se eu não ficasse com ela, ficava o maior climão, climão, climão. E ela entrava nuns modos de ficar com raiva, sabe? E de, sei lá, bater porta, ficar me mandando um bando de indireta, sabe? E isso só piorava a situação, porque eu me afastava cada vez mais e não queria assim. E cada vez que ela tentava, ficava mais estranha. E eu acho que fui desenvolvendo uma espécie de repulsa, acho que seria a palavra. Eu comecei a realmente não gostar de transar com ela. E, pra mim, era muito difícil falar que eu realmente não tava gostando. Quando acontecia, eu não ficava com uma sensação boa, saca? Aí, eu lembro que um dia, sei lá, depois de tantas tretas, tantas coisas esquisitas, a gente entrou num período mais tranquilo. E aí a gente ficou juntas esse dia. Sabe aquele dia que tá tudo bem? Nossa, hoje tá um dia ótimo! A gente ficou em casa, sei lá, fez uma comida, tomou uma cerveja, sei lá o que a gente tomou, a [filha da então companheira] tava lá. Até que no final do dia ela quis transar de novo e eu não quis. Então, ela virou e falou, ela deitou do meu lado e falou: "ah, então vou me masturbar". Assim, na cama, sabe, eu tava na cama, sentada, sabe, nem sei o que eu tava fazendo. Então eu falei: "Tá, fica à vontade!" Sai do quarto e deixei ela lá. Aí a [filha da então companheira] entrou no quarto e viu e saiu do quarto falando: "Minha mãe tá se coçando, não sei o que, não sei

o que lá". Aí, caraio, véi, maior climão de novo. Acho que daí pra frente, acho que degringolou de vez. Eu fiquei muito incomodada, sabe, não sei, parecia que nunca tava bom o suficiente, assim.

Como contou Beatriz, os episódios de coerção sexual aconteciam após momentos que ela nomeou como "estranhamentos". Contudo, pelos relatos, compreende-se que foram manifestações de violência psicológica, e ela perdia o interesse sexual. Essa coerção também pode ocorrer como uma "estratégia" para encerrar outro tipo de violência, como o ciclo de violência física que Anna vivenciava.

> **Anna – Bogotá – 33 anos – raça/etnia: "europeia desconstruída" – expressão de gênero: feminina às vezes – nível de renda médio**
> **Anna**: Também teve uma evolução estranha, por causa da libido eu era muito sexual com ela e estava tudo bem. Mas, quando começou a violência, bom, eu não queria e muitas vezes ela chegava bêbada e forçava pra gente transar, ter relações sexuais. Obviamente eu não queria transar com ela, mas muitas vezes transava, porque assim ela não me batia (risos). Era sempre a mesma coisa e na verdade às vezes ela estava batendo em mim e, do nada, começava a tentar transar comigo, não sei de onde ela tirava isso, mas era assim. Então obviamente no final eu não queria mais ter relações sexuais com ela no geral, nunca.
> **Cláudia**: Ela estava batendo em ti e tentava transar ao mesmo tempo?
> **Anna**: Sim, claro porque para ela essa era uma forma de eu mostrar que estava com ela, que gostava dela, ou seja, eu transava com ela porque era uma forma dela parar de me bater, então eu normalmente cedia, quase sempre
> **Cláudia**: E como era para ti isso?
> **Anna**: Era algo que eu meio que sabia que se eu concordasse em transar com ela, ela se acalmaria, passaria de violência para sexo violento, mas depois ela iria dormir. Naquela época, não era habitual eu me sentir mal com isso, porque preferia isso a ela me bater. Naquela época, né (risos), agora me parece bem estranho.

Ademais de ser possível notar, a partir dos relatos acima, que são passíveis de sofrerem violência sexual tanto lésbicas com expressão de gênero interpretadas como feminina, quanto aquelas consideradas masculinas, há outras interseccionalidades envolvidas nas possíveis interpretações para a identificação de coerção sexual, a classe social e a identidade racial.

Em um espaço de convivência lésbica em Brasília, durante uma festa, em 2016, houve diversas denúncias de coerção sexual em relação contra uma das participantes da festa. Foram feitas várias postagens nas redes sociais narrando os episódios e condenando-a publicamente.

Ao compreender um pouco mais sobre o ocorrido, soube-se que havia outra pessoa com as mesmas ações, mas não foi denunciada ou sequer, por diversas frequentadoras da festa, suas ações foram consideradas violentas. Ambas tinham expressão de gênero não correspondente ao que se considera feminino, mas havia duas diferenças notórias entre elas: a primeira era negra e de classe média baixa e a segunda branca e de classe média alta. Não se tratou de um episódio de violência doméstica, mas considerou-se importante chamar atenção que a identificação e nomeação de violência entre lésbicas e a percepção sobre a "agressora" pode ter uma forte intersecção com outros aspectos identitários, de gênero, raça e classe, conforme a citação a seguir:

Nádia Elisa Meinerz, em estudo etnográfico sobre masculinidade feminina em contextos homoeróticos de Porto Alegre, observou o uso de "termos pejorativos" como "caminhoneira", "machorra" e "sapatão", que faziam referência a "um tipo de mulher não desejável para a constituição de parcerias afetivo-sexuais" (Meinerz 2011: 24). No entanto, a autora aponta que, entre mulheres de classe média, um estilo "andrógino" pode ser valorizado, se diferenciando da masculinidade grosseira atribuída às "caminhoneiras". (PETERSEN, 216, p. 99).

Diante de todos esses relatos, retorna-se às implicações do ideal de amor romântico, que tudo supera, que tudo pode, que se dá por meio da abnegação, e além de poder ser utilizado como uma forma de justificar a violência, pode ser argumentado como uma justificativa para a manutenção da relação, mesmo diante, e retroalimentando, um ciclo de violência que perdura. Desde a perspectiva de quem está gerando violência, como era o caso de Mariana, apontou-se essa percepção:

> Mariana – Cidade do México – 36 anos – raça/etnia: *mestiza* – expressão de gênero: não feminina – nível de renda médio
> Mariana: Depois conversamos sobre isso, eu confrontei ela porque...... passou uma semana e conversamos um pouco, só um pouquinho, e ela me disse que estava tentando processar o que tinha acontecido, que foi o mais forte que ela já havia vivido, e que eu esperava que fosse o mais forte que ela tenha que viver em sua vida e que tudo de agora em diante seja mais tranquilo e fácil para ela, e que foi muito difícil para para ela entender o que havia acontecido e me perdoar. E lembro que disse que se fosse ela não me perdoaria, ou seja, "o que eu fiz com você, eu não perdoaria". E depois de alguns dias ela me disse que me perdoou e, sabe, eu sinto que ela... não sei, estou perguntando pra ela agora, "por que você quer ficar comigo? Não está claro para mim por que você quer ficar comigo". E em alguns momentos, isto é, quando temos alguma discussão, ela diz que estou buscando a saída mais fácil para mim... porque eu digo a ela "vamos

terminar", ou seja, para mim o esforço físico, o esforço mental, o que me levou àquele lugar de violência física em que eu... para mim é uma coisa que já, sabe, eu me sinto no limite, e eu digo a ela "vamos terminar", e ela me diz que é a saída mais fácil', e eu "não, para mim não é fácil, mas acho insustentável ser assim".

Mariana estava descrevendo os dias após um episódio de violência física, em que ela agrediu com tapas e socos a companheira; demonstrava uma incompreensão diante da afirmativa de que o término da relação seria a "saída fácil" e que seguir na relação seria o caminho correto dentro da lógica de que casais são eternos. Como afirmou Zami, são diversas as intersecções de opressões nos relacionamentos lésbicos.

Zami – Brasília – 29 anos – raça/etnia: negra –expressão de gênero: não se aplica – nível de renda alto
Zami: eu acho que é bem, é bem, é bem difícil, véi, é bem complexo. É um desafio a gente conseguir esses relacionamentos, e o impacto de todas essas cargas, né, do machismo, do racismo, da gordofobia, da transfobia. O impacto dessas violências que se transformam em microviolências. Sabe, quando eu penso nisso, eu penso, tipo, num laboratório, quando você joga tipo uma porçãozinha assim, que vai no laboratório e tem três caminhos que o líquido percorre e muda de cor. É meio isso, a gente tem uma porçãozinha das violências estruturais que a gente joga nisso e dá num tubinho pequeno, que é um relacionamento, mas que vem com todas essas cargas, que são pessoas que vêm de diversos *backgrounds*. Acho que é isso.

São também diversas as pressões sobre essas relações decorrentes de lesbofobia, seja social ou internalizada. No capítulo a seguir, serão abordadas as estratégias adotadas pelas interlocutoras e também pensadas/sonhadas por diversas autoras feministas em busca de uma vida livre de violências e possíveis caminhos para a descolonização dos amores e da sexualidade.

7. DESCOLONIZAR AMORES, DESCOLONIZAR A SEXUALIDADE

> Desde esta outra esquina tem sido possível projetar um sonho, o sonho de uma mudança da sociedade. O sonho de uma cultura que não está baseada entre ódio/amor, mas no respeito, de uma cultura que não se baseia no domínio, mas na colaboração.
> (Margarita Pisano)

Ao longo dos seis capítulos anteriores, buscou-se analisar as implicações da colonialidade da sexualidade, em sua interseccionalidade com raça, gênero e classe, sobre manifestações de violência em relacionamentos lésbicos em Bogotá, Brasília e Cidade do México. Buscou-se a compreensão de como a colonialidade do poder, do ser e do saber definiram vivências lésbicas como crime, pecado e doença e se moldaram, mediante a nação heterossexual, a heterossexualidade compulsória, o modelo amatório casal-família (*parejilfamilista*) e o pensamento hétero. Por meio dos relatos das entrevistadas participantes desta pesquisa de encontro, em diálogo com literatura acadêmica transdisciplinar e produções de organizações do movimento social lesbofeminista das três cidades, pôde-se perceber como padrões sócio-histórico-culturais, como o ideal de amor romântico, a lesbofobia social e a lesbofobia internalizada, estão arraigados nas vivências das lesbianidades e se manifestam, reproduzem e ganham novos significados em episódios de violência.

Neste capítulo, objetiva-se dialogar com as estratégias encontradas pelas interlocutoras para buscar uma vida livre de violência e debater quais os papéis possíveis a serem desempenhados pelo Estado e pelo movimento social no que tange a esses relacionamentos. Ademais, apresentam-se alternativas ao ideal do amor romântico, como possibilidades para descolonização dos amores e da sexualidade.

7.1. ROMPER O SILÊNCIO

Durante as entrevistas, após contarem sobre suas vivências de violência em relações lésbicas, as participantes desta pesquisa compartilharam seus aprendizados e apontaram para caminhos que poderiam ser traçados em busca de relacionamentos mais horizontais. Desde suas experiências, desde seus sentires, desde suas subjetividades e locais situados de saber, desde suas individualidades e senso de coletividade, deram pistas sobre alguns possíveis passos a serem dados nessa jornada de descolonização dos amores e da sexualidade.

> Anna – Bogotá – 33 anos – raça/etnia: "europeia desconstruída" – expressão de gênero: feminina às vezes – nível de renda médio
> Anna: Bem, na verdade eu nunca tinha falado sobre isso, em oito anos… É muito estranho porque é difícil para mim lembrar as coisas, porque há muitos episódios dos quais eu não me lembro. Isto é, por conta do tempo que passou. Por causa do tempo ou por que a gente esquece… Então, tem alguns episódios que eu lembro bastante, mas tem outros que não. Dos três anos, me lembro de três ou quatro episódios, mas sei que acontecia semanalmente, mas minha mente apagou. Você estava me perguntando como eu me sentia e eu tenho dificuldade em lembrar como me senti, enfim, é estranho….

Anna contou que a entrevista foi a primeira vez que falou, "de fato", sobre as experiências de violência que vivenciou durante três anos de vida, sobre as agressões psicológicas, econômicas, sexuais e físicas. Romper o silêncio sobre a violência em relações lésbicas é o primeiro passo.

Romper a violência é essencial desde a perspectiva básica dos feminismos, de que o pessoal é político, de que o que passa comigo pode se passar com outras e é possível uma atuação coletiva e de que não se tratam de situações isoladas ou individualizadas, mas ocorrem dentro e estão relacionados com um sistema-mundo colonial de sexualidade, raça, gênero e classe.

Romper o silêncio é contribuir para desmistificar os discursos que invisibilizam e impõem barreiras ao diálogo sobre a não possibilidade de mulheres serem violentas, de que apenas as lésbicas que têm expressão de gênero dissonante do que é considerado feminino podem ser violentas e que, quando ocorrem agressões, trata-se de violência mútua. Como afirmou Audre Lorde, é preciso transformar o silêncio em linguagem e ação:

> Do que é que eu tinha medo? Eu temia que questionar ou me manifestar de acordo com as minhas crenças resultasse em dor ou morte. Mas todas somos feridas de tantas maneiras, o tempo todo, e a dor ou se modifica ou passa. A morte, por outro lado, é o silêncio definitivo. E ela pode estar se aproximando rapidamente, agora, sem considerar se eu falei tudo o que precisava, ou se me traí em pequenos silêncios enquanto planejava falar um dia, ou enquanto esperava pelas palavras de outras pessoas. (LORDE, 2019, p. 52)

Esse foi o caminho percorrido por Tatiana, que após um relacionamento de episódios recorrentes de diferentes tipos de violência, passou a dedicar sua vida a falar com mulheres bogotanas sobre o tema.

> Tatiana – Bogotá – 53 anos – raça/etnia: *mestiza* - expressão de gênero: masculina – nível de renda baixo
> Tatiana: tudo isso me ensinou a falar sobre o assunto e falar sobre isso com mais mulheres que vivenciam violência que a gente não nomeia assim, ou que a gente cria justificativas, mas isso não está certo.

A transformação do silêncio em linguagem e ação possibilita também que se esteja mais atenta e alerta para as manifestações de violência no contexto das relações.

> Beatriz – Brasília – 35 anos – raça/etnia: socialmente parda – expressão de gênero: não se aplica - nível de renda médio
> Beatriz: Cara, eu acho que, às vezes, a gente quer tanto viver uma coisa como a gente sonhou, ou próximo do que a gente sonhou, que a gente fecha os olhos e aceita uma porrada de coisa que, num estado mais atento, não aceitaria, sabe? Quando eu olho pra essa história, quando ela começou a tratar comigo antes de a gente se conhecer, era ali que eu tinha que ter parado. Eu acho que essa história com a [ex-companheira] me deixou mais atenta, muito mais atenta. Eu já sou meio desconfiada, né? Mas, me deixou muito atenta.

Além de visibilizar o fenômeno, romper o silêncio e desmistificar os relacionamentos lésbicos – contextualizando a lesbianidade dentro da colonialidade da sexualidade – pode contribuir para que haja mais informações acessíveis.

> Zami – Brasília – 29 anos – raça/etnia: negra –expressão de gênero: não se aplica – nível de renda alto
> Zami: Acho que entender, acho que informação, acho que entender que isso também é violência. Não é visibilizado essa violência psicológica. É simplesmente tratado como ela tratava as minhas queixas. Que era, tipo assim: ah, isso é coisa sua, não tenho nada a ver com isso, você se resolve aí. Então, eu acho que se tivesse informação, já seria um grande passo. Porque eu daria nome pra isso, eu entenderia que é uma violência. E é uma questão que, em relacionamentos entre mulheres, é muito idealizado.

7.2. IDENTIFICAR E NOMEAR A VIOLÊNCIA

Compreender o fenômeno da violência em relações lésbicas, falar sobre e compartilhar informações pode ser uma ferramenta importante para que quem esteja passando por essa situação possa identificar as manifestações de violência nas quais estejam inseridas, reconhecer sua posição naquele contexto como sujeito que pratica ou que sofre as agressões e nomear a violência vivenciada.

> Zami – Brasília – 29 anos – raça/etnia: negra –expressão de gênero: não se aplica – nível de renda alto
> Zami: Mas, é isso, essa falta de informação e de visibilidade de que existe esse tipo de violência, que isso é violência em relacionamentos entre mulheres, às vezes faz com que essas mulheres lésbicas, porque essa menina também é sapatão, nem se sentirem no direito de falar. Nem sei se ela lia como violência, ela lia como um incômodo. E foi isso que ela falou: cara, que merda! Ela não pode fazer isso com você. Mas não tinha um nome. Por que ela não podia fazer isso comigo? Ah, não sei. Naquela época eu não perguntei. Mas todo mundo sabia que era errado. Ninguém sabia porque era errado. Não tinha um nome.

Além de nomear as violências, é importante a compreensão de que, assim como não há hierarquias de opressão (LORDE, 2019), não existe hierarquia entre as violências. A tipologia e descrição de manifestações podem auxiliar na identificação e nomeação da experiência vivida, mas não define o sentido. Tampouco os tipos de violência estão dissociados; geralmente, são praticados e vividos de modo imbricado, em engrenagens da violência (ver Capítulo 6).

7.3. REDE DE APOIO

Uma das constantes nos relatos das participantes foi o sentimento de isolamento, inclusive como uma das manifestações da violência psicológica, e como as pessoas de convivência do casal eram as da pessoa que estava exercendo violência, que nesses casos muitas vezes não reconhecem as violências que estão sendo exercidas pela amiga, filha, irmã. ou, mesmo reconhecendo, não se dispõem a apoiar a pessoa que está sofrendo violência.

> Anna – Bogotá – 33 anos – raça/etnia: "europeia desconstruída" – expressão de gênero: feminina às vezes – nível de renda médio
> Anna: Na verdade, todas as amigas dela achavam que eu estava mentindo [...] achavam que era tudo mentira, que eu estava falando merda quando falei: me separei da [ex-companheira] porque ela estava me maltratando e elas diziam que não, que me separei pra ficar com outra mulher, nunca acreditaram em mim até que [outra amiga] disse que bateu nela, mas imagina... Isso foi sete anos depois.

> Beatriz – Brasília – 35 anos – raça/etnia: socialmente parda – expressão de gênero: não se aplica - nível de renda médio
> Beatriz: Aí, ela veio e começou a tentar tirar o celular da minha mão, o meu celular: "com quem você tá falando? Com quem você tá falando?" Eu falava pra ela parar, ela ficou puxando meu celular, ficou um maior tempão nessa. Até que eu mandei uma mensagem pra irmã dela [risos], não sei

porque eu fiz isso, mas pedi pra ela passar lá, porque a [ex-companheira] estava descontrolada em casa. E aí ela me mandou uma mensagem: "Bia, foi mal, mas eu não dou conta. Faz muito tempo que eu não dou conta das tretas dela. E eu não consigo ir. Desculpa".

Há também um complicador relacionado aos poucos espaços de convivência lésbica devido à lesbofobia social. Em muitos casos, a rede de amizade de ambas é a mesma e apesar de muitas vezes presenciar os episódios de violência, com um discurso de neutralidade ou imparcialidade, não oferece apoio.

Zami – Brasília – 29 anos – raça/etnia: negra –expressão de gênero: não se aplica – nível de renda alto
Zami: Quando você está vivendo a relação violenta, os amigos, as pessoas não falam. Muito louco isso, né? Tipo, elas veem o que está acontecendo, mas, no caso, era uma rede de amigos que eram amigos de ambas, e falavam pelas costas, minhas costas e pelas costas dela, comentavam entre si. E eu descobri isso depois, quando a gente foi terminando e essa minha amiga chegou e disse: "véi, ela tem que te deixar em paz, olha o que ela faz com você!" Ela pontuou e eu fiquei, caralho, foi aí que eu vi um pouco das violências [...] se na época, se eu tivesse uma rede... Mas a coisa de "em briga de marido e mulher, ninguém mete a colher" também é em briga de mulher e mulher, sabe, as pessoas não querem se intrometer. Não querem meter a colher em relacionamento nenhum. Se as pessoas tivessem chegado e falado o que elas viam, na época, durante o relacionamento, e não só na época que eu estava já terminando. Requereram 03 anos pra acontecer isso, e eu tava nesse rolê tinha muito tempo. Então, talvez tivesse economizado meus próximos muitos anos de terapia [risos].

Mesmo diante dos desafios impostos pela lesbofobia que influenciam na rede de amizade compartilhada e somada a ela as implicações do ideal de amor romântico que contribui, muitas vezes, para a vivência a duas, em um processo de fusão, as percepções das pessoas que vivenciaram violência em seus relacionamentos lésbicos indicam a importância de formação de rede de apoio própria.

Zami – Brasília – 29 anos – raça/etnia: negra –expressão de gênero: não se aplica – nível de renda alto
Zami: Do tipo, sei lá, tenho uma melhor amiga, tô namorando uma mina, se acontecer de elas se tornarem amigas, ok, não vou privar ninguém de se relacionar e tal. Mas eu acho importante, pra além dessa amiga, eu ter outras amigas, que sejam só minhas amigas. Acho bem, acho bem complicado. Hoje eu tenho uma rede que eu acho que me falariam, do tipo, elas falam coisas até demais [risos].
Anna – Bogotá – 33 anos – raça/etnia: "europeia desconstruída" – expressão de gênero: feminina às vezes – nível de renda médio

Anna: ter uma rede de apoio e não ficar sozinha, ou seja, mesmo que você se isole em um momento, você sabe quando sair de casa que tem para onde ir, porque isso é o básico, como você vai sair de um relacionamento em que você não tem mais nada, se você não tem para onde ir e não tem para onde ir com pouca vontade conversar, se sentindo tão mal, normalmente a pessoa se sente muito mal, tão pequena e que você sente que não você não tem nada para contribuir, porque você não quer estar com ninguém, então que tenha gente que ainda quer estar com você é importante mesmo que vocês não falem sobre o assunto, não conversem sobre nada, porque você também se sente mal por estar com pessoas que… mas pelo menos naquela época foi muito importante ter meus colegas de trabalho, que não se importavam que eu fosse pra casa deles ou que viessem pra minha casa e eu só conseguisse ficar no meu quarto.

7.4. RESPONSABILIZAR E NÃO ESTIGMATIZAR

Contestar o mito da violência mútua em relacionamentos lésbicos não deveria implicar em adotar uma perspectiva binária de agressora/vítima, mas considerar que em uma determinada situação de violência uma pode praticar/exercer e outra sofrer a violência. Não implica, tampouco, cristalizar os papéis exercidos na dinâmica de violência para outras relações. Se em uma relação se exerce violência, em outra posterior é possível sofrê-la e vice- versa.

Observar os relacionamentos anteriores em perspectiva, notar os padrões de comportamento, pensar no que é possível fazer diferente, o que é possível transformar, foi uma das propostas apresentadas por Sandra depois de ter sofrido violência psicológica e sexual em dois relacionamentos sequenciais.

Sandra – Cidade do México – 28 anos – raça/etnia: não – expressão de gênero: *machorra* **– nível de renda baixo**
Sandra: Preciso encontrar uma maneira de resolver meu histórico de relacionamentos violentos e todas as consequências que eles deixaram. Porque claro que acho que não sei me relacionar a partir do que é bom é consequência do fato de sempre ter me relacionado a partir do que é mau. Desde permitir e segurar bronca e compreender e justificar a violência, e agora, bem, a ideia é fazer algo diferente.

Desde essa perspectiva, a maioria das participantes desta pesquisa, que buscavam uma compreensão da pessoa que agrediu para além da violência, consideram que a prática de violência não define essa pessoa, que "isso [o exercício da violência] não a resume. Ela não é só essa violência", conforme afirmou Zami ao falar sobre a ex-namora-

da com quem se relacionou afetivo-sexualmente por quatro anos e de quem sofreu violência psicológica:

> **Zami – Brasília – 29 anos – raça/etnia: negra –expressão de gênero: não se aplica – nível de renda alto**
> **Zami**: Eu pensei mais em poder falar de violências, sabe? Tanto tem as coisas que a gente reproduz, tanto as violências que a gente sofreu que não são nomeadas e as que a gente pratica também. A gente nunca tá num pólo só. Nunca. E eu acho muito errado a gente, não é errado, né. Tem sempre violências e violências. Tem dinâmicas e dinâmicas. Mas, a gente faz isso constantemente, em colocar uma vilã no relacionamento. A agressora. E eu acho isso paradoxal. É isso, porque a gente tá exercendo um polo da força em diversos aspectos. Isso não é pra passar pano em mina que bate em mina ou de cara que bate em mulher. Não, né, mas é mais profundo. Acho que é muito confortável pra gente colocar, eu, né. É muito confortável pra mim. Hoje não, porque eu tô nesse processo de tentar me entender quanto violenta também, pra conseguir... Mas era muito confortável colocar toda, toda a responsabilidade nessa mina que foi violenta comigo. Mas, **isso não resume ela. Ela não é só essa violência** [...] é a parte difícil disso que a gente não quer fazer é olhar com profundidade pra esses relacionamentos. E aí, não só o lésbico também. Todos os relacionamentos. É uma sociedade violenta também. E a gente é bom e ruim e a gente é tudo isso. Humano [risos]. Ruim e bom ao mesmo tempo, com nuances diferentes.

Diante de processos de violência entre lésbicas, muitas vezes, a própria comunidade acolhe quem sofreu a violência e rotula e isola aquela que a praticou. Esse processo pode contribuir para que não haja uma revisão das práticas exercidas, para que os mesmos comportamentos se repitam em relacionamentos seguintes, além de possíveis outros danos que esse isolamento e distanciamento podem causar às lésbicas, que já estruturalmente são estigmatizadas e isoladas dentro de um contexto de lesbofobia social.

Ao contar sobre como estavam suas companheiras, que praticaram violências físicas contra elas durante anos, Tatiana e Anna relataram que, além de reproduzir as práticas em relacionamentos posteriores, se encontravam em uso abusivo de álcool e outras drogas.

> **Tatiana – Bogotá – 53 anos – raça/etnia:** *mestiza* **- expressão de gênero: masculina – nível de renda baixo**
> **Tatiana**: Ela começou uma relação com outra menina e teve uma queda braba nas drogas, ela se envolveu com o tráfico, no L, todas essas ondas aqui em Bogotá. Então ela teve outra namorada. Depois outra namorada Ela fica toda entediada, amargurada e ainda tem queixas de mim.
> **Anna – Bogotá – 33 anos – raça/etnia: "europeia desconstruída" – expressão de gênero: feminina às vezes – nível de renda médio**

Anna: Se a [ex-companheira] tivesse encontrado amigas que dissessem: Ei, o que você está fazendo? Do que você precisa? A gente leva você no psicólogo, a gente interna você, ou o que precisar". Mas, sim, é preciso fazer algo com ela, porque senão ela vai continuar reproduzindo em outros lugares. Bem, ela continua...
Cláudia: Sabes se continua?
Anna: Si, sei porque temos uma amiga em comum. Sei que ela continuou exatamente igual em outras relações. Em outros lugares, mas continuou igual [...] Para mim, parece muito importante olhar para o que acontece com ela.
Cláudia: Uma das coisas que disseste é que não irias denunciá-la ou mesmo levar isso adiante, mas achas que poderia haver alguma forma de reparação?
Anna: Para mim a forma de reparação seria que ajudassem [ex-companheira], essa seria a minha reparação. Para mim não há reparação, ou seja, o que eu vivi, eu vivi. Queria saber que ela não vai fazer isso de novo, mas não que vá pra prisão. Então reparação pra mim seria que ela fosse ajudada, não sei como seria, não sou psicóloga, não tenho ideia de como isso seria feito, mas acho que seria largar o álcool e fazer algum tipo de tratamento para ver de onde vem isso, por que ela faz isso, para ver se pode mudar.

Nesta pesquisa de encontro, foi possível dialogar tanto com lésbicas que haviam sofrido quanto com aquelas que haviam exercido ou estavam exercendo violência. Foi desafiador escutar esses relatos, especialmente daquelas que exercem/exerciam. Foi também transformador. Confirmou a percepção inicial, desde meu lugar de pesquisadora e lesbofeminista, que para compreender o fenômeno social da violência em relacionamentos lésbicos é preciso libertar-se de amarras pré-concebidas, é preciso escutar, dialogar. É preciso compreender para poder transformar.

Mariana – Cidade do México – 36 anos – raça/etnia: *mestiza* – expressão de gênero: não feminina – nível de renda médio
Mariana: Acho que uma questão muito importante que não vou abrir mão é conseguir tentar estar sempre, agora, alerta para as minhas violências. Realmente, não quero que isso aconteça de novo, nunca, nunca, nunca mais. Reconheço em mim essa possibilidade. Vi, vivi e espero nunca mais voltar para esse lugar... mas eu sei do que sou capaz e não quero que essa violência saia com a pessoa que amo.

Aline – Cidade do México – 35 anos – raça/etnia: mexicana *mestiza* – expressão de gênero: inter/feminina – nível de renda médio-baixo
Aline: A gente fez muitos novos acordos. Fizemos porque o que era importante para a vida agora estava mais ajustado. A partir daí podemos construir muita coisa nova [...] Estamos juntas há 11 anos mas só começamos a ter estabilidade, uma relação mais bacana este ano. O mais livre de violência até agora. Eu sei que está faltando um fiozinho, mas vamos lá [...] Não sei se algum dia conseguirei ter um relacionamento completa-

mente livre de violência. Eu sinto que não. Acho que vou continuar trabalhando nisso por toda a minha vida.

Tanto Mariana quanto Aline reconheceram suas práticas violentas, tomaram para si a responsabilidade da ação e reconheceram, também, que têm dificuldades e que precisam de apoio para transformar os papéis violentos que exercem dentro do relacionamento.

> Sandra – Cidade do México – 28 anos – raça/etnia: não – expressão de gênero: *machorra* – nível de renda baixo
> Sandra: Quando falamos sobre o assunto, me dá mais arrepios de pensar que nos odeiam, o resto do pessoal do mundo, que já nos tratam muito mal, o Estado, das outras identidades, para nós mesmas nos atacarmos e nos tratarmos mal.

Essa indicação de caminhos percorridos não se pretende estática, universalizável ou uma fórmula a ser adotada em todo e qualquer tipo de relacionamento lésbico. Os contextos, as circunstâncias, as interseccionalidades e as subjetividades são essenciais para que se encontrem as melhores alternativas de modo particularizado. Busca-se, aqui, poder colaborar com o processo de compreensão de manifestações das violências e com possibilidades encontradas para prevenir e apresentar ferramentas que possam auxiliar a busca de uma vida livre de violências. Colaborar desde a compreensão de que as lesbianidades são vivenciadas no contexto da colonialidade da sexualidade é também debater sobre as possibilidades e limites dos papéis do Estado e dos movimentos sociais.

7.5. PAPEL DO ESTADO

No que tange à aplicabilidade das legislações de Brasil, Colômbia e México aos casos de violência em relacionamentos lésbicos, nota-se uma diferença quanto a quem as normas visam a proteger – no caso brasileiro, há uma previsão de mulheres independentemente de suas identidades sexuais (orientações sexuais, nos termos da lei), enquanto nas normas colombianas e mexicanas prevalece a perspectiva heterocentrada da violência contra as mulheres. Questiona-se, desse modo, a universalidade dessas leis no que diz respeito à livre vivência das sexualidades. Aqui, a abordagem da Teoria Crítica do Direito nos possibilita colocar luz sobre como se conforma a colonialidade da sexualidade.

> Apesar da suposta universalidade das normas jurídicas, a seletiva indicação dos padrões morais e de normalização que identificam o tipo de proteção e os sujeitos protegidos impõe que uma avaliação crítica do direito – aquela

> comprometida com a identificação da realidade, suas estruturas de poder e obstáculos existentes à emancipação dos sujeitos subalternizados – descortine as estruturas de distribuição de poder, bem como os critérios que sustentam o modelo de dominação confrontado. (SILVA, PIRES, 2015, p. 65)

A perspectiva universalista-excludente heterocentrada das legislações colombiana e mexicana – ou, nos termos de Ochy Curiel, a nação heterossexual – foram criticadas durante as entrevistas. Chamou atenção que, nessas cidades, quem apresentou esses questionamentos foram duas lésbicas não brancas, com nível de renda baixo e com expressões de gênero diferentes do que é considerado feminino. Ao que se vincula às implicações das interseccionalidade de raça, gênero e classe com a sexualidade diante do acesso ao Estado.

> Sandra – Cidade do México – 28 anos – raça/etnia: não – expressão de gênero: *machorra* – nível de renda baixo
> Sandra: Eu acho que no Estado não tem muito... quer dizer, pensei, quem pode nos ajudar, quem pode ajudar as lésbicas. Inclusive legalmente, no México a violência contra a mulher é nomeada de homem para uma mulher, nem sequer é visível que possa haver violência entre duas mulheres. Então não imagino, por exemplo, denunciar uma violência sexual da minha companheira, porque legalmente, bom, não está nem tipificado, e além disso, acho que se eu fosse fazer a denúncia ia escutar "mas como pode outra mulher estuprar você?"
> Tatiana – Bogotá – 53 anos – raça/etnia: *mestiza* - expressão de gênero: masculina – nível de renda baixo
> Tatiana: : Isso é uma briga com a Lei 1257 aqui em Puente Aranda, mulheres lésbicas, bissexuais e transexuais, têm que nos chamar assim. Não é porque estamos todas envolvidas com o tema, não. A violência contra nós é diferente. Eles nos revitimizam, não nos levam a sério. Você não vai na delegacia para denunciar uma violência da sua companheira, porque não vão entender isso. Isso vai seguir enquanto a gente tiver uma sociedade dividida por gênero. Não estou falando daquela chamada "ideologia de gênero" que criaram recentemente, mas sim do fato de sermos definidas por um gênero, em que as mulheres são vistas como fracas. Só quando isso acabar, vão conseguir entender: sim, sou uma mulher em uma relação com outra mulher e ela foi violenta comigo.

Questiona-se, desse modo, a viabilidade de as legislações nacionais mencionadas serem mecanismos suficientes para abordar a complexidade e promover eficiência na resolução de conflitos em relacionamentos lésbicos. As construções dessas normas ocorreram sob o regime político da heterossexualidade (CURIEL, 2011), tendo como principal parâmetro os relacionamentos heterossexuais. Foi essa a percepção de

Tatiana ao buscar a mediação da polícia bogotana em uma situação de violência que estava vivenciando:

> Tatiana – Bogotá – 53 anos – raça/etnia: *mestiza* - expressão de gênero: masculina – nível de renda baixo
> Tatiana: E a violência aumentou. Então, fui à delegacia de San Fernando para fazer um boletim de ocorrência. Falei com o policial. E ele disse: "Nossa, qual foi o que homem deixou você assim?". Eu disse a ele: "Não, não era um homem! Ela era minha companheira"! Ele diz: "Sim, entendi, um homem". "Não, eu disse companheira, é uma mulher. O nome dela é [ex-companheira] e estou aqui para denunciá-la". A resposta do policial foi: "ah, essas mulheres... Provavelmente vocês brigaram por causa d e homem. No mínimo, uma robou o marido da outra". "Sr. policial, não estou aqui para apresentar queixa contra um homem. Venho registrar um BO contra minha companheira que é mulher". Estávamos no início do ano 2000, ainda não havia política pública, não tínhamos muitas coisas que temos agora em Bogotá. O policial disse: "quando você estiver mais em si, venha fazer o boletim contra a mulher robou seu marido, já que vocês brigaram por causa de um homem". Aí eu percebi que não poderia registrara de núncia, nem nada, então só me restava seguir aguentando a violência.

Nesse aspecto, considerando o direito enquanto mecanismo de controle social, que influencia e é influenciado por relações sociais, nota-se que os normativos legais reforçam hierarquias morais, modelos de comportamento e padrões de normalização. Conforme uma análise da função crítica do direito:

> Sendo a sociedade brasileira profundamente desigual e o sujeito moderno de direito determinado através da sua condição de homem, branco, proprietário, cristão, heterossexual e não portador de necessidades especiais, há que se reivindicar, para o tratamento propriamente crítico do direito, lentes de análise que privilegiem os diversos critérios de hierarquização presentes na formação social brasileiro. (SILVA, PIRES, 2015, p. 63)

Há uma lacuna a ser preenchida sobre a aplicação das leis de enfrentamento à violência em relacionamentos lésbicos. No Brasil, há estudos exploratórios sobre a temática. Realizar uma análise comparativa poderia lançar luz sobre as implicações da colonialidade da sexualidade e da nação heterossexual desde essa perspectiva de aplicação legislativa. Esta pesquisa, contudo, tem enfoque no caráter preventivo mediante os quais se poderia fazer uso dessas normativas. Somando-se à percepção de Zami:

> Zami – Brasília – 29 anos – raça/etnia: negra –expressão de gênero: não se aplica – nível de renda alto

Zami: a informação e o reconhecimento em termos de Estado. Porque é isso que o Estado pode fazer. Ele não pode interferir na esfera da vida intersubjetiva das pessoas, a não ser que seja crime, né [...] Ah, e o Estado tinha que dar terapia, né [risos]. E tem, né? Daquela pergunta de responsabilização do Estado. Tratamento terapêutico, véi, todo mundo tinha que estar numa terapia. Enfim, é isso.

Retoma-se aqui o paradoxo do casamento igualitário (capítulo 4), para levantar o questionamento sobre as possibilidades e limitações das estruturas formais no que tange aos direitos humanos de lésbicas. Seguir as reivindicações de acesso às políticas públicas específicas não é suficiente. Para além de buscar alternativas dentro do Estado, da nação heterossexual, que concretiza em suas instituições a colonialidade da sexualidade, é necessário buscar formas comunitárias para prevenir e enfrentar a violência em relacionamentos lésbicos. Considera-se que a análise sobre as limitações das estruturas acadêmicas para grupos não hegemônicos, os/as "outros/as" da colonialidade, pode ser ampliada para as demais instituições estatais.

> Aquelas de nós que estão fora do círculo do que a sociedade julga como mulheres aceitáveis; aquelas de nós forjadas nos cadinhos da diferença – aquelas de nós que são pobres, que são lésbicas, que são negras, que são mais velhas – sabem que *a sobrevivência não é uma habilidade acadêmica*. É aprender a estar só, a ser impopular e às vezes hostilizada, e a unir forças com outras que também se identifiquem como estando de fora das estruturas vigentes para definir e buscar um mundo em que todas possamos florescer. Pois *as ferramentas do senhor nunca derrubarão a casa-grande*. Elas podem possibilitar que os vençamos em seu próprio jogo durante certo tempo, mas nunca permitirão que provoquemos uma mudança autêntica. E isso só é ameaçador para aquelas mulheres que ainda consideram a casa-grande como sua única fonte de apoio. (LORDE, 2019, p. 137)

7.6. PAPEL DO MOVIMENTO SOCIAL

Os movimentos sociais têm a possibilidade de desempenhar um importante papel diante das violências em relacionamentos lésbicos, seja no acolhimento a pessoas que estejam sofrendo violência, seja no apoio necessário para que sejam transformadas as práticas de violência. Desde a compreensão da colonialidade da sexualidade, e suas interseccionalidades com raça, gênero e classe, é possível buscar alternativas comunitárias.

> A gestão de conflitos é inevitável em qualquer tipo de comunidade. Quando elas se tornam mais complexas e se organizam jurídica e politicamente (construindo o Estado), e quando os conflitos mudam e crescem, torna-se necessário coordenar e articular as diferentes formas de geri-los, para garantir uma vida harmoniosa em sociedade e criar um horizonte de paz comunitária. (RAMÍREZ, 2017, p. 107)

É possível, a partir do diálogo, do auxílio na identificação e nomeação das violências, na ruptura com os mitos, na coletividade, desenvolver ferramentas que podem auxiliar na percepção e transformações de relações lésbicas violentas.

> Sandra – Cidade do México – 28 anos – raça/etnia: não – expressão de gênero: *machorra* – nível de renda baixo
> Sandra: Não há acompanhamentos, nem ninguém que nos dê uma mão para fazer justiça alternativa. E as instituições não têm uma perspectiva em relação às lésbicas, por isso parece-me que tudo se torna mais complicado para sair ou para obter as ferramentas para sair da relação violenta.

Há de se levar em consideração que, se os movimentos lésbicos podem ser um dos pontos de articulação no acesso à justiça, é necessário estar ciente da existência de conflitos em relacionamentos lésbicos dentro do próprio movimento. Por mais que a vivência dessa proposta-crença política pudesse significar o rompimento com as práticas relacionadas à instituição do relacionamento afetivo-desejante-sexual heterossexual, seja em termos da vivência do amor romântico, das práticas de posse, dos ciúmes e de violências em seus diferentes tipos, são diversos os casos de violências entre lésbicas dentro do movimento.

Em um dos textos disponibilizados na internet e divulgados entre grupos lesbofeministas no Brasil, a lesbofeminista Fernanda Kalianny relata como atuar com a pauta de violência contra mulheres e conviver em espaços feministas não impediu que vivenciasse um relacionamento lésbico abusivo nesse meio:

> Estudar gênero, sexualidade, ter feito um trabalho recente sobre gênero e violência parecia que me salvaria de uma relação desse tipo. Mas não salvou. Eu precisava encarar que não estava a salvo nem naquele ambiente militante, feminista e ao mesmo tempo que saber bastante ou acumular leituras não me salvava de viver essas relações.

Em sua análise, o pertencimento ao movimento lesbofeminista contribuiu, inclusive, para dificultar sua percepção de estar em um relacionamento abusivo:

> Talvez esse tenha sido um dos motivos para desacreditar no que eu estava vivendo. Notar que vivia uma relação assim com uma companheira do movimento era de algum modo deixar cair por terra a ideia de que ali, dentro daquele espaço, eu estava salva. Salva do machismo, das relações que torturam, dos sorrisos que são silenciados. Mas estava acontecendo.

Por tratar-se de um fenômeno ainda pouco estudado, com poucas referências teóricas para abordar a temática, buscou-se apontar algumas contribuições da teoria crítica do direito – no que tange ao questionamento da universalidade das normas jurídicas – e da perspectiva do pluralismo jurídico – no que se refere à articulação de diferentes modos de promoção do acesso à justiça –, para apontar subsídios para a resolução de conflitos em relacionamentos lésbicos.

O regime político da heteronormatividade – para além de seus reflexos tanto na hegemonização de modelos de produção de hierarquia em relacionamentos, sejam hétero ou homossexuais, como na produção da lesbofobia institucional – gera implicações no aspecto normativo das legislações de enfrentamento à violência contra as mulheres e de suas subsequentes aplicabilidades na produção de dados e implementação de políticas públicas. Soma-se a essa realidade o papel do movimento social lesbofeminista tanto como um *locus* de incidência de conflitos domésticos entre lésbicas, mas também como um possível ator na articulação junto ao Estado na promoção do acesso à justiça dessas mulheres que encontram suas demandas invisibilizadas e, portanto, não atendidas.

As experiências de outros grupos sócio-historicamente vulnerabilizados podem servir de referência para a busca da resolução desses conflitos. Como nos afirma Silvina Ramírez:

> A articulação de diferentes organizações sociais (ONGs, organizações camponesas e indígenas, organizações da sociedade civil em geral, sindicatos, etc.), que possam gerar consciência e conhecimento prático nos membros das comunidades; ou seja, realizam uma espécie de educação popular que permite resolver os problemas mais urgentes, capacitando os próprios cidadãos com alguns instrumentos jurídicos necessários à obtenção da resolução dos conflitos. (RAMÍREZ, 2017, p. 116)

Nesse aspecto, Zami alerta para um passo anterior a ser dado pelos movimentos, essencial para possíveis alternativas comunitárias: reconhecer nossas diferenças.

> Zami – Brasília – 29 anos – raça/etnia: negra – expressão de gênero: não se aplica – nível de renda alto
> Zami: reconhecer as vulnerabilidades, inclusive pra se pensar na violência entre mulheres lésbicas, pensar a partir de raça, pensar a partir de de-

marcadores sociais que existem a partir do contexto, sei lá: lésbica mãe, sapatão gorda. As violências são múltiplas, dependendo do contexto. Pra mim, um grande passo seria: vamos reconhecer que a gente tá aqui com um monte de gente? Vamos reconhecer que a minha experiência não é universal? Que não é só a sapatão branca que existe e a experiência dela se estende a todas as outras? Vamos entender que é um bando de gente cagada aqui? Vamos, pega a mão, e vamos fazer um círculo de gente cagada. A partir desse momento em que um bando de gente cagada vomitar suas coisas na mesa, seus racismos, suas gordofobias, suas transfobias, seus elitismos, sabe, vamos colocar tudo aqui, nesse saquinho de lixo tóxico aqui. Mas também junto a gente consegue fazer alguma coisa. Então, vamos ver como a gente consegue abarcar tudo, ou nem tudo. Então vamos reconhecer que a gente não consegue abarcar tudo e, a partir daí, conseguir ir construindo coisas e movimentos e... É isso. A experiência de uma mulher negra em um relacionamento abusivo não é a mesma de uma mulher branca. Então, reconhecer essas pequenas coisas. E principalmente essa questão de classe também. Já seria uma grande coisa. Eu nem tenho muitas ambições, essa já seria uma grande ambição. Isso eu penso sempre em movimento lésbico – sapatão e em movimento negro. Que louco, imagina, imagina! Num rolê da galera preta, que a galera reconhecesse que pra falar de saúde sexual e reprodutiva, entender que tem sapatão também, que tem direito a planejamento familiar, entender que tem transmissão de HIV em relacionamentos entre mulheres, oh, entender que existe relacionamentos entre mulheres, entender que você não precisa escolher entre uma luta e outra, que tá tudo junto. Isso pra mim... é isso... *I have a dream* [risos].

Compartilho dos sonhos de Zami, sim, tenho sonhos. Sonhos de descolonização dos amores, de descolonização da sexualidade. Retomo aqui a primeira referência apresentada nesta escrita, por onde foi iniciada esta jornada:

> Cheguei à teoria porque estava machucada – a dor dentro de mim era tão intensa que eu não conseguiria continuar vivendo. Cheguei à teoria desesperada, querendo compreender – apreender o que estava acontecendo ao redor e dentro de mim. Mais importante, queria fazer a dor ir embora. Vi na teoria, na época, um local de cura. (hooks, 2017, p. 83).

Para com ela dialogar sobre a pesquisa de encontro e sobre a potência da epistemologia lesbofeminista no ciclo contínuo ação-teoria-ação-teoria rumo à descolonização da sexualidade.

> A cada palavra verdadeira dita, a cada tentativa que fiz de falar as verdades das quais ainda estou em busca, tive contato com outras mulheres enquanto analisávamos as palavras adequadas e um mundo no qual todas nós acreditávamos, superando nossas diferenças. E foi a preocupação e o cuidado dessas mulheres que me deram força e me permitiram esmiuçar aspectos essenciais da minha vida. (LORDE, 2019, p. 52)

7.7. POSSIBILIDADES DE DESCOLONIZAR AMORES, DE DESCOLONIZAR A SEXUALIDADE

O modelo amatório familiar monogâmico, baseado no ideal do amor romântico, atrelado à colonialidade do ser e à crença da lesbianidade como pecado, é um dos fatores vinculados às causalidades da violência em relacionamentos lésbicos; nos traz a busca da reflexão sobre caminhos que tornassem possíveis, ou ao menos facilitassem, a vivência de amores livres – de opressões, abusos e violências –, de afetos e amores descolonizados.

> Se não reestruturamos, redesenhamos, reumanizamos e repensamos o espaço lésbico, acabamos caindo na exaltação patriarcal do romântico amoroso sentimental onde acreditamos estar livres da traição dos homens, exaltando a feminilidade- feminilidade: o amor sem limites dentro da irracionalidade; o amor sentimental, sacrificado, bom, inquestionável, maternal, sagrado, o amor em si mesmo como contido de honestidade e de interesses comuns, que não se pensa, como se não tivesse uma pessoa responsável por detrás, com seus valores, sua cultura, suas proposições de vida, sua própria biografia. E é precisamente aqui de onde o patriarcado tem sua armadilha, pois a transgressão não radica em ultrapassar o limite demarcado da erótica estabelecida, senão em pensar tal transgressão, em desenhar estratégias políticas para que tal transgressão não seja, como todas, recuperada. (PISANO, 2004, p. 45)

Amores no plural, com a valorização de diferentes formas de amar e de amar em nossas diferenças. Depois de vivenciar violências em relacionamentos afetivo-sexuais, vivenciar o desamor pode ser um processo desafiador.

> **Zami – Brasília – 29 anos – raça/etnia: negra –expressão de gênero: não se aplica – nível de renda alto**
> **Zami:** Eu não conseguia ver o quão infeliz eu tava, e eu tava muito infeliz. Quando você tá com uma pessoa que deixa nítido todo dia que você não é boa suficiente... E não era só isso. Nunca é só isso: você é um lixo. Era tipo: nossa, você não é bonita, mas você tá incrível aqui, você vai arrasar ali. Não era um pólo, que ela era só negativa o tempo todo e eu tava indo nessa. Nunca é só essa negatividade. Mas, no resumo da obra, me fazia sentir desinteressante, me fazia sentir de uma forma muito negativa. Então, eu conecto isso com o fato de uma pessoa chegar, tipo, bonita, nova no rolê, mil minas interessadas nela, e a mina falar que tava interessada em mim. Então pra mim foi: puffffff. E tem a ver, né, com esse desamor que eu tava vivendo, próprio por conta dessa relação, mas também não só por isso, né, tem todo um histórico aí de vida, e o fato de uma pessoa interessante demonstrar interesse.

Anna – Bogotá – 33 anos – raça/etnia: "europeia desconstruída" – expressão de gênero: feminina às vezes – nível de renda médio
Anna: No começo me dei conta que era muito difícil para mim interagir com os amigos, me tornei uma pessoa muito retraída, na verdade eu não conseguia estar em grupos para ter amigos, na verdade isso ainda acontece comigo, embora eu não seja mais como era naquela época.
Cláudia: Não como eras antes, né?
Anna: Não, nem como eu era antes com ela, sim porque eu me sentia insegura, porque de alguma forma eu me sentia pequena, como se fosse pequena, então tudo foi muito difícil para mim, eu não tinha essa autoestima, então eu senti que não era capaz de fazer muitas coisas, que não merecia muitas coisas [...] Bom, passei por muitos processos próprios, com muitas pessoas e para mim um foi decisivo, em parte o feminismo, sim, porque me deu muitas ferramentas para mim e me deu muitas explicações sobre o que estava acontecendo e as coisas que estavam acontecendo em geral. E [amiga] foi uma pessoa que pegou e me disse: "o que você está fazendo? Você vale muito mais que isso, você faz muitas coisas boas" Ela me repetiu tanto que no final comecei a fazer as coisas mesmo sem acreditar, só pra me deixar em paz. Mas, de alguma forma, fazer todas essas coisas me deu muito mais ferramentas e ver que eu estava conseguindo e que as coisas estavam melhorando me deu muito mais incentivo e eu disse, ei, sim, posso! E sim, eu mereço e sim, pode ser. Posso aspirar a outras coisas e a minha vida pode ser diferente e eu posso ser diferente, e também me ajudou muito a olhar para quem eu era.

Os relatos de Zami e Anna inspiram que é possível caminhar em direção a novas formas de amar. Nesse diálogo, apresentam-se, a seguir, algumas propostas de vivenciar amores.

Desde uma perspectiva do amor para mulheres negras, bell hooks nos convida à reflexão sobre como o sistema escravocrata e as divisões raciais buscavam dificultar o crescimento espiritual de negras/os, no qual a repressão de sentimentos foi (e muitas vezes continua sendo, devido ao racismo e à supremacia dos brancos, que não foram eliminados com o fim do modelo moderno de escravidão) utilizada como estratégia de sobrevivência, por meio de um modelo hierárquico que criou, inclusive, espaços domésticos permeados de formas de exercício de poder machistas e adultocêntricas. "A opressão e a exploração distorcem e impedem nossa capacidade de amar" (hooks, 2010, s/p). Diante dessa realidade, afirma que a recuperação está no ato e na arte de amar e que, para conhecer e viver do amor, é preciso compreender a equivalência de importância e interligação entre saúde emocional e a luta contra o racismo e o machismo. É necessário reconhecer as emoções e sentimentos, a partir de um "**amor interior**"[118], que possibilite definir quais necessidades serão preenchidas no encontro ou contato com outras pessoas. Para hooks, "o amor significa a nossa expansão no sentido de nutrir nosso crescimento espiritual ou o de outra pessoa, me ajuda a crescer por afirmar que o amor é uma ação".

Outra possibilidade de construção comunitária de sociedades lésbicas são as **comunas lésbicas**. Um dos exemplos dessa experiência foi La Comuna de lesbinas Morelenses, no México. Foi uma experiência lésbica separatista, a primeira registrada na América Latina, com apoio indireto do Estado, que durou por dois anos e meio (1980-1982), iniciada com a convivência de 10 (dez) participantes, chegando a 60, majoritariamente camponesas, vindas de povoados indígenas, com caráter rural e de autossubsistência, em Ocotepec, atualmente parte da região metropolitana de Cuernavaca, no estado de Morelos, México. A iniciativa foi encerrada e as integrantes saíram do estado, em menos de 48 horas, depois de denúncias feitas por religiosos locais que associaram a Comuna a grupos guerrilheiros que estavam surgindo na região, em especial na América Central. (MOGROVEJO, 2000) Tendo sido uma experiência interrompida, há de se imaginar quais rumos tomariam uma comuna lesbofeminista e as possíveis formas de construção de amores não-hegemônicos.

Desde a perspectiva de uma sociedade comunista, a revolucionária bolchevique Alexandra Kollontai (1872-1952) propôs uma forma de vinculação familiar, inclusive para os relacionamentos afetivo-sexuais: o **amor camaradagem**. Em uma sociedade comunista, existiriam lavanderias e restaurantes públicos, cozinhas centrais, e também existiriam creches, lares para crianças, livros, roupas e calçados gratuitos para crianças e adolescentes, que possibilitariam uma responsabilidade coletiva sobre os afazeres domésticos e a criação de crianças, não cabendo mais exclusivamente às mulheres essas tarefas que constituem socialmente a segunda e a terceira jornada de trabalho. Sendo retirados também os elementos materiais da instituição matrimônio e a perspectiva da exclusividade do sentimento do amor, manifestada no matrimônio indissolúvel e no ideal burguês do amor absorvente, as famílias deixariam de ser individuais, por meio da construção de uma família

---

[118] A autora usa a expressão 'amor interior' e não 'amor próprio' porque a palavra 'próprio' é geralmente usada para definir nossa posição em relação aos outros. Numa sociedade racista e machista, a mulher negra não aprende a reconhecer que sua vida interior é importante.

universal de trabalhadoras/es, poderiam se constituir, então, exclusivamente, pela multiplicidade do amor, na união de afetos, solidariedade e camaradagem.

> O ideal de amor-camaradagem, forjado pela ideologia proletária para substituir o amor absorvente e exclusivo amor conjugal da moral burguesa, está fundado no reconhecimento dos direitos recíprocos, na arte de saber respeitar, inclusive no amor, a personalidade do outro, num firme apoio mútuo e na comunidade de aspirações coletivas. (KOLLONTAI, 1982, p. 126-127)

A autora atribui um caráter biológico e, portanto, natural, às relações heterossexuais, as únicas das quais trata em suas obras. Ao fazer esse recorte heterossexual da sociedade e classificar as relações sexuais que se afastam do instinto biológico da reprodução e do instinto materno como "luxúria doentia"[119], mesmo sem fazê-lo de modo explicitado, a autora acaba por endossar a perspectiva patologizante das relações não heterossexuais. Na introdução à edição brasileira do livro *Trotski e as mulheres*, Diana Assunção faz menção à União Soviética ter sido o primeiro Estado a reconhecer as relações não heterossexuais, não deixando de fazer a crítica às/aos líderes e ideólogos do comunismo, Engels, Trotski e Kollontai, para mencionar alguns, que possuíam uma visão heteronormada da sociedade. Segundo a proposta da publicação, caberia, especialmente às/aos trotskistas da IV Internacional, abrir mão da perspectiva capitalista da heterossexualidade enquanto norma. Este breve comentário, inclusive das autocríticas já realizadas, busca colocar luz na necessidade de aprofundamento da descolonização dos saberes e afetos inclusive nas alternativas descolonizadoras dos amores.

A lesbofeminista materialista Jules Falquet apresenta uma alternativa de amor que vai mais além das formas individuais de nos relacionarmos, que busque a ruptura da dicotomia mundo privado-mundo público, que relacione a vida cotidiana com a vida produtiva, ao propor o

---

[119] A seguir um dos trechos em que Kollontai apresenta essa perspectiva: "O instinto biológico da reprodução que determinou as relações entre os sexos nos primeiros estágios de desenvolvimento da humanidade tomou, pressionado pelas forças econômicas e sociais dois sentidos diametralmente opostos. Por um lado, sob a pressão de monstruosas relações econômicas e sociais e, mais ainda, sob o jugo capitalista, o sadio instinto sexual (atração física de dois seres de sexos distintos baseada no instinto da reprodução) degenerou e converteu-se em **luxúria doentia**. O ato sexual transformou-se num fim em si mesmo, num meio para alcançar maior voluptuosidade, numa depravação exacerbada pelos excessos, as prevenções e as aguilhoadas doentias da carne." (KOLLONTAI, 1982, p. 120)

amor político. Segundo Falquet (2006, p. 77) o amor está relacionado com a totalidade de mulheres no mundo terem moradia, comida e uma vida digna, livre, sem exploração ou violência. Apresenta esse ideal de amor lésbico feminista, que não esteja baseado no individual e personalizado, mas para a coletividade. Para tanto, aponta para a necessidade de, além das alianças políticas entre nós, vínculos políticos e sociais mais amplos, desde a ação-análise crítica do sistema heteropatriarcal, do sistema capitalista, do papel do Estado e das leis, e da divisão internacional-racista do trabalho.

Ao apresentar um histórico da consolidação das monoculturas – inclusive a monocultura dos afetos – no projeto de colonização, a psicóloga brasileira guarani Geni Núñez faz uma crítica à monogamia e propõe a **descolonização dos afetos**. Segundo a autora, ao longo dos séculos consolidou-se que a prova de amor é abdicar de si, abrindo mão de nossas autonomias, inclusive a autonomia sobre nossos corpos. Nesse sentido, a não monogamia seria um processo de não cercear a autonomia alheia como única forma de aplacar os medos que sentimos e de não culpar ou moralizar as outras pessoas pelos nossos sentimentos. Um processo de incentivo à autonomia, com redistribuição do trabalho "Assim como a terra, que, quando abusivamente explorada, se torna estéril, o amor também seca quando se toma dele toda gota. O cuidado unilateral é extrativista". A autora reforça que não se trata de uma escolha individual ou mesmo de um tema aparte dos outros, a descolonização deve se dar em todas as esferas, de modo coletivo. E, contrapondo-se à monogamia enquanto modelo, ela apresenta a não-monogamia como um não-modelo por meio do qual é possível desaprender a ideia de que abdicar da nossa sexualidade/afetividade é a melhor maneira de demonstrar afeto. Incentiva que tenhamos criatividade para demonstrar cuidado, carinho, gentileza em cada relação que construímos por meio da **artesania dos afetos.**

Audre Lorde nos apresenta uma perspectiva dos **usos do erótico como poder** que nos dá pistas de como concretizar possibilidades para amar, construções amorosas que não se moldem no ideal da família nuclear-monogâmica baseada no ideal de amor romântico, mas que, desde o conhecimento e conexão com nossos sentires, nossos prazeres, satisfações e gozos, sejam possíveis conexões e compartilhamentos profundos, possibilitando a redução das diferenças entre o que não se compartilha.

> Essa auto-conexão compartilhada é um indicador do gozo que me sei capaz de sentir, um lembrete de minha capacidade de sentimento. E essa sabedoria profunda e insubstituível da minha capacidade ao gozo me põe frente à demanda de que eu viva toda a vida sabendo que essa satisfação é possível, e não precisa ser chamada de casamento, nem deus, nem vida após a morte. (LORDE, 2019, p. 71)

Segundo a autora, as bases para a construção da sociedade ocidental, racista, patriarcal e anti-erótica estiveram calcadas na supressão do poder do erótico das mulheres, reduzindo nossas buscas às fontes de prazeres externas aos nossos sentires, associando o erótico às práticas sexuais – o que Lorde nomeia como o oposto ao erótico: o pornográfico. Para conectar-se ao erótico, não se trata do que estamos fazendo, mas de como podemos sentir de modo penetrante e inteiramente ao fazer. Como afirmou: "não há, de onde vejo, nenhuma diferença entre escrever um poema maravilhoso e me mexer na luz do sol junto ao corpo de uma mulher que amo." (LORDE, 2019, p. 73) Resgata a origem da palavra, do grego *eros* – que personifica o poder criativo, a harmonia e o amor em todos os aspectos.

> Quando falo do erótico, o estou pronunciando como uma declaração da força vital das mulheres, daquela energia criativa fortalecida, cujo conhecimento e uso estamos agora retomando em nossa linguagem, nossa história, nosso dançar, nosso amar, nosso trabalho, nossas vidas. (LORDE, 2019, p. 70)

Para a busca desta conexão profunda com o erótico, seria necessário aprender a identificar nossos desejos, lidando com os medos historicamente construídos vinculados a eles, que acabam por nos definir por forças externas, nos tornando "dóceis, leais e obedientes", e limitam nossas capacidades de luta contra os diversos aspectos de opressão, inclusive, acrescento, as manifestações de violência nos relacionamentos lésbicos. Seria abrir- nos às possibilidades de compartilhar o erótico e vivenciar a natureza poderosa e criativa dessa troca.

> O erótico não pode ser sentido à nossa revelia. Como uma negra lésbica feminista, tenho um sentimento, um entendimento e uma sabedoria particular por aquelas irmãs com quem eu tenha dançado intensamente, brincado, ou até mesmo brigando. E essa participação intensa numa experiência compartilhada é, muitas vezes, o precedente à realização de ações conjuntas que antes não seriam possíveis. (LORDE, 2019, p. 74)

Encerramos este capítulo com a esperança de que é possível descolonizar amores e que este é um passo fundamental rumo à descolonização da sexualidade. Que é possível encontrar formas de vivenciarmos relações horizontais de companheirismo e afeto. Que, se por um lado são necessárias mudanças estruturais, nossas transformações subjetivas e intersubjetivas são essenciais para que essas mudanças ocorram. Que a luta por um mundo mais justo, livre das amarras das colonialidades do poder, saber e ser, é permeada pela transformação das formas como nos relacionamos entre nós. Que é possível reconhecer nossas diferenças – e não ignorá-las ou instrumentalizá-las como forma de opressão e controle. Que o lesbofeminismo decolonial é uma potência e tem uma enorme contribuição para essas mudanças. E que compreender os fenômenos nos quais estamos inseridas é um passo importante para (nos) descolonizarmos.

Que esse processo de descolonização da sexualidade seja possível em várias formas, várias linguagens, várias artes, por meio da descolonização do saber. Por meio do prazer, do gozo e da potência lésbica. Que façamos uso do erótico como poder.

Preta Pretinha (Prethaís)
Preta pretinha, cola do meu lado vem comigo ser rainha
Preta pretinha, eu já gosto desse encaixe da
sua boca que já conhece a minha

"Preta Pretinha" (Prethaís)

Descolonizar
(Torta Golosa)

Descolonizar, nuestro cuerpos territorios
no más pacos, no mas balas, no más tratos vejatorios
descolonizar nuestros cuerpos territorios
no más repre, no más presas, no más interrogatorios

somos hijas de tantas violaciones
apellidos españoles reciclados por montones
el racismo instalado desde las instituciones
ancestralidad robada como el agua y las pensiones

[…]
tantas mezclas en mi piel
machis dentro del cuartel
todas nuestras libertades reducida a un retail
araucanía pa los ricos
todo lleno de milicos
policía del estado interrogando cabros chicos

empresas destruyendo territorios ancestrales
en la tele solo salen sus avisos comerciales
montajes y silencio por canales nacionales
hace mas de 5 siglos ellos son los criminales

no te vamo a obedecer
ya no hay nada que perder

mestizas y lesbianas te venimos a joder
falsa chilenizacion
pura sangre y represion
macroeconomia pa callar la rebelión

nuestras presas a la calle nuestras machis a sus tierra
una y más generaciones seguimos en pie de guerra
diputado o senador
mismo colonizador
las leyes construidas para el blanco explotador

escribo desde un comodo cemento, sin la bala en la cabeza ni ruido de allanamiento
violencias que no vivo tanto golpes que no siento
enlazo opresiones y la rabia alimento

mientras canto esta canción
más incendios se prendieron
ahora no van a apagar
lo que en siglos no pudieron
dale y sube un decibel
los queremos ver arder
esta rabia es mapuche y tiene nombre de mujer

cuentas en los libros sobre el choque de culturas
cuando aquí fue solamente exterminio y tortura
educación racista inventándonos certezas
capitalismo blanco acentuando la pobreza

muerte al amo y su bandera
y a su empresa carroñera
fuertes como cordillera
tortas, indias y aborteras
dale y sube un decibel
los queremos ver arder
esta rabia es mapuche y tiene nombre de mujer

descolonizar.

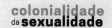

CONSIDERAÇÕES FINAIS

Ainda há muitos passos a serem dados nos caminhos para a compreensão sobre a violência em relacionamentos lésbicos. Muitos passos mais para que as relações lésbicas sejam livres de violências. Esta pesquisa de encontro buscou contribuir nessa jornada. E, dentro da lógica que é necessário coletivizar para transformar, me fez muito sentido utilizar a metodologia colaborativa. Muito sentido o compartilhamento de impressões, percepções, ideias e propostas de possibilidades com as integrantes das organizações lesbofeministas em Bogotá (Corporación Femm), Brasília (Coturno de Vênus) e Cidade do México (El Clóset de Sor Juana e Musas de Metal).

Muito sentido a pesquisa de encontro com Aline, Anna, Beatriz, Brenda, Luiza, Mariana, Sandra, Tatiana e Zami, que contaram e deram sentido às suas experiências. Elas abriram suas casas, disponibilizaram tempo e energia para esse compartilhar. Eram encontros e espelhos. Diferentemente dos processos de formação da colonialidade da sexualidade em éramos as "outras", em que prevaleceu o discurso "dos vencedores", os percursos dessa pesquisa vibraram de potência sapatão, em que nós escrevemos sobre nós, com nossas narrativas.

> Sandra – Cidade do México – 28 anos – raça/etnia: não – expressão de gênero: *machorra* – nível de renda baixo
> Sandra: Acredito que há muito mais a ser construído pelas lésbicas e para as lésbicas. Acho que quando isso não passa pelo seu corpo, inclusive pela sua própria identidade... Se fosse uma garota heterossexual que tivesse me pedido a entrevista, provavelmente eu não teria aceitado. Porque ela não iria entender muitas coisas, por mais que ela tivesse formação, por mais que ela quisessse entender. Acho que a experiência de ser lésbica é saber o que significa se relacionar com outra mulher, porque é muito diferente, e permite ver com outros olhos, e ouvir de outro ponto as formas como as coisas foram acontecendo. Inclusive, acho que do ponto de vista social, as relações entre lésbicas são muito idealizadas, acham que é simplesmente muito legal e não necessariamente é isso.

Sandra descreveu também como foi esse processo: encontro-espelho. Ao longo de todo o trajeto desta pesquisa, me senti muito impactada e extremamente conectada com todos os relatos. Logo pude perceber que a separação forjada na colonialidade entre corpo-mente- espírito não faziam sentido e não se refletiram nesse caminhar. Foram relatos de momentos muito dolorosos, com choros, abraços de experiências compartilhadas.

Talvez, ao longo do texto, pudesse também ter narrado os pontos em que me identificava e meus sentires com os relatos. Não o fiz principalmente por um motivo que compartilho nestas (in)conclusões. Revivi meus próprios momentos de dores e houve um reflexo enorme em meu corpo (com dores crônicas ao longo destes anos) e preciso de mais tempo para processá-los, para poder escrever sobre eles – se esse algum dia for o caso. E sobre esse aspecto mais (auto)etnográfico ainda não me é possível.

Aprendi nesta trajetória também: sobre a importância do respeito e autorrespeito para romper o silêncio. Se por um lado é essencial que saibamos nomear as violências, que saibamos identificá-las, por outro (e talvez o mesmo) é fundamental o fortalecimento do amor íntimo, como nos ensinou bell hooks para que tenhamos coragem para compartilhar as violências vivenciadas. Assim, ressalto como são corajosas as interlocutoras desta pesquisa.

Desmistificar: mulheres podem ser violentas com outras mulheres e não apenas aquelas que têm expressão de gênero não consideradas femininas. E, nessas situações, não necessariamente se trata de violência mútua. Tampouco se trata de estigmatizar na visão binária de "vítima" e "agressora". É necessário ir além para compreender os emaranhados que envolvem as que sofrem e as que praticam violência.

Essa perspectiva vai ao encontro de não endossar processos punitivistas, de escracho ou isolamento, característicos das tentativas de construção da imagem da lésbica perversa (GIMENO, 2008). Refletir sobre processos de violência entre lésbicas é também uma tentativa de abordar processos complexos conectados à internalização de estruturas que nos subalternizam. É responsabilizar, e não estigmatizar.

Comparar possibilitou não generalizar experiências, perceber semelhanças e diferenças nos distintos contextos, buscar compreender e não necessariamente explicar. A compreender que não é possível definir uma identidade lésbica, que seria mais interessante falar em identidades lésbicas, lesbianidades. Considerar nossas diferenças como potência para buscar combater as desigualdades. Silenciar sobre alguns aspectos das nossas identidades é privilégio apenas daquela/es que não são consideradas "outras/os". Assim, a compreensão das sexualidades, em intersecção com raça, gênero e classe, é um aspecto basilar para analisar experiências lésbicas.

A complexidade das relações de poder entre lésbicas foi sendo descortinada nos diferentes relatos, demonstrando como privilégios de classe podem ser utilizados para evitar ser responsabilizada por ações violentas. Ou como privilégios raciais podem possibilitar que brancas ou *blanca mestizas* não se mostrassem disponíveis para dialogar sobre racismos como manifestação de violência nas relações, enquanto as "racializadas" descreviam esse como seu cotidiano. Ou mesmo que lésbicas feministas também podem ser autoras de violência em suas relações, apesar de toda a luta pelos direitos das mulheres a uma vida sem violência.

Não mais silenciar. Identificar e nomear as violências. Buscar redes de apoio. Pressionar o Estado para que sejam respeitados os direitos de lésbicas a uma vida sem violência, ao mesmo tempo que desenvolver processos comunitários alternativos para tecer novas possibilidades. Por fora da estrutura do Estado que cria, reinventa e reproduz lógicas lesbofóbicas, há, sim, possibilidades de descolonizar amores. Não mais pautados no ideal do amor romântico, no amor refúgio, na total abnegação. São possíveis os amores íntimos, amores da camaradagem, amores políticos, comunas lésbicas, a descolonização dos afetos e, assim, usar o erótico como poder.

A colaboração na construção segue nas futuras possibilidades de compartilhamento, em pequenas rodas de conversa, grupos de reflexão, cartilhas informativas e tantas outras oportunidades que podem surgir para que todos esses encontros não fiquem restritos a palavras escritas.

Iniciei esta pesquisa muito receosa sobre pesquisar este tema justo em um momento de avanço dos conservadorismos, fundamentalismos e militarizações no Brasil, representados na figura do então presidente. Uma figura que ganhou espaço junto a uma população sedenta pela reinvenção e aprofundamento de vários mecanismos coloniais. E vou encerrando essas páginas com o sentir de que simultaneamente às lutas por transformação do sistema mundo colonial é preciso nos transformar intimamente. Compreender as violências que há em nós e como usamos umas contra as outras. Compreender para transformar. Compreender para descolonizar.

Desejo de seguir coletivamente em busca da descolonização da sexualidade. Espero te encontrar e te (re)conhecer na luta!

REFERÊNCIAS

AGUIÃO, Silvia. 2008. *"Sapatão não! Eu sou mulher de sapatão!" Homossexualidades femininas em um espaço de lazer do subúrbio carioca.* Revista Gênero. Niterói, v. 9, n. 1, 293-310, 2. sem.

AKOTIRENE, Carla. 2019. *Interseccionalidade.* São Paulo: Sueli Carneiro; Pólen.

ALEXANDER, Michelle. 2017. *A nova segregação: racismo e encarceramento em massa.* São Paulo: Boitempo.

ALONSO, Angela. 2009. *As teorias dos movimentos sociais: um balanço em debate.* Lua Nova. São Paulo, 76: 49-86.

ALTHUSSER, Louis. 1998. *Aparelhos ideológicos de estado.* Rio de Janeiro: Graal.

ALVES, Raíla. 2019. *Negras e sapatões: uma análise sobre elaborações de identidades nos movimentos lésbico e racial no Distrito Federal.* Dissertação de Mestrado defendida no Departamento de Estudos Latino-Americanos da UNB. Brasília. Disponível em: https://repositorio.unb.br/handle/10482/36784.

ANDERSON, Benedict. 2008. *Comunidades Imaginadas: Reflexões sobre a origem e a difusão do nacionalismo.* São Paulo: Companhia das Letras.

ANZALDÚA, Gloria. 1987. *Borderlands/la Frontera: the new mestiza.* San Francisco: Aunt Lute Books.

ASCENSO, João Gabriel. 2014. *Colonialidade, raça e mestiçagem no ensaísmo sobre a América Latina no século XX: pensando alternativas ao "universalismo excludente".* Revista Eletrônica da ANPHLAC, N°. 17, p. 169-188, jul./dez.

ASSOCIAÇÃO LÉSBICA FEMINISTA DE BRASÍLIA – COTURNO DE VÊNUS. 2019. *LesboCenso.* [mimeo]

BAIRROS, Luiza. 2014. *Nossos feminismos revisitados.* In: Tejiendo de otro modo: feminismo, epistemología y apuestas descoloniales em Abya Yala. Popayán: Editoral Universidad del Cauca, p. 91-103.

BANDEIRA, Lourdes Maria; ALMEIDA, Tânia Mara Campos de. 2015. *Vinte anos da Convenção de Belém do Pará e a Lei Maria da Penha.* Rev. Estud. Fem. Florianópolis, v. 23, n. 2, p. 501-517.

BEAUVOIR, Simone. 2009. *O segundo sexo.* Tradução Sérgio Milliet. 2ª ed. Rio de Janeiro: Nova Fronteira.

BELINNI, Ligia. 1987. *A Coisa obscura: mulher, sodomia e inquisição no Brasil colonial.* São Paulo. Editora Brasiliense.

BENDIX, Reinhard. 1963. *Concepts and generalizations in comparative sociological studies.* American Sociological Review, vol. 28, issue 4, p 532-539.

BENTO, Maria Aparecida Silva. 2014. *Branqueamento e branquitude no Brasil* in: Psicologia Social do Racismo. Carone, I. & Bento, M. A. S. (Orgs.).

BIMBI, Bruno. 2013. *Casamento igualitário.* Rio de Janeiro: Garamond. BORGES, Juliana. 2019. *Encarceramento em massa.* São Paulo: Pólen.

BOURDIEU, Pierre. 1983. *O campo científico*. In: ORTIZ, Renato (org.). 1983. *Bourdieu – Sociologia*. São Paulo: Ática. Coleção Grandes Cientistas Sociais, vol. 39. p. 122-155.

BOURDIEU, Pierre. 2004. *Os usos sociais da ciência: por uma sociologia clínica do campo científico*. São Paulo: Editora UNESP. Lisboa: Imprensa Nacional.

BOTERO, Carolina. 2001. *Esclavos sodomitas en Cartagena colonial. Hablando del pecado nefando*. Historia Crítica, núm. 20, julio-diciembre, p. 171-178. Universidad de Los Andes Bogotá, Colombia

BRAGA, Theophilo. 1878. *Cancioneiro Portuguez da Vaticana: Edição Crítica*.

BRANDÃO, Ana Maria. 2010. *Da sodomita à lésbica: o género nas representações do homo-erotismo feminino*. Análise Social, vol. XLV (195), 307-327.

BUTLER, Judith. 2003. *O parentesco é sempre tido como heterossexual?* cadernos pagu (21), p.219-260.

CABNAL, Lorena. 2010. *Acercamiento a la construcción de la propuesta de pensamiento epistémico de las mujeres indígenas feministas comunitarias de AbyaYala*. In: Feminismos diversos: el feminismo comunitario. España: Instituto de la Mujer / ACSUR, Las Segovias, p. 11-25.

CARNEIRO, Sueli. 2003. *Enegrecer o feminismo: a situação da mulher negra na América Latina a partir de uma perspectiva de gênero*. In: ASHOKA EMPREENDIMENTOS SOCIAIS; TAKANO CIDADANIA (Org.). *Racismos contemporâneos*. Rio de Janeiro: Takano Editora.

CASANOVA, Pablo. 2018. *Colonialismo interno (una redefinición)*. In:Antología del pensamento crítico mexicano contemporâneo. Cidade do México: UNAM.

CASTRO-GÓMEZ, Santiago. 2008. *El lado oscuro de la época 'clásica'. Filosofía, ilustración y colonialidad en el s. XVIII*. In VVAA, El color de la razón: racismo epistemológico y razón imperial, Bs. Ed. del Signo, Serie Pensamiento crítico y opción decolonial, Nº 3.

CFP - CONSELHO FEDERAL DE PSICOLOGIA. 2019. *Tentativas de aniquilamento de subjetividades LGBTI*. Brasília, DF.

CLARKE, Cheryl. 1988. *Lesbianismo, um ato de resistência*. In: Esta Puente, mi espalda – Voces de las tercermundistas en los Estados Unidos, MORAGA, Cherríe & CASTILHO, Ana. São Francisco, EUA: ISM Press.

CLASTRES, Pierre. 2004. *Arqueologia da violência — pesquisas de antropologia política*. São Paulo: Cosac & Naify.

COLETIVO COMBAHEE RIVER. 2018. *Manifesto*. Lutas Sociais, São Paulo, vol.22 n.40, p.138-148, jan./jun.

COLLINS, Patricia Hills. 2016. *Aprendendo com a outsider within: a significação sociológica do pensamento feminista negro*. Soc. estado., Brasília, v. 31, n. 1, p. 99-127.

COLLINS, Patricia Hills. 2019. *Pensamento feminista negro: conhecimento, consciência e a política do empoderamento*. São Paulo: Boitempo.

CONAPRED. 2011. *Encuesta nacional sobre discriminación en México/ Enadis 2010 Resultados Generales*. México. Disponível em: https://www.conapred.org.mx/documentos_cedoc/Enadis-2010-RG-Accss-002.pdf

CONAPRED. 2011. *Documento informativo sobre discriminación racial en México*. México. Disponível em: https://www.conapred.org.mx/documentos_cedoc/Dossier%20DISC- RACIAL.pdf

CONAPRED. 2016. *Glosario de la diversidad sexual, de género y características sexuales*. Disponível em: https://www.conapred.org.mx/documentos_cedoc/Glosario_TDSyG_WEB.pdf

CONAPRED. 2018. *Comunicado de prensa num. 346/2018*. México. Disponível em:

CNCD/LGBT. 2018. *Manual orientador sobre diversidade*. Disponível em: https://www.mdh.gov.br/todas-as-noticias/2018/dezembro/ministerio-lanca-manual- orientador-de-diversidade/copy_of_ManualLGBTDIGITAL.pdf

CONSELHO NACIONAL DE DIREITOS HUMANOS. 2019. *Relatório colegiados e participação social: impactos do Decreto n° 9.759/2019*. Brasil.

CÓRDOVA, María Elena. 2017. *Masculinidades de mujeres en la literatura latinoamericana*. Interdisciplina 5, n° 11 (enero–abril): 127-14.

CORPORACIÓN FEMM. 2015. *Es momento de: investigación: violencias al interior y hacia parejas conformadas por mujeres*. Bogotá.

CRENSHAW, Kimberlé. 2002. *Documento para o encontro de especialistas em aspectos da discriminação racial relativos ao gênero*. Rev. Estud. Fem. Florianópolis , v. 10, n. 1, p. 171- 188.

CURIEL, Ochy. 2011. *El régimen heterosexual y la nación. Aportes del lesbianismo feminista a la antropología*. Colombia. La manzana de la discordia, Vol. 6, No. 1: 25-46.

CURIEL, Ochy. 2012. *Género, raza, clase y sexualidad: debates contemporaneos*. Conferencia presentada en la Universidad Javeriana.

CURIEL, Ochy. 2013; *La Nación heterosexual: análisis del discurso jurídico y el régimen heterosexual desde la antropología de la dominación*. Brecha Lésbica. Colombia.

DAVIS, Angela. 2019. *A democracia da abolição: para além do imperio das prisões e da tortura*. Rio de Janeiro: Difel.

DUSSEL, Enrique. 1993. *1492: el encubrimiento del otro: hacia el origen del mito de la modernidad*. Editorial Nueva Utopía. Madrid.

DUMONT, Louis. 1975. *On the comparative understanding of non-modern civilizations*. Daedalus. Vol. 104, No. 2, Wisdom, Revelation, and Doubt: Perspectives on the First Millennium B.C., p. 153-172.

EL CLÓSET DE SOR JUANA. 2019. *Derecho a la salud, derecho de todas: aproximaciones multipdisciplinares*. Ciudad de México.

ENGELS, Friedrich. 2012. *A origen da familia, da propriedade privada e do Estado*. São Paulo: Lafonte.

ESPINOSA MIÑOSA, Yuderkys. 2014. *Una crítica descolonial a la epistemología feminista crítica*. El Cotidiano, núm. 184, marzo-abril, p. 7-12, Universidad Autónoma Metropolitana Unidad Azcapotzalco Distrito Federal, México.

ESPINOSA MIÑOSA, Yuderkys 2016. *Historizar las disputas, indagar las fuentes: hipótesis para pensar el movimento de lesbianas em América Latina.* ATLÁNTICAS – Revista Internacional de Estudios Feministas, 1(1), 240-259.

ESPINOSA MIÑOSA, Yuderkys. 2016. *De por qué es necesario un feminismo descolonial: diferenciación, dominación co-constitutiva de la modernidad occidental y el fin de la política de identidade.* Solar | Año 12, Volumen 12, Número 1, Lima.

FALQUET, Jules. 2006. *La pareja, este doloroso problema. Hacia um análisis materialista de los arreglos amorosos entre lesbianas.* In *De la cama a la calle: perspectivas teóricas lésbico-feministas.* Bogotá: Brecha Lésbica.

FALQUET, Jules. 2008. *Repensar as relações sociais de sexo, classe e "raça" na globalização neoliberal.* Mediações • v. 13, n.1-2, p. 121-142

FERNANDES, Estevão R. 2014. *Homossexualidades indígenas y descolonialidad: algunas reflexiones a partir de las críticas two-spirit.* Tabula Rasa: Revista de Humanidades (Bogota). v. 20, p. 135-157.

FIGUEIREDO, Angela. 2004. *Fora do jogo: a experiência dos negros na classe média brasileira.* Cad. Pagu [online], n.23, p.199-228.

FOUCAULT, Michel. 2013. *História da sexualidade I: a vontade de saber.* 23ª ed. Rio de Janeiro, Edições Graal.

FLUEHR-LOBAN, Carolyn. 2008. *Collaborative anthropology as twenty-first-century ethical anthropology.* Collaborative Anthropologies. University of Nebraska Press, Volume 1, 2008, p. 175-182

FREYRE, Gilberto. 2005. *Casa-grande & senzala: formação da família brasileira sob o regime da economia patriarcal.* 50. ed. São Paulo: Global.

GARZA-CARVAJAL, Federico. 2002. *Quemando mariposas. Sodomía e imperio en Andalucía y México, siglos XVI-XVII.* Barcelona: Laertes.

GIMENO, Beatriz. 2008. *La construcción de la lesbina perversa. Visibilidad y representación de las lesbianas en los médios de comunicación. El caso **Dolores Vázquez – Wanninkhof**.* Barcelona: Editorial Gedisa.

GOHN, Maria G. 1995. *Movimentos e lutas sociais na história do Brasil.* São Paulo: Edições Loyola.

GOHN, Maria G. 1997. *Teoria dos movimentos sociais: paradigmas clássicos e contemporâneos.* São Paulo: Edições Loyola.

GOLDENBERG, Mirian. 2015. *A arte de pesquisa: como fazer pesquisa qualitativa em Ciências Sociais.* 14ª ed. Rio de Janeiro: Record.

GONZALEZ, Lélia. 1984. *Racismo e sexismo na cultura brasileira.* Ciências sociais hoje, v. 2, p. 223-244.

GONZALEZ, Lélia. 1988. *A categoria político-cultural de amefricanidade.* Tempo Brasileiro, v. 92, n. 93, p. 69-82.

GUERRERO PADILLA, Paulina. 2014. *La violencia no discrimina: relaciones lésbicas.* Tesina de Psicologia Social. Cidade do México. UAM.

HALE, Charles. 2006. *Activist research v. cultural critique: indigenous land rights and the contradictions of politically engaged anthropology*. Cultural Anthropology ,Vol. 21, Issue 1, p. 96–120.

HARAWAY, Donna. 1995. *Saberes localizados: a questão da ciência para o feminismo e o privilégio da perspectiva parcial*. Cadernos Pagu (5): p. 07-41.

HART, Barbara. 1986. *Lesbian battering: an examination*. In: Naming the violence: speaking out about lesbian battering. Seattle: Seal, p. 173-189.

HERNÁNDEZ, Gabriela; LIRA, Luciana; MENDONZA, Martha. 2008. *¿Qué es la coerción sexual? significado, tácticas e interpretación en jóvenes universitários de la ciudad de México*. Salud Mental, vol. 31, nº 1, p. 45-51.

HOBBES, Thomas. 2014. *Leviatã ou a matéria, forma e poder de um estado eclesiástico e civil*. São Paulo: Martin Claret.

hooks, bell. 2010. *Vivendo de amor*. In: Geledes, s/p. Disponível em: http://arquivo.geledes.org.br/areas-de-atuacao/questoes-de-genero/180-artigos-degenero/4799-vivendo-de-amor

hooks, bell. 2017. *Ensinando a transgredir: a educação como prática da liberdade*. São Paulo: Editora WMF Martins Fontes.

ILGA. 2015. *Homofobia de Estado: un estudio mundial jurídico sobre la criminalización, protección y reconocimiento del amor entre personas del mismo sexo*. Disponível em: https://ilga.org/downloads/ILGA_Homofobia_de_Estado_2015.pdf

KOLLONTAI, Alexandra. 1982. *A nova mulher e a moral sexual*. São Paulo: Global Editora.

KOLLONTAI, Alexandra. 2003. *A família e o comunismo*. São Paulo: Edições ISKRA.

KRAINITZKI, Eva. 2013. *A figura da "invertida congênita" em The Well of Loneliness (1928), de Radclyffe Hall e as origens da lésbica "máscula"*. LES Online, Vol. 5, Nº 1.

KUHNEN, Tânia Aparecida. 2014. *A ética do cuidado como teoria feminista*. Anais do III Simpósio Gênero e Políticas Públicas. GT10 - Teorias Feministas. Universidade Estadual de Londrina.

LACOMBE, Andrea. 2007. *De entendidas e sapatonas: socializações lésbicas e masculinidades em um bar do Rio de Janeiro*. Cadernos Pagu (28), janeiro-junho de :207- 225.

LAGARDE, Marcela. 2005. *Los cautiveiros de las mujeres: madreposas, monjas, putas, presas y locas*. Ciudad de México: UNAM.

LANDER, Edgardo. 2005. *Ciências sociais: saberes coloniais e eurocêntricos*. A colonialidade do saber: eurocentrismo e ciÍncias sociais. Perspectivas latinoamericanas. Edgardo Lander (org). Colección Sur Sur, CLACSO, Ciudad Autônoma de Buenos Aires, Argentina

LÉVI-STRAUSS, Claude. 2011. *As estruturas elementares do parentesco*. Petrópolis: Vozes.

LORDE, Audre. 2019. *A transformação do silêncio em linguagem e em ação*. In: Irmã outsider. Belo Horizonte: Autêntica Editora, p. 51-55.

LORDE, Audre. 2019. *As ferramentas do senhor nunca derrubarão a casa-grande*. In: Irmã outsider. Belo Horizonte: Autêntica Editora, p. 135-139.

LORDE, Audre. 2019. *Os usos do erótico: o erótico como poder*. In: *Irmã outsider*. Belo Horizonte: Autêntica Editora, p. 67-74.

LORENZO, Angela. 2001-2002. *Las mujeres lesbianas y la antropología feminista de género*. Omnia, volumen 17-18, número 41, p. 91-102.

LUGONES, María. 2014. *Colonialidad y género: hacia un feminismo decolonial*. In: *Género y colonialidad*; compilado por Walter Mignolo – 2ª ed – Cidade Autónoma de Buenos Aires: Del Signo.

LINDGREN ALVES, JOSÉ ALGUSTO. 2018. *A década das conferências: 1990- 1999*. 2. ed. Brasília: FUNAG.

MACEDO, Ana Cláudia. 2008. *Tempos de barganha: o novo-desenvolvimentismo nos governos Lula e Kirchner (2003-2006) e suas implicações nas negociações da ALCA*. Dissertação de Mestrado. Niterói: UFF.

MACEDO, Ana Cláudia; ALVES, Raíla Melo. 2017. *Identidades lésbicas, sapatonas e branquitude: seletividade, preterimentos e racismo nas vivências sócio-afetivas entre mulheres*. [Mimeo]

MALDONADO-TORRES, Nelson. 2007. *Sobre la colonialidad del ser: contribuciones al desarrollo de un concepto*. In CASTRO-GÓMEZ, Santiago & GROSFOGUEL, Ramon (coords.) *El giro decolonial: reflexiones para uma diversidad epistêmica más allá del capitalismo global*. Bogotá: Siglo del Hombre Editores; Universidad Central, Instituto de Estudios Sociales Contemporáneos, Pontificia Universidad Javeriana, Instituto Pensar.

MARÍN ROJAS, Angelina. 2009. *Maltrato y violencia al interior de relaciones de pareja lesbianas: "el segundo closet"*. Monografia de conclusão da gradução de sociologia. Chile.

MICHALON, Barthélémy. 2018. *Las singularidades de la Constitución mexicana en perspectiva: una mirada de internacionalista sobre un texto centenário*. Revista de Relaciones Internacionales de la UNAM, núm. 130, p. 161-188.

MOGROVEJO, Norma. 2000. *Un amor que se atrevió a decir su nombre. La lucha de las lesbianas y su relación con los movimientos homosexual y feminista en América Latina*. México: Plaza y Valdés.

MOGROVEJO, Norma. 2017. *Del sexilio al matrimonio. Ciudadanía sexual em la era del consumo liberal. Dos estúdios de caso: migración y sexilio politico. Madres lesbianas, famílias ressignificadas. Poco sexo, más classe y mucha raza*. Ciudad de Mexico: Editorial Pez em el Árbol.

MOREIRA, Adilson. 2019. *Racismo recreativo*. São Paulo: Sueli Carneiro; Pólen.

MOTT, Luiz. 1987. *O lesbianismo no Brasil*. Porto Alegre. Mercado Aberto.

MOURA, Clóvis. 2014. *O racismo como arma ideológica de dominação*. Texto publicado no Portal Vermelho. Disponível em http://www.vermelho.org.br/noticia/233955-8. Acessado em 03/09/2019.

MUNIZ, Jaqueline. *Feminino – a controvérsia do óbvio*. 1992. PHYSIS – Revista de Saúde Coletiva. Vol. 2, Número 1.

NASCIMENTO DOS SANTOS, Tatiana; PINHEIRO DE ARAUJO, Bruna; ROCHA

RABELLO, Luiza. 2014. *Percepções de lésbicas e não-lésbicas sobre a possibilidade de aplicação da Lei Maria da Penha em casos de lesbofobia intrafamiliar e doméstica. Bagoas - Estudos gays: gêneros e sexualidades*, v. 8, n. 11, 11.

NÚÑES, Fernanda. 2008. *El agridulce beso de Safo: discursos sobre las lesbianas a fines del siglo XIX mexicano. Historia y Grafía*, núm. 31.

NÚÑEZ, Geni. 2023. *Descolonizando afetos: experimentações sobre outras formas de amar*. São Paulo: Planeta.

OLIVEIRA, Roberto Cardoso. 2000. *Os (des)caminhos da identidade. RBCS* Vol. 15 n° 42. PATEMAN, Carole. 1993. *O contrato sexual*. Rio de Janeiro: Paz e Terra.

PEREIRA, Bruna Cristina Jaquetto. 2016. *Tramas e dramas de gênero e de cor: a violência doméstica e familiar contra mulheres negras*. Brasília: Brado Negro.

PERES, Milena; SOARES, Suane, DIAS, Maria Clara. 2018. *Dossiê sobre lesbocídio no Brasil: de 2014 até 2017*. Rio de Janeiro: Livros Ilimitados.

PETERSEN, Mariana. 2016. *Da masculinidade hegemônica às subalternas: a masculinidade lésbica em contos brasileiros contemporâneos. Revista Estação Literária*. Londrina, Volume 16, p. 91-105, jun.

PISANO, Margarita. 1998. *O triunfo da masculinidade*. Tradução coletiva feita pelo grupo Estudos no Brejo.

PISANO, Margarita. 2004. *Julia, quiero que seas feliz*. Chile: Lom Ediciones.

PIZA, Edith. 2014. *Porta de vidro: entrada para a branquitude*. in: *Psicologia Social do Racismo*. Carone, I. & Bento, M. A. S. (Orgs.).

PRETHAÍS. *Preta pretinha*. Brasil, 2019. Disponível em: https://www.facebook.com/PrethaisOficial/videos/1966445283374247/

QUIJANO, Anibal. 2005. *Colonialidade do poder, eurocentrismo e América Latina*. Clacso.

RAMIREZ, Silvina. 2017. *Diversidad en los modos de gestionar la conflictividad: profundizando el derecho al acceso a la justicia - Revista Abya-Yala*, 2° numero, p. 106-121

RICH, Adrienne. 1994. *Compulsory heterosexuality and lesbian existence*. In *Blood, Bread and Poetry*. Estados Unidos: Norton Paperback.

ROJAS, Angelina. 2009. *Violencia al interior de las relaciones de relaciones de pareja lesbiana: El segundo closet*. Tesis de Sociología, Santiago de Chile. Universidad de Chile.

ROJAS, Angelina.. 2015. *El amor y las fúrias: reflexiones em torno al amor, el maltrato y la violencia en el seno de las relaciones de pareja lesbiana. Revista Punto Género*, n° 5, p. 85-108.

RUIZ AGUILAR, Sinayini; VALENCIA TOLEDANO, Josefina. 2019. *Tipos de relación y manifestaciones de violencia que han vivido lesbianas y mujeres bisexuales de la CDMX*. In: *Derecho a la salud, derecho de todas: aproximaciones multidisciplinares*. Ciudad de México: El Clóset de Sor Juana.

SAGOT, Montserrat. 2008. *Estrategias para enfrentar la violencia contra las mujeres: reflexiones feministas desde América Latina. Athenea Digital*, 14, p. 215-228.

SALINAS HERNÁNDEZ, Héctor Miguel. 2017. *Matrimonio igualitario en México: la pugna por el Estado laico y la igualdad de derechos*. El Cotidiano, núm. 202, p. 95-104.

SANTOS, Boaventura de Sousa. 2018. *Construindo as epistemologias do sul: antologia essencial.* Volume I: Para um pensamento alternativo de alternativas. Ciudad Autónoma de Buenos Aires: CLACSO.

SARDÀ, Alejandra. 2007. *Lesbofobia internalizada.* Disponível em: http://sololesbianas.blogspot.com/2007/06/lesbofobia-internalizada.html

SAUNDERS, Tanya. 2017. *Epistemologia negra sapatão como vetor de uma práxis humana libertária.* Periodicus, n. 7, v. 1 maio-out., p. 102-116.

SEGATO, Rita Laura. 2010. *Las estructuras elementales de la violencia: ensayos sobre género entre la antropologia, el psicoanálisis y los derechos humanos.* 2ª ed. Buenos Aires: Prometeo Libros.

SEGATO, Rita Laura. 2012. *Gênero e colonialidade: em busca de chaves de leitura e de um vocabulário estratégico descolonial*, e-cadernos ces [Online], 18.

SCHERER-WARREN, Ilse. 1987. *Movimentos sociais.* Florianópolis: Ed. da UFSC.

SCKOCPOL, Theda; SOMERS, Margaret. 1980. *The uses of comparative history in macrosocial inquiry.* Comparative Studies in Society and History. Vol. 22, No. 2, p. 174-197

SILVA, Caroline. PIRES, Thula. 2015. *Teoria crítica da raça como referencial teórico necessário para pensar a relação entre direito e racismo no Brasil.* Apresentado no XXIV Encontro Nacional do CONPEDI.

SILVA, Salete Maria; GONÇALVES, Cristiane. 2016. *Cartografia da legislação de combate à violência contra a mulher na América Latina: um estudo exploratório.* Anais do II Simpósio Internacional Pensar e Repensar a América Latina ISBN: 978-85-7205-159-0. Disponível em: https://sites.usp.br/prolam/wp-content/uploads/sites/35/2016/12/SILVA-GON%C3%87ALVES_SP22-Anais-do-II-Simp%C3%B3sio--Pensar-e-Repensar-a- Am%C3%A9rica-Latina.pdf

SILVA, Zuleide Paiva da. 2017. *"Sapatão não é bagunça": estudo das organizações lésbicas da Bahia.* Tese de Doutorado. Salvador: UNEB.

SINUÉS, Olga; JIMÉNEZ, Rafael. 2010. *Los géneros de la violencia.* Espanha: Editorial EGALLES.

SKLAIR, Jessie. 2006. *A quarta dimensão no trabalho de Trinh T. Minh-ha: desafios para a antropologia ou aprendendo a falar perto.* Cadernos de campo, São Paulo, n. 14/15, p. 1- 382.

VAINFAS, Ronaldo. 2006. *Homoerotismo feminino e o Santo Ofício na história das mulheres no Brasil.* Mary Del Priore (Org). 8 ed - São Paulo: Contexto.

VARGAS, Elizabeth Catillo. 2018. *No somos etcétera. Veinte años de historia del movimiento LGBT en Colombia.* Bogotá, Colombia: Ediciones B.

VINUTO, Juliana. 2014. *A amostragem em bola de neve na amostragem qualitativa: um debate em aberto.* Temáticas, Campinas, v. 22, n. 44, p. 203-220.

TORTA GOLOSA. *Las camionas.* Chile, 2015. Disponível em: https://www.youtube.com/watch?v=UBLnxxZhLOI

TORTA GOLOSA. *Descolonizar.* Chile, 2017. Disponível em: https://youtu.be/Cq3czOJYl-s?si=A2WXp2uXdLGlR3g6

TRON, Fabiana. 2004. *Violencia en relaciones íntimas entre lesbianas. Una realidad invisible*.1 Ponencia presentada en el Encuentro *Entre Nosotras*, Rosario, Argentina.

WAISELFISZ, Julio Jacobo. 2015. *Mapa da violência 2015: homicídio de mulheres no Brasil*. Brasília: OPAS/OMS, ONU Mulheres, SPM e Flacso.

WITTIG, Monique. 1992. *The straight mind and other essays*. Estados Unidos: Review Copy.

ZÁRATE, Augustín. 1577. *Historia del descubrimiento y conquista de las provincias del Perú*. Espanha.

ZOBOLI, Elma Lourdes Campos Pavone. 2004. *A redescoberta da ética do cuidado: o foco e a ênfase nas relações*. Rev. esc. enferm. USP [online], vol.38, n.1

- editoraletramento
- editoraletramento.com.br
- editoraletramento
- company/grupoeditorialletramento
- grupoletramento
- contato@editoraletramento.com.br
- editoraletramento

- editoracasadodireito.com.br
- casadodireitoed
- casadodireito
- casadodireito@editoraletramento.com.br